Jörg Zipprick
Die Erfinder des guten Geschmacks

Jörg Zipprick

DIE ERFINDER DES GUTEN GESCHMACKS

Eine Kulturgeschichte
der Köche

Papier: holzfrei Schleipen - Werkdruck, der Cordier Spezialpapier GmbH

Eichborn Verlag in der Bastei Lübbe AG

Originalausgabe

Copyright © 2013 by Bastei Lübbe AG, Köln

Lektorat: Dr. Barbara van Benthem, Tutzing
Umschlaggestaltung: Pauline Schimmelpenninck Büro für Gestaltung, Berlin
Umschlagmotiv: © getty-images/Florilegius
Satz: Schaffer Grafik + Satz UG, Hofheim a. Ts.
Gesetzt aus der Adobe Garamond pro
Druck und Einband: GGP Media GmbH, Pößneck

Printed in Germany
ISBN 978-3-8479-0542-4

5 4 3 2 1

Sie finden uns im Internet unter www.eichborn.de
Bitte beachten Sie auch www.luebbe.de

Inhalt

Amuse-Bouche:
Unser Dreierlei vom Flamingo

Blättern Sie um und genießen Sie die Geschichte der großen
Köche. Erleben Sie, wie ein Gassenjunge es zum größten Koch
seiner Zeit brachte und sowohl bei Napoleon als auch dem
russischen Zaren Festbanketts organisierte. Lesen Sie, wer das
Restaurant erfand, woher der Pfirsich Melba stammt, wer mit
Maiglöckchenessenz kochte und für welches Omelett sich Pilger
ins Meer warfen. Staunen Sie über eine couragierte Frau, die
eine Küche aus purem Gold ablehnte, oder wundern Sie sich
über den eitlen Starkoch, der sich nur in Rautenmuster gewan-
dete und später eine Suppenküche für die Ärmsten der Armen
eröffnete. Trauern Sie um den Koch, der sich ins Schwert warf,
weil der Fischlieferant zu spät kam.

Eine Geschichte der Köche ist keine Geschichte des Essens.
Wir wissen, was vor Jahrtausenden auf die Tische kam. Doch
wer es zubereitete, das wissen wir nicht. Wir wissen, dass bereits
Archestratos von Gela im 4. Jahrhundert v. Chr. die Zutaten des
östlichen Mittelmeerraums für frische, unverschnörkelte Gerichte auf Basis lokaler Fischsorten nutzte. Archestratos kannte
den Weg zu den Hummerbänken, er kannte die richtige Art, in
Sikyon Aale zuzubereiten, und wusste, dass die besten Bäcker
seiner Zeit aus Phönizien oder Lydien stammten. Ihm ging es
darum, das perfekte Stück Fisch zu dem Zeitpunkt zu verzehren, an dem es am besten schmeckte. Und natürlich musste der

Fisch aus dem Ort stammen, wo der beste seiner Art gefangen wurde. So wie für Generationen von Feinschmeckern die besten Hühner aus der französischen Bresse stammen, kam der beste Oktopus für Archestratos aus Thasos.

Archestratos beschrieb Rezepte, doch ein Koch war der Reisende in Sachen Gourmandise nicht. Unser Wissen über die Köche im antiken Griechenland – ihre Namen, ihr Leben – ist begrenzt. In den griechischen Komödien tobte auf der Bühne ironisch überspitzt die Diskussion, ob Küche denn nun Kunst, Wissenschaft oder Handwerk sei. Der Poet Damoxenos zum Beispiel schildert einen arroganten Koch, der seine Berufskollegen für Ignoranten hält, sich selbst zum Wissenschaftler und Künstler erklärt und dabei die Küche selber meidet:

»Sie [die jungen Köche von heute, Verzeihung, damals] machen aus ganz entgegengesetzten Fischen eine Sauce und reiben Sesam drein. Solche Disharmonie zu durchschauen ist die Sache der geistreichen Kunst und nicht, Töpfe zu waschen und nach Rauch zu stinken. Ich gehe gar nicht mehr in die Küche; ich sitze nur in der Nähe und sehe zu, und während andere arbeiten, erkläre ich ihnen Ursache und Wirkung.«

Wir wissen, dass Platon in der *Gorgias* Kochen nicht als Kunst, sondern als manuelle Verrichtung sah. Und wir kennen die Festmähler des Feldherrn Lucius Licinius Lucullus (117 v. Chr – 56 v. Chr.), der über eigene Meerwasserbecken verfügte, damit er zu jeder Tageszeit frischen Fisch auftischen konnte. Oft verbanden Kanäle diese *Piscinae* mit dem Meer. Laut Plutarch kamen bei Lucullus alle Sorten Fleisch und sorgfältig präparierte Gerichte auf den Tisch, in prächtigem Ambiente, untermalt von einem Chor. Als der Feldherr Pompeius erkrankte, rieten ihm seine Ärzte, Drosseln zu essen. Doch seine Diener erklärten, es gäbe keine, außer natürlich bei Lucullus, der

sie stopfen ließ. Fast nebenbei soll er die Kirschen in Europa eingeführt haben, als er Bäume aus der pontischen Stadt Giresun
in seiner Heimat anpflanzte.

Der Name Marcus Gavius Apicius (25 v. Chr – 37 n. Chr.)
steht bis heute für den Heißhunger nach Extravagantem:

Apicius lebte in Kampanien, in Minturnae. Als er von Größe
und Geschmack der Krebse an der libyschen Küste hörte, stach
er prompt in See und nahm Kurs auf das vermeintliche Krusten-
tierparadies. Bei seiner Ankunft wurde er von Fischerbooten
begrüßt. Kritisch betrachtete er die angebotenen Krebse und
fragte, ob es noch bessere gäbe. Die Fischer verneinten. Apicius
ließ prompt Segel setzen und kehrte nach Hause zurück, natürlich ohne einen Fuß auf das libysche Festland gesetzt zu haben.
Libyens Krebse waren für ihn keine Reise wert.

Eines seiner Lieblingsgerichte waren Flamingozungen. Rotbarben waren laut Apicius am besten, wenn sie vor dem Kochen
in einer Fischsauce – aus Rotbarben – ertränkt wurden. Letztlich
trieb die Feinschmeckerei Apicius in den Tod: Als er bemerkte,
dass er gut 100 Millionen Sesterzen für seine kulinarischen Vorlieben ausgegeben hatte und ihm »nur« noch zehn Millionen
Sesterzen zum Leben blieben, vergiftete er sich. Offensichtlich
empfand er ein Millionärsleben mit geringfügig bescheidenerem
Essen als nicht lebenswert.

Zum Vergleich: Das verbliebene Vermögen hätte für den
Erwerb von etwa 4000 Sklaven ausgereicht, es hätte auch 130
römische Normalbürger nach damaligen Preisen je 100 Jahre
ernähren können.

Der Nachwelt hinterließ Apicius angeblich das erste Kochbuch mit Namen *De re coquinaria*, wovon lediglich zwei karo-
lingische Handschriften des 9. Jahrhunderts erhalten sind. Eine
stammt aus einem Kloster in Fulda und wurde 1929 von der

New York Academy of Medicine erworben. Das zweite Exemplar befindet sich in der Bibliothek des Vatikans.

Ob Apicius wirklich selbst zur Feder griff, weiß niemand. Vielleicht wurden die Rezepte auch zu Ehren des römischen Feinschmeckers zusammengestellt. Aber was heißt überhaupt Rezepte? Nach unserem heutigen Verständnis sind es eher Kochideen. *De re coquinaria* liest sich wie ein halbwegs alltagstaugliches Kochbuch, auch wenn der Autor auf gefüllte Haselmäuse und das folgende Flamingorezept nicht verzichten wollte.

. . . .

Flamingorezept aus *De re coquinaria*:

1. Enthäute den Flamingo, wasche […] ihn und verschließe ihn in einem Topf, gib Wasser, Salz, Dill und ein wenig Essig dazu. Wenn er halb gar ist, binde ein Bündelchen Lauch und Koriander zusammen, um es damit zu kochen. Wenn er fast gar ist, gib Defrutum dazu und färbe ihn. Gib in einen Mörser Pfeffer, Kümmel, Koriander, Laserwurzel, Minze und Raute und zermahle es, gieße Essig hinzu, gib Datteln hinein und gieße vom eigenen Saft darüber. Schütte es in denselben Topf, binde mit Stärkemehl, gieße die Sauce darüber und serviere. Das Gleiche mache auch mit Papagei.

2. Anders: Grille den Vogel und zerstoße Pfeffer, Liebstöckel, Selleriesamen, gerösteten Sesam, Petersilie, Minze, getrocknete Zwiebel und Datteln. Schmecke mit Honig, Wein, Liquamen, Essig, Öl und Defrutum ab.

. . . .

Liquamen oder Garum war die römische »Universalwürze«. Für sie wurden Sardellen, Thunfisch, Aal und Makrelen samt Eingeweiden mit Salzlake vermischt, der Mix vergor anschließend in der Sonne. Geschmacklich ähnelte es wahrscheinlich dem vietnamesischen Nuoc Mam. So beliebt die Sauce war, so unbeliebt war ihre Herstellung. Garum-Fabrikanten arbeiteten meist außerhalb der Städte, da die Fisch-Fermentation nur sehr geruchsintensiv betrieben werden konnte.

Defrutum hingegen war eingedickter Traubensaft, der unter starker Hitze in einem Bleigefäß auf die Hälfte oder um zwei Drittel reduziert wurde. Er diente zum Beispiel als Honigersatz. Durch diese Art der Zubereitung gelangte eine erhebliche Menge Blei in den beliebten Most. Mit Defrutum süßte man auch Weine. Untersuchungen zum Bleigehalt haben ergeben, dass damalige Aristokraten sich tatsächlich mit dem konzentrierten Most vergiften konnten. Kurioserweise standen die Römer selbst dem behandelten Wein skeptisch gegenüber. Plinius der Ältere (23 n. Chr. – 79 n. Chr.) beschwerte sich, dass viele Gifte eingesetzt würden, um Wein dem Geschmack der Trinker anzupassen. Je günstiger der Wein, desto freier sei er von Unreinheiten.

All diese Details sind bekannt und dokumentiert. Doch wer bei Lucullus die Gerichte »sorgfältig präparierte« und die Drosseln zubereitete, wer für Apicius die Rotbarben in Barbensaucen ertränkte und die Flamingos häutete, das wissen wir nicht. Es waren Küchensklaven, und mit ziemlicher Sicherheit die besten Küchensklaven, die man für viele, viele Sesterzen erwerben konnte. Köche waren Hauspersonal, Sklaven, Diener. Weite Teile der Geschichte der Köche zeigen, dass die Mitglieder dieses Berufsstands stets besonders hart um den sozialen Aufstieg kämpften. Viele Köche haben uns seit dem Mittelalter Bücher mit ihren Rezepten und ihrem Wissen hinterlassen. »Wer

schreibt, der bleibt« sagt eine Redensart. Hier trifft sie zu, denn
die Geschichte der Köche wird fast ausschließlich von Kochbuchautoren geprägt. Vom Mittelalter bis zum 18. Jahrhundert
kennen wir die Namen einiger Köche, die an Fürsten- und
Königshöfen arbeiteten. Ihre Bücher und Rezepte sind teilweise
erhalten, ab und an ist ein biografisches Detail überliefert. Erst
als – schreibende – Profiköche nicht mehr ausschließlich in den
Privatküchen des Adels wirkten, traten die Köche in die Öffentlichkeit. Fortan gab es nicht nur Rezepte, sondern regelrechte
Biografien.

Viele davon gleichen mittelalterlichen Hagiografien, egal ob
der Herr am Herd selbst zur Feder griff oder Zeitgenossen ihn
in Werken würdigten.

Der Protagonist war ein Mann (viel seltener: eine Frau) ohne
Fehl und Tadel, zielstrebig, fleißig und kreativ, somit also der
kulinarischen Verehrung würdig. Und ab und zu behauptete
einer oder gleich zwei, sie hätten eine »neue Küche« erfunden.
Die weitaus meisten großen Köche haben freilich weder die Welt
des Kulinarischen umgekrempelt noch »neue Küchen« erfunden.

Quer durch die Jahrhunderte wirkten sich Horden von kleinen und großen Veränderungen auf die Küche aus, zum Beispiel verbesserte Transportwege, ausgefeiltere Kühltechniken
oder zuvor nicht verfügbare Zutaten. Die sicherlich größten
Revolutionen in der Küchenlandschaft der letzten 1000 Jahre
entstanden durch die Entdeckung der »Neuen Welt«. Reis, Tomaten, Kartoffeln, Schokolade, nichts davon gab es in unseren
Breiten vor der Entdeckung Amerikas. Gerichte, die wir heute
als kulinarisches Erbe Europas betrachten, waren unbekannt.
Weder Spaghetti mit Tomatensauce noch Schweinebraten mit
Kartoffeln standen auf dem Speiseplan unserer Vorfahren. Und
weiter: Ohne zahlungskräftige Klientel, ohne gute Zutaten und

ohne zuverlässige Lieferanten kann es keine »große Küche« geben. Die Grande Cuisine entwickelte sich folgerichtig erst, als die Grundbedürfnisse der Menschen gedeckt waren. Und sie war über lange Zeit ein Privileg der ganz Wenigen – wobei nach kurzen Demokratisierungsversuchen auch heute wieder die Gästeauswahl über den Menüpreis gesteuert wird.

Auch wenn die Köche sich gern als maßgebliche Akteure jedweden kulinarischen Geschehens ausgeben, bleibt ihr Handwerk deshalb letztlich abhängig von den äußeren Umständen: ein Spielball der Geschichte.

Quer durch die Küchengeschichte wurden über Jahrhunderte »neue Küchen« ausgerufen, haben Köche das Wirken ihrer Vorgänger als schwer und überladen kritisiert. Dabei wurde schon früh versucht, mit visuellen Effekten mancherlei zu maskieren. So etwa im 19. Jahrhundert, als einige Köche Stammkunden in Geschäften für Malerbedarf waren. Heute greifen ihre Kollegen mit beiden Händen in die prallvollen Schränke der Lebensmittelindustrie, bedienen sich an Farbstoffen, Emulgatoren und Flüssigaromen. Zuweilen, auch das ist nicht neu, trafen experimentierfreudige Köche auf eine Klientel, die schon alles zu kennen glaubte. Essen und Genuss traten in den Hintergrund, wurden abgelöst durch spektakuläre Effekte: Je nach Epoche brachen Köche die Hirnschalen von Flamingos auf, ließen mit Baumaterialien verstärkte »Butterschiffe« über die Tische wogen, oder sie bauen wie im 21. Jahrhundert Türmchen und Spiralen aus Zusatzstoffen. Kulinarische Moden verhalten sich wie ein Pendel: Nach jeder Periode extravaganter visueller Effekte riefen – und rufen – Köche und Kochbuchautoren dazu auf, zur reinen Lehre zurückzukehren und den Geschmack der natürlichen Zutaten neu zu entdecken. In den hohen Sphären des besseren Essens wurde – und wird – eben derjenige belohnt, der vermeintliche Neuerungen am besten zu verkaufen weiß. Das Klappern mit Schöpfkelle und Kochtopf gehört seit jeher zum Handwerk.

Einige der historischen Kochrezepte, die ich für dieses Buch ausgewählt habe, wirken auch nach Jahrhunderten noch buchstäblich »zum Reinbeißen«, während andere eher irritierend ausfallen. Was wiederum auch für moderne Rezepte zutreffen kann.

Rezepte von Köchen aus vergangenen Jahrhunderten können Anregungen liefern. Genau nachkochen kann sie niemand, denn niemand wird den Originalgeschmack heute auf die Teller bringen können. Nicht nur, dass alte Kochanleitungen keine Maße enthielten, da es noch keine verbindlichen Maßeinheiten wie Kilogramm gab. Wir wissen auch nichts über die verwendeten Zutaten. Eine mittelalterliche Karotte ist zum Beispiel mit ihrer heute erhältlichen Kollegin kaum vergleichbar. Ob Rind oder Schwein, Huhn, Ziege oder Lamm, wir haben keine Ahnung, welcher Rasse die Tiere angehörten, die auf den Tellern unserer Vorfahren landeten. Wir wissen oft nicht, wie sie gezüchtet, wie sie ernährt und in welchem Alter sie geschlachtet wurden. All diese Faktoren wirken sich auf den Geschmack aus. Was der Koch Antonin Carême am Hof des russischen Zaren kochte, werden wir deshalb nie mit eigener Zunge erleben dürfen.

Ein Koch ist nicht nur, wer eine Kochlehre hinter sich gebracht hat – auch in diesem Buch nicht. Denn noch heute gibt es in weiten Teilen der Welt keine verbindliche Ausbildung für Köche. Koch ist, wer sich dem Kochen widmet, ob am eigenen Herd oder als Herrscher über eine Brigade am Königshof.

Und jetzt blättern Sie bitte um und entdecken die Geschichte der größten Köche aller Zeiten.

1. Vorspeise: Schwan *medievale*

An den Tisch des römischen Emporkömmlings trat »ein riesiger Bartträger mit riemenumwundenen Beinen und einem Zipfelmantel aus Damast«. Er schwang ein Jagdmesser, stieß es kräftig in die Flanke eines gebratenen Wildschweins. Prompt flatterten aus der Wunde lebende Drosseln, die namenlose Köche sorgsam in die Bauchhöhle eingenäht hatten. Vogelfänger »standen mit ihren Ruten bereit und fingen sie, obwohl sie im Speisezimmer herumflatterten, im Handumdrehen«. Jeder Gast bekam eine Drossel, großzügig wurden Datteln und Eicheln aus Syrien und Ägypten verteilt.

Dies ist nur ein halber Gang aus einem Festmahl des *Satyricon*, verfasst von Titus Petronius (22-66). So speisten reiche Römer, denen es offenbar nichts ausmachte, dass die panischen Piepmätze in der Bauchhöhle des Schweins vielleicht die eine oder andere »Hinterlassenschaft« deponiert hatten. Spektakelküche quer durch die Jahrhunderte, von Lucullus bis zu Kaiser Elagabal, der auch Bediensteten in Anfällen von Großzügigkeit Straußenhirne servieren ließ.

Wann immer die Grundbedürfnisse einer Gesellschaft gedeckt sind, wenden sich ihre Mitglieder der Verfeinerung zu. Das gilt natürlich auch für das Kulinarische. Doch auch Verfeinerung lässt sich übertreffen, mit Protz, Pracht und theatralischen Inszenierungen. Dazu braucht es nur ein wenig Fantasie, jedoch weit mehr Geld. Die gastronomischen Extravaganzen

eines Lucullus und Apicius waren nur durch eine prall gefüllte
Geldbörse möglich. Was aber, wenn die Grundbedürfnisse nicht
erfüllt sind? Wenn sogar die Superreichen andere Sorgen als die
nächste Mahlzeit haben? Oder wenn die nächste Mahlzeit gar
die letzte sein kann?

Es ist eine schreckliche Vorstellung: Eines finsteren Tages
im 5. Jahrhundert n. Chr. stürmen die Hunnen herbei, die römischen Legionen fallen wie die Fliegen, in ganz Europa wird
gemordet, geplündert.

Vielleicht aber läuteten auch die Germanen oder die Goten
den letzten Akt für das Römische Reich ein. Alarich, Führer der Westgoten, eroberte schließlich 410 Rom und ließ die
Stadt drei Tage lang plündern. Der Germane Odoaker setzte
476 den römischen Kaiser Romulus Augustulus (»das Kaiserchen«) kurzerhand ab. Zwar hatte Odoaker einst für Attila, den
Hunnenkönig »Etzel« des *Nibelungenliedes*, gekämpft, weigerte
sich nun aber als ehemaliger Offizier der weströmischen Armee,
über Gebühr barbarisches Verhalten an den Tag zu legen. Er
verzichtete darauf, das Kaiserchen zu töten, zahlte ihm lieber
eine jährliche Pension und ließ auch den römischen Senat, das
Rechtssystem und die Verwaltung bestehen. Fortan war Odoaker König Italiens und es herrschte Mittelalter, zumindest nach
unserer heutigen Vorstellung.

Rom wurde also weder an einem Tag gebaut noch an einem
Tag zerstört. Auch die römische Küche verließ Tische und Teller
nicht von heute auf morgen. Schließlich wurde das Kochbuch
des Apicius in den Klöstern fleißig kopiert.

Doch die Tage der Völlerei waren vorüber: Mit dem Christen-
tum kamen veränderte Essgewohnheiten. Papst Gregor der
Große (540-604) erwähnt in den *Moralia* ausdrücklich die
Völlerei als eine von sieben Todsünden. Neu war dieser Gedan-

ke nicht: Für den Kirchenvater Hieronymus (347-420) war der Fleischverzehr minderwertig. Gott hätte schließlich den Fleischverzehr erst Noah zu Zeiten der Sintflut gestattet, während die ursprüngliche Nahrung der Menschen aus Früchten und Gemüse bestand.

Das Mittelalter, immerhin ein Zeitraum von 1000 Jahren, hat einen finsteren Ruf, weil es nur wenige schriftliche Zeugnisse gibt. Ein vollständiger Rückfall in die Steinzeit war es dennoch nicht: Die Bürger Ostroms, alias Byzanz, lebten opulent. Sie verfügten über einen Lebensstandard, der weit über den des restlichen Europas hinausging. Das wirkte sich auf ihren Speisezettel aus. Zu seiner Blütezeit reichte das Byzantinische Reich vom Nordosten des Mittelmeeres über die Türkei bis zur Arabischen Halbinsel, was den Byzantinern eine große Auswahl an Zutaten, Gewürzen, Kräutern, Früchten und Gemüse bescherte. Die Küche war so vielfältig wie die Region des Reichs. Aller Wahrscheinlichkeit nach war es eine Fusionsküche mit Einflüssen aus Griechenland, Rom, Syrien und ganz Arabien. Die vermögenden Bürger von Byzanz schätzten Fischrogen, aßen Spinat, der ursprünglich aus dem persischen Raum kam, und Auberginen, die aus Indien stammten. Sie bauten Zitronen und Orangen an. Etliche Gerichte, die wir heute in der türkischen oder griechischen Küche schätzen, haben ihren Ursprung in Byzanz, etwa stark gesüßte Speisen wie Baklava oder gefüllte Weinblätter.

Von 632 bis 1100 n. Chr. erlebte zudem die junge islamische Zivilisation eine wahre Blütezeit: Algebra, Sextanten, Injektionsspritzen, Astrolabien, das alles und vieles mehr wurde von arabischen Gelehrten er- und gefunden. Ob Augenheilkunde oder Pharmakologie, die arabische Zivilisation verfügte gegenüber der westlichen Welt über einen technologischen Vorsprung.

Inspiriert wurden die Gelehrten vom antiken Griechenland. Besonders nach der Einnahme von Alexandria im Jahr 642 studierten Philosophen die Werke Platons und Aristoteles'. Bagdad avancierte zum geistigen Zentrum des Mittelalters, Manuskripte aller Völker, auch der Griechen und Römer, wurden ins Arabische übersetzt. Die Landwirte erhielten Kenntnis von Struktur und Feuchtigkeit des Bodens und konnten so vier Mal im Jahr ernten. Auch die Bewässerungstechnologie wurde verbessert, weshalb viele arabische Bewässerungsanlagen in Nordafrika fälschlicherweise den Römern zugeschrieben würden, behauptet der amerikanische Autor Clifford A. Wright in seinem Buch *A Mediterranean Feast*. Die neuen Techniken wurden selbstverständlich auch in den islamischen Gebieten in Europa, zum Beispiel in Spanien, genutzt, das von 711 bis 1492 von Mauren beherrscht wurde.

Die schlechte Nachricht für Köche: Sie waren, zumindest nach heutigem Kenntnisstand, immer noch namenlos. Immerhin wissen wir, dass es sie gab.

Im Jahr 512 brachte der byzantinische Arzt Anthimus am Hofe Theoderichs des Großen (471-526) sein Werk *De observatione ciborum* zu Papier – kein Kochbuch, sondern eine Art »Gesundheitsbuch« mit Rezepten. Der Mediziner empfahl Gewürze, Essig und Honig zu einem Rindsragout und vergaß nicht zu erwähnen, ob die Zutaten in Theoderichs Heimat bei Metz überhaupt verfügbar waren. Typische Zutaten der römischen Küche wie Oxymel aus Honig, Essig, Regenwasser und Meersalz oder Oenomel aus Honig und Traubensaft tauchten auf. Das waren römische Essensempfehlungen für einen König, der nie ein Römer gewesen war.

Wenn wir ans Mittelalter denken, erscheinen vor unserem inneren Auge weder Oxymel noch Oenomel, sondern dicke, geröstete Schweine und Ochsen, dazu gegrillte Hirschkeule und ein paar ordentlich durchgebratene Hühner, dargeboten auf einem hölzernen Tisch neben einem Fass Wein. Das ist Hollywood. Die mittelalterlichen Bauern kannten solche filmreifen Festmähler nicht, bei denen ganze Hühner mit bloßen Händen in zwei Teile geteilt und verschlungen wurden. Der Ernährungsalltag bestand aus Suppe und Brot.

Aus Frankreich ist bekannt, dass Brote ein bis zwei Mal pro Monat in Gemeinschaftsöfen gebacken wurden. In die Suppe wanderten Lauch, Karotten, Rüben oder Kohl. Einmal gekocht, wurde sie über eine Scheibe Roggenbrot geschüttet. Weil nur zwei Mal im Monat gebacken wurde, war das Brot natürlich hart. Erst die Flüssigkeit weichte es wieder auf. Die Bauern verzehrten die gute Suppe mit Brot morgens, mittags und abends, direkt auf dem Tisch, ohne Teller. Im Spätmittelalter, um 1300, verzehrte jeder Esser im Schnitt 200 Kilogramm Brot im Laufe eines Jahres, fast vier Mal mehr als heute. Wild wachsende Früchte und Beeren sowie Kastanien ergänzten den Speiseplan.

Damals wurden, so der deutsche Historiker Ernst Schubert, 80 Prozent des Haushaltseinkommens für den Nahrungserwerb aufgewendet. Falls die Preise auf den Märkten anzogen, etwa nach Missernten, war die Versorgungslage der Menschen akut bedroht. Das Konservieren von Nahrungsmitteln für schlechte Zeiten war daher überlebenswichtig. Wie in der Antike wurde getrocknet, gedörrt, gebeizt und geräuchert. Dazu kam, je nach Region, das Einlegen von Fleisch im eigenen Fett, wie es beim französischen Confit heute noch üblich ist.

Für die Konservierung von Fisch und anderen Lebensmitteln war die Salzversorgung elementar. Handelsrouten verbanden »Salzregionen« wie die Ostalpen, Lothringen oder das Elbe-Saale-Gebiet mit den Städten. Schon im 9. Jahrhundert wurde auf der französischen Île de Noirmoutier mit der Meersalzgewinnung begonnen. Doch Salz war kostspielig, den Reichen vorbehalten und ein politischer Machtfaktor. Städte wie Reichenhall machte es reich, zwischen Salzburg und Bayern herrschte später, 1610, gar ein »Krieg um's Salz«, der 1611 mit dem Einmarsch der Bayern in Salzburg endete.

Seit dem 11. Jahrhundert verbesserte sich die Versorgungslage langsam durch die Einführung der Dreifelderwirtschaft. Dazu wurde die Anbaufläche in drei Teile geteilt. Jeder davon lag ein Jahr lang brach und wurde dann als Weide genutzt. Sommergetreide wuchs auf einem zweiten, Wintergetreide auf dem dritten Acker. So blieb der Boden fruchtbarer. Auf dem brach liegenden Feld gediehen außerdem Hülsenfrüchte wie Erbsen, die fortan zur Alltagsernärung beitrugen. Historiker Schubert nennt dies den »Siegeszug der Erbse«. Gesichert war die Nahrungsmittelversorgung deshalb aber noch lange nicht. Regelrechte Hungerkatastrophen sind für die Jahre 1043 bis 1045, 1195, 1198 und 1225/1226 nachgewiesen, dazu kamen regional begrenzte Hungersnöte, etwa 1272/1273 in Friesland. In Frankreich durchlitten die Menschen im 12. und 13. Jahrhundert 81 Hungersnöte.

Getrunken wurde Wein, Bier und Regenwasser. Wer am Brunnen trank, lief Gefahr, sich mit diversen Keimen zu vergiften.

Auf Lebensmittelfälscher war im Mittelalter niemand gut zu sprechen. Unsere Vorfahren verstanden beim Panschen keinerlei Spaß. Mit einer Meldung in der Lokalpresse und einer Geldbuße war es damals nicht getan. Im Jahr 1316 wurden 16 Bäcker an den Pranger gestellt und ins Exil geschickt, weil sie ihr Brot mit Abfällen durchmischt hatten. 1444 wurde in Nürnberg der »Safranschmierer« Jobst Findeker mitsamt seiner Ware auf dem Scheiterhaufen verbrannt. Zwölf Jahre später begruben die Nürnberger als Strafe für dieses Delikt eine gewisse Elsa Fragnerin bei lebendigem Leib.

Fleischverzehr verboten

In den christlichen Gesellschaften des Mittelalters bestimmte die Religion den Speiseplan. An Fastentagen untersagte die Kirche den Fleischkonsum. Zu manchen Zeiten, etwa vor Ostern, mussten die Menschen zudem auf Eier, Käse und Milch verzichten. Das christliche Jahr kannte bis zu 150 solcher Fastentage!

Folgerichtig stellten sich mittelalterliche Köche die Frage, wie sie das Verbot möglichst wohlschmeckend und gleichzeitig frei von Sünden umgehen konnten: Mandelmilch ersetzte Kuhmilch, das galt als problemlos. Fisch war erlaubt, zur Not gab es die »konservierten Varianten« wie Salzhering und Stockfisch. Letztendlich hing der Speiseplan jedoch an der kreativen Interpretation des Wörtchens »Fisch«. Waren das wirklich nur Tiere mit Flossen und Gräten? Oder nicht vielleicht auch noch Krebse und Muscheln? Und dann gab es auch noch Biber, Otter und Wasservögel, die einen beträchtlichen Teil ihrer Lebenszeit im Wasser verbrachten. All das wurde an Fastentagen munter vertilgt.

Auf die Spitze getrieben wurde die sehr freie Auslegung der kirchlichen Regeln mit der Nonnengans. Nach mittelalterlichem Glauben schlüpfte die nämlich aus einer Muschel an einer Art »Seepockenbaum«. Das Tier heißt auf Englisch *barnacle goose*, wobei *barnacle* mit »Seepocke« übersetzt werden kann. Ergo war die Gans sozusagen der Abkömmling der Muschel und damit eine ideale Speise für die Fastentage.

Die Adligen hingegen schwelgten in Luxus. Ludwig IX. ließ sich in Frankreich im Jahr 1241 Suppen, Fische, Braten, Zwischengerichte mit farbigen Gelees, Schwäne, Pfauen und Fasane auftischen. Schnäbel und Krallen des Geflügels waren vergoldet, man gönnte sich ja sonst nichts. Überhaupt das Geflügel: Der Adel verzehrte Pfauen, Schwäne, Kraniche, Drosseln, Fettammern und Reiher. Dem Bürgertum blieb das Huhn.

Gewürze brachten es im Mittelalter zum Statussymbol. Sie kamen über die Seidenstraße aus China nach Arabien, wo sie nach Venedig, Amalfi, Pisa und Genua verschifft wurden. Pfeffer galt als Kostbarkeit, dazu kamen Ingwer, Zimt, Gewürznelken, Safran, Kümmel, Mandeln und Muskat. Bezüglich der Dosierung streiten sich die Gelehrten: Einerseits gab es bei Hofe fast überall regelrechte Gewürzspeicher, allerdings wurden dort auch Dutzende, manchmal sogar Hunderte von Gästen bewirtet. Andererseits verlangt das *Libro per cuoco*, ein italienisches Kochbuch aus dem 14./15. Jahrhundert, nach etwa 220 Gramm Gewürzen für zwölf Personen.

Zuweilen wird behauptet, Ingwer, Zimt und Safran mussten den strengen Odeur vergammelnden Fleisches überdecken; wer nicht über die »Luxusgewürze« verfügte, der nutzte dazu Knoblauch oder Bohnenkraut. Jedoch konnten sich Adlige, deren Vermögen zur Füllung von Gewürzspeichern reichte, mit Sicherheit auch frisches Fleisch leisten.

Das älteste derzeit bekannte Kochbuch des Mittelalters stammt aus der Kathedrale von Durham in Großbritannien. Um das Jahr 1160 wurden die Rezepte in Latein auf dünnem Pergament notiert. Professor Faith Wallis entriss sie 2013 dem Vergessen.

Der unbekannte Verfasser listet Saucen zu Hammel, Ente und Rind. Eines der Rezepte empfiehlt eine Minzvariante zum Hammelfleisch – ein Vorgänger des britischen Lamms in Mintsauce? Zu Schwein oder Rind wurden gemahlene Senfsamen in Essig gereicht. Dabei gab es Senf, wie wir ihn kennen, damals noch nicht.

»Winzigkleine Fischchen« wurden mit Koriander, Knoblauch und Pfeffer zubereitet.

Eines der Rezepte trägt den hübschen Titel »Henne im Winter«. Historiker Dr. Giles Gasper kommentiert es in der offiziellen Pressemitteilung der Universität Durham vom April 2013 mit den Worten: »Wir glauben, dieses Rezept ist eine saisonale Variation, mit Zutaten aus den kälteren Monaten und natürlich der Angabe ›Henne‹ statt ›Huhn‹. Das heißt, es war älteres Geflügel.« Knoblauch, Pfeffer und Salbei brauchte der Koch für die Winterhenne.

»Die Saucen werden hauptsächlich mit Petersilie, Salbei, Pfeffer, Knoblauch, Senf und Koriander gemacht, was ihnen wohl einen mediterranen Geschmack verleihen wird, wenn wir sie nachkochen«, sagt Gasper. Und: »Laut Text kam eines der Rezepte aus Poitou in Frankreich.« Was zeigt, dass sich kultureller Austausch im Mittelalter auch auf Rezepte erstreckte.

Wie alle mittelalterlichen Kochbücher liefert auch dieses keine Rezepte mit exakten Maßangaben im heutigen Sinne, sondern eine Art Sammlung von Kochideen für Profis. Doch auf welche Maße hätten sich die Verfasser auch beziehen sollen? Weder verfügten die Verfasser über Uhren, mit denen sie die Garzeit präzise messen konnten, noch gab es Maßeinheiten wie das Kilogramm.

Welcher Koch die »Henne im Winter« zubereitete, ist unbekannt. Notiert wurden die Rezepte höchstwahrscheinlich von einem Mönch. Wer sonst sollte damals nicht nur des Schreibens, sondern auch der lateinischen Sprache mächtig gewesen sein?

Die 6000-Kalorien-Diät

Nur logisch ist es hingegen, dass die Kochanleitungen in einer
Kirche lagerten. Im Mittelalter wurde die Küche an Adelshöfen
und vor allem in Klöstern und Abteien gepflegt. Ab dem 7. Jahrhundert pflanzten zahlreiche Abteien eigene Rebstöcke und widmeten sich der Weinherstellung, etwa im Burgund, wo es seit
640 den berühmten Clos de Bèze gibt. Im Jahr 803 wurde der
Stiftskeller St. Peter in Salzburg, die älteste noch existierende
Gaststätte Europas, erstmals urkundlich erwähnt.

Außerdem verfügten die mittelalterlichen Mönche über
großen Appetit. Nach Untersuchungen der britischen Archäo-
login Philippa Patrick, deren Ergebnisse sie unter anderem in
einem Vortrag auf dem International Medieval Congress 2004
in Leeds zusammenfasste, nahmen Mönche pro Tag 6000 Kalorien zu sich. An den zahlreichen Fastentagen waren es immerhin
noch 4500. Sechs Eier hätte so ein Mönch pro Tag verzehrt, von
11 bis 13 Uhr gab es drei Eier, gekocht oder in Schmalz gebraten, dazu Gemüsebrei mit Bohnen, Lauch, Karotten und andere
Zutaten aus dem Klostergarten sowie Schweinekoteletts, Speck
und Hammelfleisch, dazu Kapaun, Ente und Gans mit Orangen
sowie ein halbes Pfund Brot. Danach Pfirsiche, Erdbeeren und
Heidelbeeren mit Eierflan. Begossen wurde das Ganze mit reichlich wässrigem Bier. Drei Stunden später ging es nochmals zu
Tisch. Es folgten Hammelfleisch, Haferschleim mit Knoblauch
und Zwiebeln, Milch und Feigen, Rehrücken mit Vogelbeeren,
Schlehen, Haselnüsse und Apfel, dazu geschmorte Aale, Heringe,
Hecht, Neunaugen, Lachs, Kabeljau und Forelle, begleitet vom
obligatorischen Brot, das auch hier in der Suppe landete. Bier
oder Wein aus Spanien, Frankreich oder Portugal rundeten das
Mahl um 18 Uhr ab – um am nächsten Tag erneut zu beginnen.

Patrick glaubt, dass diese Völlerei nicht auf die von ihr untersuchten 300 Skelette von Mönchen begrenzt war, sie sieht die Völlerei der Klosterbrüder als europaweites Phänomen und verweist auf das portugiesische Kloster von Alcobaça. Eine schmale Tür hätte dort allzu füllige Gottesmänner vom Zugang zu den Süßspeisen abgehalten. Die nämlich lockten in einem separaten Raum.

»Schmalere Tür zur Küche einziehen lassen«, wäre das nicht eine Idee für »die Mönchs-Diät«, ein zukunftsweisendes Konzept, entlehnt aus dem Mittelalter?

Und die Köche? Sklaven wie in der Antike waren sie nicht mehr. Sie wirkten jedoch über Jahrhunderte anonym im Hintergrund. Immerhin: Das Ständebuch *Livre de métiers* von Etienne Boileau berichtet 1268, dass Köche eine Lehrzeit von zwei Jahren absolvieren mussten.

Taillevent

Zu Ruhm brachte es Guillaume Tirel genannt Taillevent, also »Schneidewind« (1310-1395), der in Diensten von König Philipp VI., des Herzogs der Normandie sowie der Könige Karl V. und Karl VI. in Frankreich stand. Im Jahr 1362 soll der normannische Herzog ihm für gute und loyale Dienste 100 Goldfrancs überlassen haben, auf dass er ein Haus in Paris erwerbe. Sein Grabstein steht heute im Museum von Saint-Germain-en-Laye: Neben dem Koch, damals noch nicht in Uniform, zeigt Letzterer auch seine beiden Ehefrauen.

Taillevent wird das Kochbuch *Le Viandier* zugeschrieben, inzwischen gilt jedoch als gesichert, dass es schon vor Tirels aktiver Zeit verfasst wurde. *Le Viandier* ist ein festliches Kochbuch für

den Gebrauch bei Hofe. Natürlich verrät es, wie man einen
Schwan zünftig zubereitet; mehr noch, Taillevent verrät, wie
man mit schimmelnden Schwänen umzugehen hat:

. . . .

AUS *LE VIANDIER*:

22. Fleisch, Kaninchen und Hühnersuppe
    Nehme Fleisch, zerschneide es und brate es leicht in
    Schmalz mit etwas fein gehackten Zwiebeln. Zermahle
    reichlich Mandeln, weiche sie in Wein und Rinder-
    brühe ein und koche sie mit Fleisch. Zermahle Ingwer,
    Zimt, Nelken, Paradieskörner, Muskatnuss und nur
    ein bisschen Safran, und gebe es in Verjus. Es sollte
    ziemlich gelb und dick ausfallen.

50. Pfau, Schwan
    Töte ihn wie Gans, lasse den Kopf und den Schwanz,
    spicke ihn, brate ihn golden, und esse es mit feinem
    Salz. Er hält mindestens einen Monat, nachdem er ge-
    kocht wurde. Wenn es oben schimmelt, entferne den
    Schimmel, darunter ist er weiß, gut und solide.

52. Störche
    Feder sie wie Gans, lasse die Füße, Schwanz und Kopf,
    brate ihn, spicke ihn, und esse ihn mit feinem Salz.

135. Austern
    Koche sie in Wasser, brate sie in Öl mit Zwiebeln, und
    esse sie als Austernragout oder (Gewürz-)Pulver oder
    Knoblauch.

136. Miesmuscheln
Koche sie in Wasser mit etwas Essig und (wenn ge-
wünscht) etwas Minze. Beim Herausnehmen Gewürz-
puder zufügen. Einige wünschen Butter mit ihnen.
Esse sie mit Essig, grünem Verjus [Saft unreifer Trau-
ben] oder grünem Knoblauch. Sie können ein Ragout
aus ihnen machen, wenn Sie es wünschen.

137. Jakobsmuscheln
Wähle sie gut, reinige und wasche sie, bräune sie in Öl
mit gehackten Zwiebeln und Gewürzpulver, und esse
sie mit gutem weißem Knoblauch.

. . . .

Knoblauch ist hier ein Synonym für Saucen aus zerstampftem
Knoblauch, Brot und Verjus (weiße Variante) sowie zerstampftem Knoblauch, Brot, Gemüse und Verjus (grüne Variante).

Le Viandier gibt wichtige Tipps zur Präsentation pompöser
Gerichte. So kann der Koch einen Schwan häuten, die Karkasse
braten, mit gelbem Ei bestreichen, in der Haut verstecken und
den Hals mit Hilfe von versteckten Holzstäbchen aufstellen.
Pfauen werden identisch behandelt, benötigen jedoch Holz und
Kupferdraht, damit sie bei Tisch *post mortem* ein Rad schlagen
können.

Als ältestes »Rezeptbuch« in deutscher Sprache gilt das *Buoch
von guoter Spîse*. Es entstand um 1350 am fürstbischöflichen Hof
in Würzburg und überliefert unter anderem folgende Rezepte.

REZEPT AUS *BUOCH VON GUOTER SPÎSE*

21. Eine gute Speise [Schweinsdarm und Magen]
    Nehme einen gekochten Schweinedarm und den Magen, schneide den gekochten Darm in vier Teile, den großen und den kleinen, danach schneide das Ganze in Streifen und den Magen schneide man auch klein, und schneide dann beide, Magen und Darm, jeweils auch seitwärts, so klein man möchte. Man nehme Petersilie, Poleiminze und Pfefferminze, Salbei, hart gekochte Eier und viele schöne Brotkrümel und ein wenig Pfeffer und ein Ei in eine Schüssel. Dies mahle man mit Essig und mit guter Brühe, sodass es nicht zu sauer werde, und gebe es auf die Innereien und gebe Schmalz hinzu. Man lasse es erhitzen und sobald es dick wird, serviere man es und versalze es nicht.

Wichtiger Hinweis: Falls Sie dieses Rezept auch nur in Ansätzen nachkochen, verwenden Sie bitte nur wenig Poleiminze. Sie enthält das Gift Pulegon.

REZEPT AUS *BUOCH VON GUOTER SPÎSE*

30. Eine gute Speise [Hühnerragout mit Quitten]
    Nehme Hühner und brate sie, dass sie noch nicht völlig gar sind, zerteile sie in Häppchen und lasse sie nur in Wasser und Schmalz sieden. Und nehme eine Brotkruste und Ingwer und ein wenig Pfeffer und Anis, das

man mit Essig und mit derselben Stärke zerstößt. Und
nimm vier gebratene Quitten und die Würze zu den
Hühnern, lasse es gut damit kochen, dass es gerade
dick wird. Wenn man keine Quitten hat, so nimmt
man gebratene Birnen und mache es damit und serviere es und versalze es nicht.

. . . .

Höchstwahrscheinlich handelt es sich beim *Buoch von guoter
Spîse* um die Abschrift einer älteren Vorlage, die vom Protonotar
Michael de Leone in Auftrag gegeben wurde.

Aus dem deutschsprachigen Raum stammen außerdem das
Alemannische büchlein von guter Speise (um 1400) des Meister
Hansen, nach eigenen Angaben »des von Wirtenberg Koch«,
sowie das *Kochbuch des Meister Eberhard.* Der stand in Diensten
von Herzog Heinrich XVI. von Bayern-Landshut, der zwischen
1404 und 1450 regierte.

Meister Eberhard brachte freilich nur 24 Rezepte zu Papier,
der Rest seiner Schriften betrifft Arzneien, Salben und Öle sowie Eigenschaften von Kräutern und anderen Zutaten. Er war
des Lateinischen mächtig und schrieb wie ein Gelehrter.

Ob *Viandier* oder das *Buoch von guoter Spîse*: Die spät-
mittelalterlichen Schriften zeigen, dass die Köche ihre römischen
Vorbilder abgelegt hatten.

Vollends ausgestorben war die Kost des Römischen Reiches
deshalb allerdings immer noch nicht. Noch 1550 erzählt der
Franzose Pierre Belon von einem höchst populären Garum auf
Basis von Makreleninnereien, das in Konstantinopel serviert
wurde.

LE CIGNE ET LE CUISINIER. Fable LIV.

Noch leistet der Schwan Widerstand, doch der Koch schwingt schon das Messer. Sein Fleisch wird auf einem Festbankett serviert.

LE GEAY PARÉ DES PLUMES DU PAON, Fable LXIX.

Ein Klassiker der gehobenen Küche des Mittelalters: Der Pfau wurde gern optisch herausgeputzt, musste dank Draht und Streben noch post mortem sein Rad schlagen.

Das Haushaltsbuch einer 15-Jährigen

Ein klein wenig bescheidener und praktischer fallen die Rezept-
empfehlungen im Pariser Haushaltsbuch *Le Ménagier de Paris*
(um 1392-1394) aus. Das Werk ist eine Art Haushaltsanleitung
für alle Aspekte des täglichen Lebens, die von einem vermögenden, älteren Bürger seiner 15-jährigen Ehefrau überreicht
wurde. Die junge Dame studierte dort nicht nur Anleitungen
für Pasteten, Fisch, Suppen und Fleisch – etliche Rezepte entstammen dem *Viandier* –, sie lernte auch vieles zur Verwaltung
des Gartens und des Hauses sowie ihren Mann zu lieben und
ihm zu gehorchen.

Offenbar fanden Generationen von Leserinnen solche Tipps
durchaus angemessen. Gut 550 Jahre nach dem Haushaltsbuch
erklärte Marianne Berger 1957 in *Besser kochen – besser leben*
aus dem Labor, Verzeihung, aus der Versuchsküche des stets
wohlmeinenden Maggi-Konzerns: »Der Haushalt ist unser Beruf.
Der Gatte hat einen anderen. Es tut ihm wohl, wenn wir immer
neu sein Talent, sein berufliches Geschick, seine geschäftliche
Tätigkeit loben und ihn nicht stets daran erinnern, dass es auch
Frauen gibt, die Brücken bauen, Traktoren führen, Magen ope-
rieren, predigen, fliegen, Kleider entwerfen, Banken leiten und
Gesetze aufstellen [...] Es freut ihn, wenn wir an einem gewöhnlichen Wochentag sein Lieblingsgericht kochen.«

Womit wir wieder bei Maggi wären. Oder beim Pariser
Haushaltsbuch.

2. Italienische Antipasti und Dialog der Leckereien aus der Neuen Welt

Dank François Rabelais (1494-1553), einem Mediziner, Priester und Schriftsteller, fanden Essen und Trinken zur Zeit der Renaissance einen verdienten Platz in der Literatur. Seine Romanfiguren Gargantua und Pantagruel kosteten sich förmlich durch ihr Leben. Gargantua und Pantagruel waren Riesen, verfügten daher über riesenhaften Appetit und stehen als solche symbolhaft für den Renaissance-Menschen in seinem Übermaß, der sich als wahren König des Universums betrachtete. Noch heute werden üppige Menüs in Frankreich mit den Worten *gargantuesque* und *pantagruelique* beschrieben. Überhaupt müssen Völlerei und Übermaß für Menschen, denen der Hunger eine alltägliche Gefahr war, verlockend geklungen haben.

Denn Übermaß herrschte nach wie vor nur am Königshof.

Als Katharina von Medici den späteren König Heinrich II. im Jahr 1547 heiratete, kam sie mit italienischen Hofköchen nach Paris. Die krempelten sofort die Ärmel hoch, schafften die mittelalterliche Küche ab und entwickelten dank ihrer transalpinen Techniken neben ihren Pflichten bei Hofe auch die französische Haute Cuisine.

So zumindest wird die Genese der französischen Küche allgemein erklärt.

Der Appetit des Riesen Gargantua wurde vom Schriftsteller Francois Rabelais be-
schrieben. Noch heute steht sein Name für üppige Festmähler.

Zwei Italiener in Paris

Doch kann es so einfach gewesen sein? Zwei Köche kochen dem
Rest des Landes etwas vor und alle machen es nach?

Fest steht, dass die italienischen Köche damals ausnehmend
erfolgreich waren. Sie beherrschten Techniken, die bei ihren
französischen Kollegen unbekannt waren. Zum Beispiel verwendeten sie bei der Herstellung von Saucen ein Passiertuch,
wie im Kochbuch *De honesta voluptate ac valetudine* aus dem
Jahr 1475 geschrieben steht. Der päpstliche Bibliotheksverwalter
Bartolomeo Sacchi, auch Platina genannt, dokumentiert darin
die Rezepte von Martino da Como, einem Koch, der im Vatikan
arbeitete.

Es heißt, *De honesta voluptate* sei das erste gedruckte Kochbuch gewesen, seit Gutenberg um 1450 den Buchdruck mit be-
weglichen Lettern erfand. Wie ein moderner Bestseller wurde
es natürlich auch übersetzt: *Von der Eehrlichen, zimlichen, auch
erlaubten Wollust des leibs* lautet der deutsche Titel. In den verschiedenen fremdsprachlichen Versionen wurde das nach Belieben erweitert oder zensiert. Keine Übersetzung ist inhaltlich
identisch mit dem Original.

Eigentlich war Platinas Werk ein Gesundheitsbuch. Wie
die Mediziner der Antike und des Mittelalters hielt er darin
die Viersäftelehre in Ehren, wonach Gesundheit und Krankheit, aber auch das »Temperament« vom Gleichgewicht oder
Ungleichgewicht der »Körpersäfte« Blut, Schleim, gelbe und
schwarze Galle abhängen. Auch Nahrungsmitteln waren solche Begriffspaare zugeordnet, die auf die Lehren der antiken
Ärzte Hippokrates und Galen zurückgingen. Milch bitte nicht
mit Fisch servieren, denn beide sind »feucht und kalt« wie der
Schleim. Gewürze hingegen galten als »warm und trocken«

wie die gelbe Galle und deshalb für die ebenfalls »warmen und trockenen« Choleriker weniger geeignet. Solche gesundheitlichen Erwägungen waren für die Zusammenstellung vieler mittelalterlicher Gerichte wichtiger als ihr Geschmack.

Als Verfasser eines umfangreichen Ratgebers gab Platina sogar Tipps zum Liebesleben. Geschlechtsverkehr sei, so Platina, weniger befriedigend im Sommer und Herbst. Winter und Frühling seien besser geeignet.

Er erklärt eindeutig, dass die Rezepte des Buches auf den Koch Martino da Como zurückgehen, nennt diesen sogar seinen Freund. Einige der rund 200 Rezepte könnte man als Vorläufer einer Regionalküche sehen: Krebse aus Venedig und Würste aus Bologna sind darunter. Bei Gewürzen zeigte er eine ruhigere Hand als seine mittelalterlichen Kollegen. Minze, Salbei, Majoran, Fenchel und Zimt liegen ihm mehr als kräftige Aromenspender wie Pfeffer und Ingwer. Neben vielen anderen Rezepten enthält das Buch auch eine frühe Version der beliebten Polpette. Damals waren das keine Fleischbällchen. Martino nutzte eine Scheibe aus der Kalbshaxe, auf die er eine Mischung aus gut gehacktem Fenchel, Pinienkernen, Majoran, Petersilie, Speck, Gewürzen und Salz gab. Dann wurde das Fleisch gerollt und am Spieß gebraten. Der Koch des Papstes kannte die Werke des Apicius ebenso wie die Arbeit seiner Kollegen im Ausland. Gebratene Rebhühner nach katalanischer Art bekamen einen Schuss Orangensaft und wurden mit Zucker, süßen Gewürzen und dem Saft unreifer Trauben gebraten.

Die Italiener konnten kochen. Zahlungskräftige Klientel in Rom und Florenz sowie die Blüte der Künste und der Philosophie in Italien hatten die Vorgänger von Martino da Como anscheinend zu Höchstleistungen angespornt. Schriftsteller wie Dante und Boccaccio oder Maler wie Giotto hatten den Aufstieg

Bartholomeo Sacchi, genannt Platina, war Humanist, Bibliothekar und Kochbuch-autor. Seine Einsichten gingen weit über Küche und Keller hinaus.

der italienischen Metropolen begleitet. Mit dem Vatikan und der Patrizierfamilie der Medici, immerhin Bankiers des Papstes, verfügten die italienischen Köche auch über anspruchsvolle und zahlungskräftige Auftraggeber. Bartolomeo Scappi (1500-1577), Leibkoch von Papst Pius VI., legte 1570 die reich illustrierte Rezeptsammlung *Opera dell' arte del cucinare* vor. Er servierte bereits Tortellini mit Kräutern und Parmesan in Fleischbrühe und erwähnte die Foie Gras.

Kein Wunder also, dass seine Kollegen nach der Hochzeit der Katharina von Medici auch am französischen Hof arbeiteten. Doch erfanden sie dort wirklich die französische Küche?

Ganz Frankreich konnte wohl kaum am Königshof geändert werden. Reisende aus dem 16. Jahrhundert, darunter viele Adlige, berichteten von der hohen Qualität der französischen Küche. Einer davon war Jérôme Lippomano, venezianischer Botschafter in Frankreich, der 1577 nicht an Lob sparte:

»In allen Städten und selbst in den Dörfern findet man alle Arten fertiger Speisen und alle Speisefolgen sind so arrangiert, dass sie nur noch gegart werden müssen. Da gibt es etwas, das mir unglaublich erschien und das meine Leser mir nie glauben werden, dass nämlich ein Kapaun, ein Rebhuhn und ein Hase fertig gespickt und gebraten weniger kosten, als wenn man sie lebend auf dem Markt oder in den Vororten von Paris kaufte [...]

Schwein ist die Nahrung der Armen, derjenigen, die wirklich arm sind. Jeder Arbeiter, jeder Händler möchte an guten Tagen Hammel, Wild, Rebhuhn, genau wie die Reichen, und an armen Tagen Lachs, Stockfisch, Salzhering, die aus den Niederlanden kommen [...] Die Geschäfte von Paris sind voll davon. Man isst auch frische Butter und Milchprodukte. Es gibt jede Menge Gemüse [...]

Paris hat in aller Fülle alles, was man sich wünschen kann: Lebensmittel kommen über die Seine aus der Picardie, der Auvergne, dem Burgund, der Champagne, der Normandie; auch wenn die Bevölkerung unzählbar ist, fehlt nichts, alles scheint vom Himmel zu fallen. Jedoch ist der Preis der Nahrungsmittel etwas hoch; ehrlich gesagt geben die Franzosen nur für Essen Geld aus [...] Deshalb gibt es hier Metzger, Rôtisseure,

Verkäufer, Zuckerbäcker, Tavernen in einer Zahl, die wirklich verwirrt [...]

Die Rôtisseure und die Konditoren arrangieren in weniger als einer Stunde ein Diner, ein Souper für zehn, zwanzig oder 100 Personen, der Rôtisseur gibt das Fleisch, der Konditor Pasteten, Tourtes, Entrées und Desserts, der Koch Gelees, Saucen und Ragout.«

Den Rôtisseur kann man vage mit »Garer« oder »Griller« übersetzen. Schon 1248 gab es den Berufsstand des »Oyeur«, des Gänsebraters, nachdem König Ludwig IX. zur Bildung von Ständen nebst verbindlicher Lehrzeit aufgerufen hatte. Unter Ludwig XII. änderte sich deren Name zum »Rôtisseur«. Gebraten wurden damals Geflügel, Wild und Hammel. Restaurants im heutigen Sinne gab es nicht, gekocht wurde in Tavernen, Geschäften oder beim »Rôtisseur«.

Lippomano jedenfalls scheint eine lebendige Feinschmecker-nation zu beschreiben und schildert bereits das heute noch vor-herrschende Bild vom genießerischen Franzosen, der, egal ob arm oder reich, seine finanziellen Mittel in kulinarische Genüsse investiert. Auch der Schweizer Thomas Platter bewunderte im ausgehenden 16. Jahrhundert die Pariser Gastronomie: »In der langen und wichtigen Rue St Denis und in vielen anderen Or-ten der Stadt gibt es zahlreiche Auberges [...], Herbergen und Patisserien [...] und niemand kann, sollte plötzlich ein Gast er-scheinen, und sei es der König selbst, sich entschuldigen, ihn nicht empfangen zu können, denn in einer halben Stunde kann man [...] ein eines Prinzen würdiges Mahl organisieren [...] Man glaubt an das Paradies auf Erden [...] Man kann staunen, dass allerorten die Hotels und Auberges voll ausgebucht sind.«

Übrigens wurden genau wie bei Martino da Como auch damals in Frankreich schon Regionalgerichte beschrieben. Der

Lyoner Mediziner Jean-Baptiste Bruyerin erklärte in *De re ciba-ria* von 1560, dass in der Auvergne viel Käse aus lokaler Produktion gegessen werde. Im Périgord und im Limousin hingegen aßen die Leute Kastanien. In den Regionen Hainaut und Artois standen Butter und Milchprodukte auf dem Speiseplan, »weil das Land eine Fülle von Weiden hat«. In der Normandie hingegen ernährte man sich von Äpfeln und Birnen. Und natürlich wurde genau wie in der Bretagne Fisch gegessen. Auch am Mittelmeer liebte man Meerestiere, Oliven und Kapern, dazu Feigen, Weintrauben, Rosinen, Zitronen und Orangen.

Der Autor erläuterte, dass sich diese Art zu speisen der der Spanier annähere. Man würde dort auch keine Butter kennen, sondern mit Öl würzen. Aus der Region Burgund überliefert der Mediziner ein Sprichwort: »besser eine gute Mahlzeit als schöne Kleider«. Und lästert, ein Burgunder hätte folglich Därme aus Seide (zitiert nach Philippe Gillet: *Par Mets et par Vins*).

Olivier de Serres (1539-1619), einer der führenden Agronomen seiner Zeit, widmete sich dem Weinbau und sprach sich für naturbelassenen Rebensaft aus. Besonders missfiel ihm die Praxis der Zugabe von Calciumsulfat. Schon Plinius der Ältere hatte um 77 n. Chr. auf die Gesundheitsgefährdung durch solche Weine hingewiesen. Per Gesetz abgeschafft wurde der Zusatz in Frankreich aber erst im Juli 1891.

Auch die Tischsitten wurden feiner und, nun ja, zumindest in Italien gesitteter. So hat der Legende nach König Heinrich III. im Tour d'Argent zum ersten Mal die Gabel benutzt. Platter berichtet, dass Heinrich IV. bei einem Diner in Orléans zu jedem Gang eine Serviette aus feinem weißem Tuch gereicht wurde.

Der Historiker Philippe Gillet glaubt, dass sich die Küche änderte, weil sich die Transportwege verbesserten. Im Mittelalter war der Vorrat an Gewürzen ein Privileg der Adligen, und der

Zugang zu den damals kostspieligen Frischwaren zeigte, wie wohlhabend und einflussreich man war. Nun gab es auf einmal (halbwegs) frischen Fisch in Paris.

Wenig später war die Küche des Mittelalters in Frankreich vergessen und französische Reisende beschwerten sich über die mittelalterliche Gewürzküche in anderen Ländern.

»Tatsächlich gab es bei den Medicis italienische Hofköche«, erklärt Philippe Gillet in einem Interview, das ich vor einigen Jahren mit ihm geführt habe. »Die Geburt der französischen Küche am Königshof ist dennoch eine Legende, historisch so wertvoll, als würde man die Politik eines Staatsmannes ausschließlich mit dem Einfluss seiner Mätresse erklären.«

Die beiden – namenlosen – Hofköche der Medici werden sicher ein paar Tricks, ein paar Handgriffe und ein Passiertuch im Gepäck gehabt haben. Doch für alle, die damals in Bordeaux, Lyon und Tours kochten, war Paris weit entfernt. Die Geburt der französischen Küche erfolgte nicht durch eine »Initialzündung«, es war ein langer Prozess kleiner Verbesserungen, der damals auch abseits des Pariser Hofes längst im Gange war.

Mit dem Kochen beschäftigten sich auch Prominente wie Nostradamus (1503-1566). Der Astrologe – er selbst nannte sich »Astrophil«, also »Sternenfreund« – war schon zu Lebzeiten durch seine jährlichen Almanache, die er ab 1550 herausgab, über seine Region hinaus bekannt. Katharina von Medici ließ von ihm Horoskope für ihre Kinder erstellen.

Zukunftsweisend war seine Beschäftigung mit Kosmetika und Konfitüren in *Traité des fardemens et des confitures* aus dem Jahr 1555. Im ersten Teil erzählt Nostradamus, wie man das Haar golden färbt und Zähne reinigt, »sogar solche, die verrotten«, im zweiten Teil zeigt er sein Wissen über Quittengelee, Marzipan und Konfitüren.

DAS QUITTENREZEPT DES NOSTRADAMUS

Um ein Quittengelee von hervorragender Schönheit, Güte, Geschmack und Qualität zu machen, das einem König serviert werden könnte und lange hält:

Nehme die Quitten, die du magst, solange sie vollständig reif und gelb sind.

Schneide sie in Viertel, ohne sie zu schälen (denn diejenigen, die schälen, wissen nicht, was sie tun, da die Haut den Geruch verstärkt), und teile jedes Viertel in fünf oder sechs Stücke.

Entferne die Samen, denn die Frucht wird sehr gut ohne sie zum Gelee.

Lege sie während des Schneidens in eine Schüssel voller Wasser, denn wenn sie nicht in Wasser getaucht sind, laufen sie nach dem Schneiden schwarz an.

Sobald sie geschnitten sind, koche sie in einer guten Menge an Wasser, bis sie gut durch sind und fast am Punkt sind, wo sie schrumpfen.

Wenn sie gründlich gekocht sind, presse diese Flüssigkeit durch ein Leintuch und drücke die ganze Zubereitung durch, so fest es geht.

Dann nehme diese Abkochung, und wenn es sechs Pfund sind, nehme eineinhalb Pfund Madeira-Zucker und gebe es in die Abkochung und bringe es zum Kochen über einem sanften Holzkohle-Feuer, bis sich gegen Ende das Volumen erheblich verringert.

Dann dämpfe das Feuer, sodass es nicht an den Seiten brennt – was dem Gelee eine schlechte Farbe geben würde.

Dann, wenn es fast fertig ist und um zu wissen, ob es perfekt gemacht ist, nehme etwas mit einem Spatel oder silbernen Löffel und lege es auf einen Teller, und wenn du siehst, dass es, wenn es ausgekühlt ist, wie ein Kügelchen wirkt, ohne zu kleben, entweder hier oder dort, dann ist es fertig.

Nehme es vom Feuer und warte, dass sich der Schaum auf der Oberseite absetzt, dann gieße die noch heiße Flüssigkeit in kleine Holz- oder Glas-Behälter.

Und wenn du etwas auf dem Boden des Behälters schreiben möchtest, kannst du es tun, denn es wird leicht zu sehen sein, denn die Farbe wird so durchsichtig sein wie ein orientalischer Rubin.

So ausgezeichnet wird die Farbe sein – und der Geschmack noch mehr –, dass es Kranken und Gesunden gleichermaßen gegeben werden kann.

....

Ob Horoskope, Zahnpflege oder Marmeladenrezepte: Nostradamus versuchte sich an vielem mit Erfolg.

Die Urgroßeltern des Lebensmittelrechts

Auch in Deutschland gab es Neues. Der Autor der *Nürnberger Küchenmaistrey* aus dem Jahr 1485 färbte Teig mit Kornblumen oder Kräutern und gab eine Anleitung für eine Bratenfüllung, die auch heute niemanden schocken würde: Zwei Eier werden gekocht, mit gehackter Petersilie, Weintrauben, gebratenen Äpfeln und gebratenen Birnen gemischt und mit einem rohen Ei, Gewürzen, Safran und Salz durchgeknetet. Gehackter Speck oder Schmalz sind optional.

Mit Vergnügen wurde auch Biberschwanz verspeist – wir erinnern uns: Für Fastentage waren Tiere gefragt, die ihren Lebensraum zumindest zeitweise im Wasser fanden.

· ·

Biberschwanz
aus der *Nürnberger Küchenmaistrey*

Biberschwanz wird gut gebraten und mit Ingwer bestreut aufgetragen.

Willst du ihn aber sieden, musst du eine gute Pfeffersauce oder eine Sauce, mit Lebkuchen gebunden, dazugeben und darauf wohlgestoßenen Pfeffer verteilen.

Fische, Krebse und Biberschwänze sind besser gesotten mit gutem Wein denn mit Wasser oder mit Bier oder reinem Essig.

Item es sagen die Meister, dass alle fetten Speisen und fetten Dinge dem Menschen schaden, am schädlichs-

ten aber seien die fetten Fische – aber trockenes Brot
essen ist ebenfalls schädlich.

· ·

Ebenfalls aus Deutschland kam die älteste heute noch gültige
lebensmittelrechtliche Bestimmung. Es handelt sich natürlich
um das Reinheitsgebot für Bier von 1516. Streng genommen
kann nach diversen Beschlüssen auf Europa-Ebene mittlerweile
leider nur noch von »mehr oder minder gültig« die Rede sein.

Das deutsche Reinheitsgebot war ursprünglich ein bayeri-
sches Reinheitsgebot. Es besagt ganz klar, dass Gerste (Malz),
Hopfen und Wasser ins Bier gehören. Eine weise Entscheidung,
durch die gleichzeitig der Weizen und Roggen für die Bäcker
(und damit für die Lebensmittelversorgung) reserviert und andere, kuriose Biervarianten verboten wurden: Ruß für Dunkel-
biere, Biere mit Bilsenkraut oder (giftiger und psychoaktiver)
Tollkirsche – die mittelalterlichen Braumeister kannten viele
Rezepte, von denen einige der Gesundheit der Trinker nicht sonderlich zuträglich waren. Hopfen hingegen galt schon damals
als beruhigend. Wörtlich heißt es in der Bayerischen Landes-
ordnung von 1516:

»Ganz besonders wollen wir, dass forthin allenthalben in
unseren Städten, Märkten und auf dem Lande zu keinem Bier
mehr Stücke als allein Gersten, Hopfen und Wasser verwendet und gebraucht werden sollen. Wer diese unsere Androhung
wissentlich übertritt und nicht einhält, dem soll von seiner Ge-
richtsobrigkeit zur Strafe dieses Fass Bier, so oft es vorkommt,
unnachsichtlich weggenommen werden.«

Ähnliche »regionale Reinheitsgebote« existierten in vielen
Städten und sind teilweise weit älter als die bekannte Regelung:
In Augsburg etwa regelten bereits 1156 Vorschriften die Kunst

des Biermachens. In Köln schworen die Braumeister 1429 einen feierlichen Eid, dass sie nur Gerste, nicht aber hohle Spelze (also die harte Hülle der Gerste) oder Hafer vermälzten. Das Reinheitsgebot und seine Vorläufer sind sozusagen die Urgroßeltern des Lebensmittelrechts.

Die Welt wird größer

Das 16. Jahrhundert gilt als Zeitalter der großen Entdecker. Im Jahr 1492 entdeckte Christoph Kolumbus »die neue« Welt Amerika. Eigentlich entdeckte er sie wieder, denn Leif Eriksson hatte ja auch schon Ende des 10. Jahrhunderts den Fuß auf amerikanischen Boden gesetzt. Im Jahr 1502 erreichte Vasco da Gama als erster Europäer Indien auf dem Seeweg. Der Portugiese Ferdinand Magellan wiederum entdeckte die Meerenge, die Atlantik und Pazifik verbindet, kam aber auf seiner Weltumsegelung ums Leben.

Die Erde war innerhalb eines Jahrzehnts wesentlich größer geworden, was den Seefahrernationen neue, bisher ungeahnte Möglichkeiten zum Handel eröffnete.

Die Spanier suchten Gold und Silber und fanden neben Edelmetallen vieles, was mindestens genauso wertvoll war: Nahrungsmittel. Keine Kartoffel, keine Tomate, keine Schokolade, keinen Mais in Europa ohne Kolumbus.

Und ständig kamen neue Zutaten und Entdeckungen hinzu. Der deutsche Arzt Leonhard Rauwolf lernte Ende des 16. Jahrhunderts in Aleppo den Kaffee kennen. Die niederländische Ostindien-Kompanie brachte 1610 die erste Ladung grünen Tee nach Europa. Eine Welle der kulinarischen Globalisierung erfasste den Kontinent.

Der Siegeszug der Schokolade

Die neuen Nahrungsmittel setzten sich teilweise zügig, teilweise zögerlich durch. Das zeigt das Beispiel der Schokolade: Die nämlich war damals noch weit von einer Tafel zum Reinbeißen entfernt.

Während seiner vierten Reise nach Amerika kam Christoph Kolumbus 1502 als erster Europäer mit der Kakaobohne in Kontakt. Am 15. August 1502 traf der Admiral auf Maya-Händler, die in ihrem Kanu, wie sein Sohn Ferdinand berichtete, neben »Wurzeln und Korn« sowie einem »Maiswein, der englischem Bier ähnelt«, auch »Mandeln, die als Währung dienen«, an Bord hatten. Die europäischen Seeleute beobachteten verwundert, dass sich die Maya nach jeder heruntergefallenen »Mandel« bückten. Verkostet hat Kolumbus die Mandeln nicht, der Kakaogenuss entging ihm ein Leben lang.

Nicht so jedoch den Entdeckern, Soldaten und Missionaren, die auf den spanischen Schiffen reisten. Neben Kühen, Schafen, Schweinen, Ziegen, Pfirsichen und Orangen hatten die Weltumsegler auch Zuckerrohr an Bord. Und die neue Kombination von Zucker und Kakao überzeugte die europäischen Gaumen sofort.

Spanische Damen sollen schon 1538 anlässlich eines Banketts im heutigen Mexico City der Schokolade freudig zugesprochen haben. Andere standen dem neuen Nahrungsmittel skeptischer gegenüber. Noch 1575 schrieb der Italiener Girolamo Benzoni in seiner *Geschichte der neuen Welt*: »Schokolade scheint mehr ein Getränk für Schweine als für Menschen zu sein.«

Im Jahr 1585 wurde zum ersten Mal eine Schiffsladung Kakaobohnen von Veracruz nach Sevilla geliefert. Bis zum großen Durchbruch der Schokolade dauerte es dennoch länger als ein weiteres Jahrhundert:

Der Bruder des französischen Kardinals Richelieu nutzte die Schokolade zu medizinischen Zwecken. Anna von Österreich, Tochter des spanischen Königs Philipp III., könnte sie anlässlich ihrer Vermählung mit Ludwig XIII. an den französischen Hof gebracht haben. Beide Eheleute waren bei der Eheschließung gerade einmal 14 Jahre alt.

Zwischen den Jahren 1660 und 1668 befasste sich der einflussreiche italienische Wissenschaftler und Poet Francesco Redi mit der neuen *cioccolatto*. In seinen Aufzeichnungen *Il Bacco in Toscana* hält er raffinierte Rezepte mit Moschus, Zimt, Vanille, Zitronen- und Orangenschale fest. Berühmt ist sein Jasmin-Schokoladenrezept mit gerösteten Kakaobohnen, gesäubert und grob zerkleinert, frischen Jasminblüten, Zucker, »gut getrocknet«, »perfekten« Vanilleschoten, »perfektem« Zimt und einem Hauch Ambra.

Jasmin und gerösteter Kakao wurden in einer Kiste abwechselnd übereinandergeschichtet und 24 Stunden stehen gelassen. Danach musste man die Zutaten vermischen und weitere Schichten Blüten und Kakao hinzufügen. Das wurde zehn oder zwölf Mal wiederholt, damit der Duft des Jasmins den Kakao durchdringen konnte. Die anderen Zutaten wurden schließlich mit dem Jasminkakao zermahlen.

Im Jahr 1671 berichtet die berühmte französische »Briefeschreiberin« Marquise de Sévigné, dass Schokolade in Adelskreisen regelmäßig konsumiert wird, und lobt mehrfach die gesundheitsfördernde Wirkung der »Modezutat«: Mal hilft Schokolade gegen Müdigkeit, mal wirkt sie gegen schlechte Verdauung. Doch die Marquise zeigt sich auch ausgesprochen »schokokritisch« und warnt in einem Brief vom 25. Oktober 1671: Während ihrer Schwangerschaft habe die Marquise von Coëtlogon so viel Schokolade zu sich genommen, dass sie

einen kleinen Jungen – »schwarz wie der Teufel« – gebar, der
alsbald das Zeitliche segnete.

Zu jener Zeit kannten die Franzosen bereits den klassischen
Schokotopf, die *chocolatière*.

In Deutschland war Schokolade zunächst nur als Stärkungs-
mittel in Apotheken erhältlich. Der Niederländer Jan Jantz van
Huesden servierte sie 1673 erstmals als Genussmittel. Und schon
1695 sah sich die Bremer Obrigkeit veranlasst, eine Steuer auf
Kakao zu erheben.

Der französische Schokokenner St. Disdier veröffentlichte
1692 seine Rezepte als Anhang in Philippe Dufours *Traitez Nouveaux & Curieux du Café, du Thé et du Chocolate*. Dem Schokokenner war selbst der korrekte indianische Name der Vanille,
tlilxochitl, bekannt. Für seine Rezepte bevorzugte er Apotheker-
maße, sogar eine Bewertung in Qualitätsstufen nahm er vor:

· ·

Rezept von St. Disdier

2 Pfund (= 900 g) »vorbereiteter« Kakao
1 Pfund (= 450 g) feiner Zucker
3 Drachmen (= 10 g) Zimt
1 scrupule (= 1,2 g) Nelkenpulver
1 scrupule indianischer Pfeffer (Chili)
1,25 Unzen (= 35 g) Vanille
8 Körner Ambra
4 Körner Moschus

Zermahlet die gerösteten Kakaokerne zusammen mit
dem Zucker auf einem erwärmten Stein (*pierre d'Es-
pagne*, Mahlstein), dann rührt die Gewürze unter die

Masse. Um das Getränk in seiner *chocolatière* zuzubereiten, bringet 140 bis 205 ml Wasser mit 35 g Zucker
zum Kochen (je größer die Hitze, desto besser), gebet
die zerbrochenen Schokoladentabletten hinzu und ver-
quirlet das Ganze. Wenn man die Mischung nach dem
Kochen simmern lässt, gerät der Schaum noch besser.

. . . .

Im Laufe der Zeit wurden die Schokoladenrezepte immer raffi-
nierter – Tafeln gab es allerdings auch im 17. Jahrhundert noch
nicht.

Lancelot kochte Kartoffeln

Die Kartoffel etablierte sich dagegen recht zügig und wurde
schnell so zubereitet, wie wir es kennen. Schriftlich verbürgt ist,
dass das Hospital de la Sangre in Sevilla 1573 Kartoffeln erwarb.

Gleich vier Kartoffelgerichte finden sich im Kochbuch *Ouverture de Cuisine* des Lancelot de Casteau von 1604. Dieser rät, die
Erdäpfel gut zu waschen, in Wasser zu kochen, zu schälen und
in Scheiben zu schneiden, geschmolzene Butter zuzugeben und
anschließend zu pfeffern. Man könne aber auch geschnittene
Kartoffeln mit spanischem Wein, frischer Butter und Muskatnuss garen. In einem anderen Rezept werden die Erdäpfel wie
Kastanien im Ofen geröstet, geschält, in Scheiben geschnitten
und mit gehackter Minze und Pfeffer gewürzt. Ein weiteres Kar-
toffelrezept schlägt eine Sauce aus Eigelb und Wein vor.

Der erste Teil der *Ouverture de Cuisine* wandte sich explizit
an Frauen. Das war neu, denn die weitaus meisten Kochbücher
waren für Männer geschrieben, erst viele Jahre später sollte ein

Autor namens Menon die weibliche Zielgruppe wieder aufgreifen.

Lancelot zitierte andere Küchen: Bei ihm gab es Rebhühner nach portugiesischer oder katalanischer Art, spanische Rezepte sowie italienisch inspirierte *polpette* vom Stör oder »Kalbskopf im irischen Stil«.

Pierre Leclercq, Doktorand an der Freien Universität Brüssel, unterzog die Rezepte Lancelots einer statistischen Analyse. Demnach setzte Lancelot genau wie die Autoren mittelalterlicher Kochbücher wenig Gemüse ein, lehnte sich aber gleichzeitig stärker an Scappi als an den französischen *Viandier* an. Bemerkenswert ist seine Vorliebe für Zucker: 60 Prozent der Rezepte und 83 Prozent der Saucen wurden gesüßt.

Lancelot stand in den Diensten dreier aufeinanderfolgender Prinzen von Liège in Nordfrankreich: Robert de Berghes, Gérard de Groesbeek und Ernst von Bayern. Er muss ein bekannter Koch gewesen sein, denn es sind nicht nur seine Rezepte, sondern auch Details aus seinem Leben überliefert: 1557 organisierte er ein großes Bankett mit Dutzenden von Gerichten, war nebenbei auch Bäcker, mit einer Frau namens Marie verheiratet, mit der er eine Tochter namens Jeanne hatte. Nach einer Periode relativen Wohlstands stellten Lancelots Arbeitgeber die Zahlungen ein, weshalb er um 1601 seine Tochter um Hilfe bitten musste. Fortan lebte er mit ihr und seinem Schwiegersohn, einem Goldschmied. Von wenigen Handwerkern des 16. Jahrhunderts sind derart viele Details bekannt.

Rezepte von Lancelot de Casteau:

Um Stör Mortadella zu machen

Nehme drei Pfund Stör [...], eine halbe Unze Zimt,
zwei Muskatnüsse, ein wenig Salz, zwei Unzen ge-
riebenen Parmesan und mische alles zusammen, drei
Eigelb, zwei Unzen frische Butter, und wenn alles gut
zusammengemischt ist, mache die Würste und koche
sie mit ein wenig Wasser und Wein, Majoran, Muskat-
blüte, einer gesalzenen Zitrone in Scheiben und Butter
und koche es gut zusammen, gebe geröstetes Weißbrot
unten auf den Teller: Serviere die Wurst darauf.

Gefüllte Hummer oder Krabben

Nehme Hummer oder Krabben und koche sie wie
kleine Hummer, dann nehme das Fleisch heraus, ohne
die Schale zu brechen, dann hacke all das Fleisch und
lege darin gehackten Majoran, Muskat und Pfeffer,
drei oder vier Eigelb und brate alles in Butter und gebe
es zurück in die Schale, zusammen mit all den kleinen
Beinen, in Butter gebraten.

Lancelot de Casteau blieb nicht lange allein: Im Jahr 1621 erschien das Kochbuch des österreichischen Benediktinerabtes
Caspar Plautz aus dem Kloster Seitenstetten. Auch er kannte
schon Kartoffelrezepte. Zum Grundnahrungsmittel wurden die
»tollen Knollen« jedoch erst viel später: In Preußen begann der

Kartoffelanbau 1738 in großem Stil. Zuvor waren die Knollen schon in Lancashire, Sachsen und Schottland gepflanzt worden.

In Frankreich feiert man bis heute Antoine Parmentier als »Entdecker« der Kartoffel. Verschiedene Kartoffelgerichte tragen sogar seinen Namen. Die Umstände der revolutionären Entdeckung werden dabei jedoch selten thematisiert: Während des Siebenjährigen Kriegs von 1756 bis 1763, als Großbritannien, Preußen und Portugal gegen Frankreich, Spanien, Österreich, Russland und Schweden kämpften, landete Parmentier in einem preußischen Militärgefängnis. Dort gab es – na was wohl? – Kartoffeln. Er konnte sich also quasi vor Ort von den Vorzügen der Knollen überzeugen und verfügte über Zeit und Muße, sich intensiv mit ihnen zu befassen. Zwar existierte der Kartoffelanbau bereits in einigen Teilen Frankreichs, wie in Anjou und im Limousin, doch die meisten Franzosen lehnten die Knolle ab. Parmentier bediente sich eines Tricks, um ihr zur Popularität zu verhelfen: Ein Kartoffelfeld westlich von Paris ließ er tagsüber von Bewaffneten bewachen. Nachts zogen die Wächter ab. Die Pariser zogen daraus die Schlussfolgerung, dass Kartoffeln besonders wertvoll sein mussten. Also plünderten sie in der Nacht regelmäßig die Felder. Der Konsum der Erdäpfel zog entsprechend an. Dieselbe Anekdote erzählt man allerdings auch über den »Alten Fritz«.

3. DIE GEBURT DER GRANDE CUISINE

Shakespeare und Molière, Galileo Galilei, Kepler, Leibniz, Newton: Diese Namen prägten das 17. Jahrhundert. Es war die Zeit des Rationalismus, in der man die Brechung des Lichts, die Schall- und Fallgeschwindigkeit entdeckte und das Mikroskop und das Fernrohr erfand.

Die Roberval-Waage, eine heute noch verbreitete Balkenwaage mit Parallelogramm-Gestänge, wurde ebenso eingeführt wie das Thermometer. Daniel Gabriel Fahrenheit und Anders Celsius schlugen 1724 und 1742 ihre Temperaturskalen vor.

Die Kirche sah diese Explosion nicht gern. Die Erde hatte der Mittelpunkt der Schöpfung zu sein, wer wie Galileo Galilei das Gegenteil behauptete, wurde der Ketzerei angeklagt.

Absolutismus war die Staatsform des 17. Jahrhunderts. *L'État, c'est moi*, »der Staat bin ich«, lautete die Devise von Frankreichs Sonnenkönig Ludwig dem XIV. Alle Macht ging vom König aus, sogar die Natur sollte sich ihm beugen. In England pflegte man hingegen andere Ideen: Das Parlament erhielt eine Kontrollfunktion gegenüber der Monarchie, die persönliche Freiheit und Souveränität des Volkes wurden gestärkt. In Deutschland wiederum wütete von 1618 bis 1648 der Dreißigjährige Krieg zwischen katholischer Liga und protestantischer Union. Kriegsfolgen und Hungersnöte dezimierten die Bevölkerung. Gab es

1618 rund 16 Millionen Deutsche, kamen davon je nach Schätzung 20 bis 45 Prozent, in einigen Teilen des Landes sogar 70 Prozent der Bevölkerung ums Leben.

Wirtschaftlich profitierten die europäischen Staaten weiterhin von der Entdeckung der Neuen Welt. Von Sklaven gewonnene Rohstoffe – Baumwolle, Zuckerrohr, Kakao, Tabak, Kaffee – wurden importiert, fertige Waren – Werkzeuge, Kleidung, Waffen – exportiert.

Und die Küche? Gab es dort einen Galileo, einen Shakespeare oder einen Molière?

Ein Plädoyer für den Eigengeschmack

Zumindest gab es François Pierre de La Varenne (1618-1678), seines Zeichens Küchenchef im Dienste des Marquis von Uxelles. Er publizierte 1651 das Kochbuch *Le Cuisinier françois*, eine Art Bestandsaufnahme des kulinarischen Fortschritts. La Varenne hatte nur noch wenig für die Gewürzorgien des Mittelalters übrig, stattdessen widmete er sich den Gemüsen wie Gurken, Spargel, Erbsen, Blumenkohl und Artischocken. Eines seiner bekanntesten Zitate lautet: »Wenn ich eine Kohlsuppe esse, möchte ich, dass sie nach Kohl schmeckt.«

Damit erhebt er die Forderung nach dem Erhalt des Eigengeschmacks der Zutaten, die sich quer durch die Küchengeschichte zieht. Ganz allein ist er damit bereits zu seiner Zeit nicht: In *Les délices de la campagne* aus dem Jahr 1654 fordert Nicolas de Bonnefons, der Eigengeschmack von Zutaten solle bei der Zubereitung erhalten bleiben. Er bezieht dies zunächst auf Kohl- und Lauchsuppen.

Zucker wurde von La Varenne weitgehend auf die Desserts

beschränkt. Regionale Kräuter wie Lorbeersalbei oder Estragon ersetzten Ingwer, Kümmel und Muskatnuss, Butter trat an die Stelle von Schweineschmalz. Statt Saucen wie früher üblich mit Brot zu binden, verwendete er Mehlschwitzen.

Die französische Küche ist bis heute eine »Saucenküche«. La Varenne kannte bereits Fonds und empfahl einen Urahn der Sauce hollandaise zum Spargel. Der bestand aus frischer Butter, etwas Essig, Salz und Muskatnuss sowie einem Eigelb. Zudem nutzte er erstmals Fachausdrücke, die Köche heute noch kennen: die *Bisque* (Cremesuppe aus Krustentieren), das *Boeuf à la Mode* (Rindsbraten mit Gemüse), das *Bouquet* aus Kräutern. Die *Duxelles*, eine Art »Pilzgehacktes«, verewigt einen Teil des Namens seines adligen Arbeitgebers: d'Uxelles.

François Pierre de La Varennes Buch kodifizierte nicht nur die französische Küche des 17. Jahrhunderts, es setzte Fundamente für nachfolgende Generationen. Nicht weniger als 250 Mal wurde es aufgelegt, die letzte französische Auflage erschien 1815. Etwa 250 000 Exemplare sollen sich im Laufe dieser 150 Jahre verkauft haben. Zudem wurde *Le Cuisinier françois* als erstes französisches Kochbuch sogar ins Englische übersetzt.

Da es damals noch kein Urheberrecht gab, verkauften sich auch zahlreiche nicht lizensierte Ausgaben des »französischen Kochs«, zum Beispiel in den Niederlanden. Sogar der Titel wurde dem Autor gestohlen: 1660 erschien in Paris *Le Cuisinier françois méthodique*, »französischer, methodischer Koch«, dessen Autor es vorzog, anonym zu bleiben.

Über La Varennes Leben ist wenig bekannt: Wahrscheinlich stammte er aus dem Burgund, aus Chalon-sur-Saône. Der Rest ist Legende: Mal wird vermutet, er hätte in den Küchen von Maria von Medici gearbeitet, mal heißt es, er sei der Erfinder der Béchamelsauce. La Varenne könnte auch ein Pseudonym

gewesen sein – man weiß es nicht. Seine Rezepte jedoch haben
die Jahrhunderte überdauert:

· ·

Rezepte von François Pierre de La Varenne

Gebratenes Kalbsbries

Zu alt darf es nicht sein, tauchen Sie es in Wasser und
[...] lassen Sie es trocknen. Schneiden Sie es in Scheiben und würzen Sie mit Salz, wenden Sie es in Mehl
und braten Sie es mit Schmalz oder geschmolzenem
Speck, damit sie schön gelb und trocken sind, geben
Sie Orangensaft oder Zitronensaft hinzu [...]

Ragout von Foie gras

Wählen Sie die schönsten und die gelben, reinigen Sie
sie und geben Sie sie in heißes Wasser, damit die Bitter-
keit verfliegt, aber nehmen Sie sie sofort wieder heraus;
einmal gereinigt, geben Sie sie in die Pfanne und lassen
Sie sie mit etwas Bouillon, Petersilie und einer ganzen
Schnittlauchzwiebel garen; gekocht nehmen Sie die
Schnittlauchzwiebel weg und machen eine gut ge-
bundene Sauce: Sie können Trüffel, Pilze und Spargel
hinzugeben.

· ·

Die Kombination von Stopfleber und Trüffeln, die heute noch
in großen klassischen Restaurants serviert wird, existierte also
schon damals.

Rezepte von François Pierre de La Varenne

Pilzragout

Wenn sie gut gereinigt sind, geben Sie sie in eine Pfanne mit frischer Butter, gehackter Petersilie und Schnittlauch: Würzen Sie sie und schmoren Sie sie, wenn sie bereits gegart sind, geben Sie etwas Zitronenschale und ein wenig Blanc Manger [eine »weiße Speise«, die ursprünglich aus Mandeln, aber auch aus Geflügel gemacht werden konnte] hinzu, dann servieren Sie.

Eier à la Varenne

Machen Sie einen guten Sirup, braten Sie das Eiweiß und geben Sie es in Ihren Sirup, einmal gekocht, servieren Sie es mit Orangenblütenwasser.

Spargel à la crème

Schneiden Sie sie fein und lassen Sie nichts als das Grüne: Mischen Sie mit frischer Butter oder Speck, Petersilie und Schnittlauch oder einem Bouquet, danach lassen Sie sie ganz wenig mit frischer Sahne garen und servieren Sie, wenn Sie möchten, mit ein wenig Muskatnuss.

Frische gebratene Makrelen

Braten Sie sie mit Fenchel. Einmal gebraten, öffnen Sie sie und nehmen die Innereien heraus, dann machen Sie

eine gute Sauce mit Butter, Petersilie und Johannisbeeren, das alles gut gewürzt: Garen Sie die Makrelen mit
Ihrer Sauce wie in einer Bouillon, dann servieren Sie.

. . . .

Zwei weitere Bücher soll La Varenne noch verfasst haben: eines über Konfitüren, ein anderes über Desserts. In *Le Pastissier
françois*, »der französische Konditor«, tauchen eine Horde vermeintlich neuer Werkzeuge auf, etwa ein Nudelholz, Formen
und eine Art Waffeleisen, sowie damals revolutionäre Neuerungen, die wir heute noch nutzen: Pâte brisée, Mürbeteig, dazu
Beignets, Waffeln, Marzipan, ein Vorläufer des Blätterteigs
und ein Vorläufer des Baisers, den man in Frankreich tunlichst
Meringue nennen sollte.

Ob dieses zweite Meisterwerk tatsächlich von La Varenne
stammt, ist freilich umstritten. Die US-amerikanische Auto-
rin Anne Willan ist in ihrem Buch *The Cookbook Library* der
Meinung, dass nur ein anonymer Zuckerbäcker der Autor sein
kann. »Der Stil von *Le Pastissier* ist lang und explizit, er ähnelt
wenig den spärlichen Notizen von La Varenne in *Le Cuisinier*,
der schrieb, als würde er diktieren, während er im Kochtopf
rührt.« Laut Willan handelt es sich bei dem Buch vielmehr um
die Geheimnisse eines Hofkochs oder eines erfolgreichen Pariser
Pâtissiers.

Dom Pérignon

Noch zu La Varennes Lebzeiten trat der Mönch Dom Pérignon 1658 in die Abtei von Hautvillers nahe Epernay ein. Pierre
Pérignon gilt als Erfinder des Champagners, des berühmtesten

Schaumweins der Welt. Doch seine wahren Verdienste sind umstritten: Perlen im Wein gab es schon vor seiner Zeit. Die Engländer mischten französische Weine während des Transports mit Gewürznelken und Melasse, was den Wein zum Sprudeln brachte.

Zu Zeiten des Mönchs waren die Gewächse der Champagne leichte Rotweine. Perlender Wein galt als fehlerhaft. Die Technik der Flaschengärung mit Hefe kann er nicht erfunden haben. Schließlich wurde Hefe erst 200 Jahre später von Louis Pasteur entdeckt. Auch wäre es unmöglich gewesen, Schaumweine bei Predigten in der Abtei zu nutzen. Andererseits könnte Pérignon bei einer Pilgerfahrt während eines Aufenthalts in Limoux den Schaumwein kennengelernt und nach seiner Rückkehr die dortigen Methoden in die Champagne importiert haben.

Doch konnte er Champagner im heutigen Sinn überhaupt herstellen? Die Rebsorte Chardonnay, auf der dieser teure Schaumwein beruht, wurde erst nach der Reblauskrise am Ende des 19. Jahrhunderts in der Region massiv angepflanzt. Zuvor wuchsen hier auch L'Enfumé, Petit Meslier, Arbane und Fromenteau, Rebsorten, die man heute kaum noch kennt.

Angeblich soll Dom Pérignon beim ersten Probeschluck die unsterblichen Worte gesagt haben: »Ich trinke Sterne.« Der Spruch des Sternentrinkers findet sich freilich erst auf Werbeplakaten des 19. Jahrhunderts. Und nicht eher als 1821 schrieb einer seiner Nachfolger namens Dom Grossard, Pérignon habe den Champagner erfunden.

Dennoch war Dom Pérignon ein Visionär. Kurz nach seinem Ableben im Jahr 1715 hielten Ordensbrüder seine Anweisungen fest. Reben sollten zum Beispiel so geschnitten werden, dass sie klein bleiben und eine geringere Lese produzieren. Augenscheinlich wusste Pérignon, dass kleinere Lesen meist qualitativ hochwertiger ausfallen. Außerdem duldete er keine Beimischungen fremder Substanzen in seinen Weinen. Bei der Lese ließ er größte Sorgfalt walten. Die Mönche erhielten die Anweisung, das Lesegut nicht zu beschädigen und verrottende Trauben auszusortieren. Heute klingt das selbstverständlich, doch damals glich dies einer kleinen Revolution. Die Gebote des Dom Pérignon zeigten erstmals, dass weniger beim Wein auch mehr sein kann.

So legte er durch sein Wissen letztlich doch den Grundstein zur Legende des Champagners. Die Reichen und die Mächtigen, allen voran der russische Zar und Napoleon, blieben ihm über Jahrhunderte treu.

Das *Journal des États tenus à Vitry-le-François* erklärt im Jahr 1744, dass Champagner jetzt oft prickele. Gerade das Dorf Avize würde sich seit zwölf bis 15 Jahren am Schaumwein bereichern. »Einer der schlimmsten Weißweine« des ganzen Landes hätte sich für 25 bis 30 Francs verkaufen lassen, koste nun aber seit der Mode der knallenden Korken als Schaumwein 300 Francs.

Nach Dom Pérignons Tod war Avize noch arm, doch wenig später muss Champagner bereits in kleinem Maßstab vermarktet worden sein, auch wenn auf dem Großteil der Produktionsfläche weiterhin Rotwein angebaut wurde. Und: Die damaligen französischen Glasbläser waren noch nicht fähig, in großem Maßstab Flaschen herzustellen, die dem Druck des perlenden Weins auch beim Transport widerstanden.

Es gibt Experten, die in der »Mönchslegende« den Versuch sehen, Champagner als »besonders natürlich« zu verkaufen. Wenn es ums Essen und Trinken oder auch um Luxusmarken geht, entfalten solche Mythen besondere Kraft. Sie verwischen die Grenze zwischen der Wahrheit und der Welt, wie wir sie gerne hätten, sie sorgen dafür, dass gewisse Widersprüche gar nicht erst auftauchen und Fragen nicht gestellt werden. Nüch-

Feiern mit Champagnerkelchen. Ob Mönch Dom Pérignon, der angebliche Champagner-Erfinder, sich das so vorgestellt hatte?

tern betrachtet, war der frühe Champagner ein Wein aus mäßiger, nördlicher Lage. Hefen verblieben in der Flasche, noch dazu wurde Zucker dazugemischt. Wenn man ihn als vom Sterne

trinkenden Mönch erfundenes Produkt für Adel und Elite vermarktet, dann geraten die Genießer ins Träumen. Könnte es
sich mit manchen »Erneuerern« und »Erfindern« in der Küche
nicht ähnlich verhalten?

»Nach französischer Art«

Während der Champagner noch in den Kinderschuhen steckte,
machte ein anderes Getränk bereits Karriere: der Kaffee.

Kaffee war in Istanbul schon 1517 verbreitet. Ein gutes Jahrhundert später kannte man ihn in Venedig. Am französischen
Hof breitete sich der Kaffeekonsum seit 1669 aus. Soliman
Mustapha Raca, Gesandter des Sultans Mehmet IV. ließ ihn
dort regelmäßig ausschenken. Nach seiner Heimfahrt verkauften fliegende Händler die Bohnen auf den Pariser Straßen. Das
Café Procope eröffnete 1684 in der Rue des Fossés Saint-Germain. Ein gewisser Francesco Procopio schenkte hier ab 1686
ein neues Modegetränk namens *Café* aus, reichte dazu Gebäck
und Früchte und bot den Parisern Speiseeis nach Rezepten aus
seiner Heimat Italien. Stammgäste über die Jahrhunderte waren
Racine, Diderot, Rousseau, Voltaire, Danton, Marat und viele
andere.

Das ausgehende 17. Jahrhundert kündete bereits vom »Raub-
bau« an der Natur: Um das Jahr 1680 herum starb der letzte
Dodo auf Mauritius, ein Vogel, der des Fliegens nicht mehr
mächtig war. Holländische Seeleute schätzten die rund 23 Kilo
schweren Vögel wegen ihres Wohlgeschmacks. Heute gilt der
Dodo als Prototyp einer Tierart, die durch Menschliches Ein-
wirken ausgerottet wurde. *To go the way of the Dodo*, heißt eine
englische Redensart. Soll heißen: aussterben.

Zumindest in Frankreich entwickelte sich zeitgleich zu den Küchen-Neuerungen ein neues kulinarisches Selbstbewusstsein. Historiker Philippe Gillet weist in einem Interview darauf hin, dass der Philosoph Montaigne freimütig zugab, »schnell und schmutzig« zu essen, also schlechte Tischmanieren zu besitzen. Bis 1650 erstreckte sich die Leib- und Magenregion der Gourmets laut Gilet vom Schwabenland bis nach Mailand. Im Osten war Zürich die Grenze. Die dortigen Wirte galten fast allen Reisenden als ehrlicher und freundlicher, die Speisen als besser, und von der Tischdecke über das Besteck bis zur Serviette wurde auch die Tischkultur gelobt. Montaigne beschrieb die dortigen Auberges als »von solch gutem Geschmack, von solch guter Unterkunft, dass die Küchen unserer französischen Adligen kaum vergleichbar scheinen, und es gibt nur wenige mit derart (schön) hergerichteten Sälen.«

Neuer gastronomischer Nationalstolz manifestierte sich im Reisebericht eines Adligen namens Jouvin. Der fiel vom Pferd in den Schlamm, kam bei einem polnischen Adligen unter und berichtete Ende des 17. Jahrhunderts ausgiebig darüber, welches Vergnügen es für die Frau des Hauses war, »mich nach französischer Art essen zu sehen«. Auch der Hinweis auf die Eifersucht des Hausherrn fehlte nicht. Zuvor hatte Just Zinzerling aus Thüringen geschrieben: »Ihrem Charakter treu suchen sie (die Franzosen) die Eleganz bei der Mahlzeit wie allerorten.«

Diese Eitelkeit ist im Laufe der Geschichte regelmäßig den »Nicht-Franzosen« aufgefallen. Sie berichteten auch, dass die Qualität leide, wenn das gastronomische Selbstbewusstsein zu stark ausfalle. Ein deutscher Reisender namens Joachim Christoph Nemeitz, seines Zeichens Hofrat, erklärte 1727, die Pariser Privatköche seien zwar hervorragend, die Wirte würden sonst aber ihrem großen Ruf nicht gerecht. »Fast alle Welt glaubt, dass man in Frankreich und Paris gut isst, aber man täuscht sich, das ist sicher [...] Manchmal kann man Mahlzeiten guten Geschmacks bei den Rôtisseuren bekommen. Aber in den Auberges isst man nicht allzu gut, entweder ist das Fleisch nicht gut zubereitet, oder man isst täglich dasselbe und hat selten Abwechslung.«

Einer, den kommende Generationen zur Inkarnation französischen Qualitätsbewusstseins erklärt haben, war François Vatel. Am 24. April 1671 tranchierte er sich selbst mit dem Schwert, weil der Fisch nicht kam. Lieber sterben, als den Gästen alternde Meerestiere zu servieren. So konsequent kann nur ein französischer Koch agieren. Der heroische Akt des Selbstmords aufgrund einer verspäteten Warenlieferung war einen Film mit Gérard Depardieu wert.

Der Tag, als der Fisch nicht kam

Vatel hieß eigentlich Watel, sein Vorname war je nach Quelle François oder gar Fritz, ebenfalls je nach Quelle war er mal Schweizer, mal Flame. Koch war er auch nicht, sondern Maître d'Hôtel. Damals stand die Bezeichnung nicht für einen Oberkellner. Vatel übte einen Beruf aus, den man vielleicht mit Hofzeremonienmeister bezeichnen könnte. Ihm unterstanden nicht nur das Küchenpersonal und der Einkauf, sondern er war auch verantwortlich für den Speiseplan und den Ablauf rauschender Feste.

Die Schlagsahne, auf Französisch *Crème Chantilly* genannt, soll Vatel erfunden haben, um seine hochrangigen Gäste zu beeindrucken. Das ist wohl nicht ganz richtig, aber hübsch erfunden. Bereits ein gutes Jahrhundert vor Vatel berichteten

M·BARTOLOMEO
·SCAPPI·

Bartolomeo Scappi (1500-1577) ist der Verfasser der Rezeptsammlung Opera dell'
arte del cucinare.
*Er arbeitete stärker als seine Vorgänger mit Schalentieren und Innereien – und
kannte die Schlagsahne.*

Cristoforo di Messisbugo 1549 oder Bartolomeo Scappi 1570 von
dem Rezept. *Neve di latte*, »Schneemilch«, nannte Scappi seine
Schlagsahne. Auch Lancelot de Casteau kannte das Rezept.

Weltbekannt wurde Vatel dank zweier Festmähler: Das erste symbolisiert seinen Aufstieg, das zweite seinen Fall. Im Auftrag von Nicolas Fouquet, »Intendant der Finanzen«, organisierte er am 17. August 1661 den Empfang für den Sonnenkönig Ludwig XIV. im Schloss von Vaux-le-Vicomte. Der »Intendant«, eine Art Minister, bangte um seine Stellung und wollte sich beim jungen König ein wenig einschmeicheln. Vatel leistete ganze Arbeit und es regnete Komplimente: Der König sei erstaunt gewesen, hieß es, und das Schloss könne nie wieder so schön sein wie anlässlich dieser Soiree.

Ja, Ludwig XIV. war beeindruckt. Eifersüchtig war er außerdem, schließlich hatte der Minister es gewagt, seine Sonne ein wenig zu überstrahlen. Vierzehn Tage später wurde der Intendant jedenfalls festgenommen. Auch sein Netzwerk, nicht weniger als 60 ihm nahestehende Personen, wanderte in Haft. Vatel ging nach England ins Exil, wo sich seine Spur verliert.

Erst im Jahr 1665 war der Hofzeremonienmeister wieder in Frankreich und stand sogar in Diensten des Bruders Ludwigs XIV. Erstaunlich ist das nicht: Fouquet starb in der Gefangenschaft, doch viele seiner Gefolgsleute dienten später treu dem König. Und ein Zeremonienmeister gehörte ohnehin zum Hauspersonal, das keinen Platz in politischen Scharaden hatte.

Zwei Jahre später arbeitete Vatel für den Prinzen von Condé. Wieder sollte er ein Festmahl für den König ausrichten. Und wieder war das Arbeitsumfeld schwierig.

Im April 1671 lagen die besten Tage hinter dem Prinzen. Er war ein alternder Adliger, stolz, doch von der Last der Schulden gebeugt, danach strebend, endlich wieder in der Gunst Ludwigs XIV. aufzusteigen, vielleicht sogar einen Feldzug gegen die Holländer zu führen. Vatel fiel die Aufgabe zu, im Château de Chantilly den gesamten Hof von Versailles in einem drei Tage und drei Nächte dauernden Bankett zu bewirten. Da waren mehr als Küchenkünste gefragt, Vatel musste neben dem Diner den richtigen Rahmen, die *spectacles*, organisieren. Am ersten Tag lief alles glänzend. Der zweite Festtag jedoch war ein Freitag, ein Fastentag. Auch für einen König war es undenkbar, an einem solchen Tag in aller Öffentlichkeit Fleisch zu verzehren. Kurz: Kam der Fisch nicht, hatte Vatel ein Riesenproblem.

Madame de Sévigné, bekannt durch ihre umfangreiche Briefkorrespondenz, berichtete:»Als Vatel um acht Uhr morgens sah, dass der Fisch nicht eingetroffen war, konnte er den kommenden Affront nicht ertragen und, in einem Wort, erdolchte sich.« Anschließend traf die sehnlich erwartete Fischlieferung ein und das Fest ging weiter, als wäre nichts geschehen.

Berufsrisiko eines Zeremonienmeisters

Reynald Abad von der Pariser Sorbonne nahm den Fall zum Anlass, sich in der *Revue du 17ème siècle* (2002) intensiv mit der Fischversorgung zu Vatels Zeit zu befassen: Im 17. Jahrhundert kümmerte sich ein ganzer Berufsstand um die tägliche Versorgung der Adelspaläste. Man nannte sie *pourvoyeurs*, wörtlich übersetzt»Lieferanten«, aber sie waren weit mehr.

Als Einkäufer auf dem Pariser Markt ersteigerten sie große Mengen Nahrungsmittel. Oft kannten die *pourvoyeurs* die Händler nicht einmal persönlich. Mit den Fischhändlern in den Hafenstädten korrespondierten sie per Boten.

Vor einem Notar verpflichteten sie sich, bestimmte Produkte zu bestimmter Zeit zu liefern. Manchmal verlangten die Lieferanten einen Vorschuss, manchmal gaben sie sich mit einer

Pauschalsumme zufrieden. Mit einer Reihe von Klauseln versuchten sich die *pourvoyeurs* gegen Zahlungsausfälle zu schützen. Denn die Adligen gaben kolossale Summen aus, schon eine Zahlungsverspätung hätte für viele den Ruin bedeutet. »Keine Garantie« gab es also, falls der Adel in den Krieg oder auf eine Landpartie aufbrechen sollte, was die Lieferanten gezwungen hätte, neue Transportwege zu erschließen. Ein Vertrag aus dem Jahr 1670 legt eindeutig fest, dass der Lieferant ein Recht auf einen Aufschlag von 25 Prozent hatte, sollte sich sein Kunde, der Herzog von Orléans, mehr als 28 Meilen vom ursprünglich vereinbarten Lieferort entfernen.

Der *pourvoyeur* des Hauses Condé hatte schon im Dezember 1669 präzisieren lassen, dass die Feste, die der Prinz dem König oder Mitgliedern in der Königsfamilie offerieren könnte, vom Vertrag ausgeschlossen waren. Höchstwahrscheinlich musste Vatel auch 1671 für einen solchen Anlass auf die gewohnten Lieferanten verzichten. Der Zeremonienmeister war folglich auf sich selbst gestellt und traf eine fatale Entscheidung. Er hätte, sozusagen als Plan B, auf Süßwasserfische zurückgreifen können, die einfach und frisch zu besorgen gewesen wären. Doch sein Gast war der König und Seefisch galt als hochwertiger. Auf Konservierungstechniken konnte er sich ohnehin nicht verlassen. Eingesalzener Fisch wäre eines königlichen Festmahls unwürdig gewesen. Vatel schickte also Angestellte des fürstlichen Haushalts zum Einkauf an die Küste, wahrscheinlich an den Ärmelkanal. Eine logische Wahl: Je wärmer es war, desto schneller verdarb der Fisch. Ende April blieb da für Chantilly nahe Paris nur Ware aus der Normandie.

»Er sandte aus in alle Häfen«, schrieb Madame de Sévigné. Alle waren es natürlich nicht, aber der wichtige Fischereihafen Dieppe wird darunter gewesen sein. Aus kulinarischer Sicht

machte es Sinn, mehrere Häfen zu besuchen. Der Tagesfang
fiel damals wie heute von Ort zu Ort unterschiedlich aus. Natürlich wollte Vatel für seine königlichen Gäste nur das Allerbeste:
Im April waren das Seezunge, Steinbutt und Barbe, denn auch
Fisch hat eine »Saison«, eine Jahreszeit, während der er besonders gut schmeckt. Damit Vatels Rechnung aufging, mussten
die Fischer zwischen Mittwochnachmittag und Donnerstag-
morgen mit der gewünschten Ware im Hafen einlaufen. Zwar
gab es schon damals verschiedenste Methoden der Fischerei,
doch für Netzfang waren Fischer auf gutes Wetter angewiesen.
Und sollten sie in Küstennähe nicht in gewünschter Qualität
fündig werden, mussten sie weiter auslaufen, was natürlich ihre
Rückfahrt verzögerte.

Einmal an Land, wurde der gefangene Fisch sortiert. Die
schönsten und größten Fische kamen in eine Verpackung aus
Stroh, die *torquette* genannt wurde. Für ein königliches Diner gehörten alle Meerestiere zu dieser Klasse, die Transport-
verpackung nahm daher besonders viel Zeit in Anspruch.

Schließlich konnte auch der Straßenzustand Verspätungen
verursachen. Seit Mitte des 16. Jahrhunderts beauftragte das
Parlament von Paris einfache Bürger, die Straßen zu kontrollieren. In der Regel waren das Fischtransporteure, die man
ironisch die »Auserwählten des Meeres« nannte. Doch zehn
Jahre vor dem fatalen Fest wurde diese Straßenaufsicht von
Finanzminister Colbert abgeschafft. Nur logisch, dass sich der
Straßenzustand danach verschlechterte. Starke Regenfälle waren
der Albtraum jedes Transporteurs. Die voll beladenen Wagen
konnten im Schlamm versinken. Madame de Sévigné berichtet
vom »guten Wetter am Donnerstag«, erklärt jedoch auch, dass
vor der fatalen Fischverspätung »schreckliche Regenfälle« statt-
gefunden hätten.

Vom Fang über das Verpacken bis zum Transport gab es also etliche Gründe, weshalb der Fisch zu spät nach Chantilly kommen konnte.

Alexandre Dumas, der Autor der *Drei Musketiere*, kritisierte Vatel deshalb *post mortem* als wenig vorausschauenden Menschen, dem es an Vorstellungsvermögen bezüglich alltäglicher Unfälle mangelte.

Der Koch mit den drei Buchstaben: LSR

Drei Jahre nach Vatels Ableben beschreibt der nur unter seinen Initialen LSR bekannte Autor der *L'art de bien traiter* ein Festmahl, das einem Prinzen würdig gewesen wäre: »Die Fleischpyramiden, die überwürzten, abscheulichen Brühen und die dicken Suppen sind nicht mehr nach unserem Geschmack. Heute kommt es auf die ausgezeichnete Wahl des Fleisches an, von dem jedes Stück separat serviert wird, auf die Feinheit der Würzung, die Höflichkeit.« Zur »Kunst, gut zu empfangen« gehörte das Ambiente. Damals herrschte der *Service à la française*: Alle Speisen wurden gleichzeitig serviert.

Genau wie Nicolas de Bonnefons und François Pierre de La Varenne rühmt LSR den »wahren Geschmack der Zutaten«. Unnötig komplizierte Gerichte und Fantasienamen waren ihm ein Greuel, Gerichte mussten harmonisch komponiert werden. LSR beschreibt, wie er Mandeln aus dem Mörser mit Bouillon vermischt (»Liaison«) und geht ausführlich auf die Garmethoden ein. Der »wahre Geschmack« beschäftigte inzwischen den Königshof nicht nur bei Tisch. Einem Spezialisten wurde die Aufgabe anvertraut, fortan den französischen Monarchen mit tadellosen Frischwaren zu versorgen.

Im Gemüsegarten des Königs

Die 1670er-Jahre bereiteten König Ludwig XIV. einige Sorgen: Die Bauarbeiten am Schloss von Versailles schritten viel zu langsam voran, der Feldzug gegen die Holländer machte Kopfzerbrechen, die ungeliebte Hauptstadt Paris war ein stinkendes Nest mit schmutzigen Gassen, dessen Einwohner ihre Toten einfach auf den Straßen und Plätzen verscharrten. Sein Prachtschloss wurde erst vollendet, als der Sonnenkönig schon 72 Lenze zählte. Doch der Nachschub an frischem Obst und Gemüse – inzwischen war es ja in Kochbüchern in Mode geraten – wurde schon 1678 gesichert, als der Sonnenkönig seinem »Chefgärtner« Jean-Baptiste de La Quintinye befahl, einen Gemüsegarten zum Wohle der königlichen Papillen zu errichten. Letzterer hatte in Südfrankreich und Italien die Kunst des Gartenbaus erlernt und war von den floralen Kreationen der dortigen Meister so angetan, dass er prompt seinen Erstberuf, die Juristerei, an den Nagel hängte. Übrigens stand auch La Quintinye 1661 in den Diensten von Fouquet. Er könnte Vatels Weg gekreuzt haben, zumal er später kurz im Château von Chantilly arbeitete.

Ein sumpfiges Stück Land unweit des Schlosses verwandelte er in einen Garten mit Obst, Gemüse und Kräutern nach Art des klassischen *jardin à la française*: Äpfel, Kräuter und Spargel wuchsen dort, sorgfältig eingeordnet in zwölf Vierecke, rund um einen Springbrunnen. Jeder einzelne Baum und Strauch, jedes einzelne Kraut wurden in streng geometrische Reihenformationen gezwungen, die Architektur des *Jardins* befahl, dass sie parallel zu den Linien der umliegenden Gebäude verlaufen mussten. Und weil sich einem König auch die Natur unterwerfen muss, wurden unter La Quintinyes Händen sogar Birnbäume zu kunstvoll geschnittenen Hecken. Feigen und Melonen wuchsen in einem

Gewächshaus. Doch der Garten war nicht nur ästhetisch: Apfel-, Feigen- und Pflaumenbäume wurden so gepflanzt, dass weder Hitze noch Winde ihnen schaden konnten. La Quintinye kannte das Frühgemüse: Spargel, Erdbeeren und Pilze tauchten immer schon einige Wochen vor ihrer Zeit auf der königlichen Tafel auf.

Nach fünf Jahren harter Arbeit war der Sonnenkönig mehr als zufrieden: Nicht selten spazierte der Herrscher höchstselbst in seinen Mußestunden durch den Garten, es heißt sogar, er habe manchmal zusammen mit La Quintinye einige Obstbäume beschnitten. Als Zeichen seiner Dankbarkeit erhob der Monarch seinen Gärtnersmann 1687 in den Adelsstand. Lange konnte sich La Quintinye freilich nicht an den neu gewonnenen Privilegien erfreuen: Am 11. November 1688 verstarb er. Ludwig XIV. selbst soll seiner Witwe kondoliert haben: »Madame, dies ist ein unwiederbringlicher Verlust.«

Den Gemüsegarten des Königs können heute übrigens sogar Bürgerliche besuchen. Über die Jahrhunderte ließen ganze Gärtnerdynastien seine Architektur unverändert und wechselten lediglich einmal alle 90 Jahre die Obstbäume aus. Ludwigs Garten dient heute als Gärtnerschule.

Doch selbst am königlichen Hof konnte trotz Frühgemüse Langeweile aufkommen. Auch erstklassige Hofköche hatten nur ein begrenztes Repertoire. Für Abwechslung sorgten die »Wanderköche«: Profis der kulinarischen Unterhaltung wie Massialot.

Der Herr der 30 Grillspieße

Welcher Aufwand zu Zeiten der Renaissance in den Küchen getrieben wurde, verrät François Massialot (1660-1733) in seinen

Büchern *Nouveau Cuisinier royal et bourgeois* (1691), *Nouvelle Instruction pour les confitures, les liqueurs et les fruits* (1692) und *Le Cuisinier roïal et bourgeois* (1705), ein Werk, das der Autor sowohl Familien als auch Küchenkollegen und Zeremonienmeistern empfahl. Das Buch ist wie ein Lexikon alphabetisch gehalten und erklärt sowohl Rezepte als auch Zutaten und Gerätschaften, die man zum Kochen braucht.

Nicht weniger als 60 kleine Kasserollen brauchte Massialot am 18. Mai 1690 für ein Galadinner, dazu 20 runde Kasserollen, große wie kleine, 20 Suppentöpfe, wiederum große und kleine, sowie 30 Grillspieße. Eine solche Menge »Hardware« war auch in wohlhabenden Haushalten nicht jederzeit verfügbar. Nicht weniger als 36 Köche schwangen Töpfe und Spieße, angesichts der Vielfalt von Gerichten waren sie bestimmt nicht unterfordert. Da gab es drei Taubensuppen, drei gefüllte Hühner, Taubenpasteten, Rinderfilet mit Gurken, Hühnerfrikassee mit Sahne, gegrillte Kalbskoteletts, Taube mit Basilikum, Wildschwein, Fasan, Kaninchen, Salate, Schinkenpastete, Rinderzunge, Wurst, Stopfleber, Spargel mit Sahne und sehr, sehr viel mehr.

··

Rezepte von Massialot

Poularde à la crème

Man muss Filets von gebratener Poularde nehmen und sie in Stücke schneiden. Nehmen Sie eine Kasserolle, geben Sie ein wenig Speck und Petersilie hinein, dazu ein wenig Mehl; geben Sie geviertelte Artischocken, einige Pilze und Trüffelscheiben, ein Kräuterbouquet, ein wenig klare Bouillon und würzen Sie gut. Einmal gegart, geben Sie die Filets dazu und vor dem Servieren

gießen Sie Sahne dazu und halten alles warm. Zur
Bindung mischen Sie ein oder zwei Eigelb mit Sahne.

Speck à la mode

Finden Sie den fettesten Speck, entfernen Sie die
Schwarte, marinieren Sie ihn in Salz, Pfeffer, Gewürznelken und Muskat mit einem Glas Weißwein. Nehmen Sie danach eine Scheibe zartes Rind, schneiden
Sie sie in Streifen, nehmen Sie Salz, Pfeffer, Muskatnuss und gemahlene Gewürznelke, spicken Sie damit
Ihren Speck, so dicht wie für Rind à la Royale und
sogar dichter, wenn es geht, geben Sie ihn in Ihren
Topf, fügen Sie zwei Gläser Weißwein hinzu, Lorbeerblatt, Thymian, Orangenschale und ein Bouquet Petersilie, schließen Sie Ihre Kasserolle, kochen Sie auf
kleiner Flamme. Einmal gekocht, lassen Sie ihn auskühlen und servieren ihn, in Scheiben geschnitten,
mit geschnittener Petersilie und Zitronensaft.

Omelett mit grünen Bohnen

Nehmen Sie die Bohnen, häuten Sie sie, entfernen Sie
die Schale und passieren Sie sie mit etwas guter Butter, ein wenig Petersilie und Schnittlauch. Nachher
muss man ein wenig Sahne hinzufügen, sanft würzen
und alles auf kleiner Flamme garen. Machen Sie ein
Omelett mit frischen Eiern sowie etwas Sahne und
salzen Sie, wie Sie wünschen. Einmal getan, geben
Sie es auf einen Teller; binden Sie die Bohnen mit ein
oder zwei Eigelb und geben Sie sie auf das Omelett bis
zum Rand und servieren Sie warm. Man kann solche
Omeletts mit Pilzen und Sahne, mit Ritterlingen oder

Morcheln und Sahne, mit grünen Erbsen und Sahne
oder mit Spargel und Sahne machen.

....

Wenn Massialot seine Galadinners auflistet, klingt es, als würde
er Eigenwerbung betreiben. Ein Koch, der Dutzende von anderen Köchen sowie 20 Suppenkessel und 30 Grillspieße befehligt,
der kann nicht unfähig sein. Doch ein wenig Eigenwerbung war
nötig. Massialot war ein »wandernder Koch« – Caterer würde
man ihn heute nennen. Seine Klientel umfasste verschiedene
Adelsfamilien und den König selbst. Der Hofkoch allein reichte
dem Adel nicht mehr. Wer Geschmack an Abwechslung fand,
ließ den Freiberufler antanzen.

Zur selben Zeit eröffneten neue »Speisestätten«. Die Auberges servierten bisher ja ein Tagesgericht, Tavernen schenkten
eher Getränke aus.

Das Botin, laut dem *Guinness Buch der Rekorde* Europas
erstes Restaurant, eröffnete 1725 in Madrid. Zwar taucht das
Wort »Restaurant« erst 40 Jahre später auf, doch wurden hier
schon damals geröstetes Lamm und Schwein serviert. Das Botin
existiert auch heute noch.

In Venedig eröffnete 1720 mit dem Florian das erste Café.
Das Quadri folgte fünf Jahre später auf dem Markusplatz. Solche Cafés dienten nicht nur dem Genuss von Getränken. In
kurzer Zeit verwandelten sie sich in regelrechte Debattierklubs.

Die Erfindung der Nouvelle Cuisine

Doch es gibt Eindrucksvolleres, als Lamm und Schwein zu rös-
ten oder mit 30 Pötten zu hantieren. Etwa, die gesamte Küche

neu zu erfinden und die Arbeit von Generationen von Köchen
für obsolet zu erklären.

Im Jahr 1739 setzte sich ein gewisser François Marin damit
ein Denkmal. Er war höchstwahrscheinlich Maître d'Hôtel
beim Maréchal de Soubise, galt als Freund des Königs und Pro-
tegé von Madame Pompadour. Je nach Quelle hätte er auch
Küchenchef von Madame sein können.

Er, Marin, tat jedenfalls nichts Geringeres, als eine »neue
Küche« zu erfinden. Marin trägt ordentlich dick auf. Küche,
das war für ihn Kunst und Wissenschaft zugleich. Passend dazu
verfassten zwei Jesuitenbrüder das Vorwort zu seinem wort-
gewaltigen Werk namens *Les Dons de Comus, ou les Délices de
la table* (1739). Gelehrte Menschen also, die den Anspruch auf
wissenschaftliches Vorgehen hervorhoben.

»Die Italiener haben ganz Europa zivilisiert und sie sind
es, da gibt es keinen Widerspruch, die uns gelehrt haben, zu
kochen«, erklärt Marin und kommt dann schon im Vorwort
zum Punkt. Eine kurze Verneigung an die Altvordern, dann
geht es zur Sache. Denn nun würde man die alte und die neue
Küche unterscheiden. »Die alte Küche ist die, welche die Franzosen in ganz Europa in Mode gebracht haben und der man
vor nicht einmal 20 Jahren folgte. Die neue Küche ist auf den
Fundamenten der alten gebaut, mit weniger Verlegenheiten, weniger Umständen, doch mit ebensolcher Vielfalt; sie ist einfacher,
sauberer und vielleicht wissenschaftlicher.«

Marin plädiert für eine leichter verdauliche Küche ohne überflüssige Zutaten, »um ihnen das Bündnis zu geben, das Maler
mit Farben schaffen und […] damit aus ihren verschiedenen
Aromen nur ein feiner und pikanter Geschmack resultiert und
eine Harmonie aller Geschmäcker untereinander entsteht.«

So richtig neu war das freilich nicht, François Pierre de La

Varenne und Nicolas de Bonnefons hatten sich ja mehr als
80 Jahre zuvor in eine ähnliche Richtung geäußert. Doch Marin drückt sich zackiger aus, und leistet zur Untermauerung
seiner Argumente eine kolossale Fleißarbeit: Er erklärt die essbaren Teile der wichtigsten Grundzutaten wie Filets, Keulen
oder Brust. Außerdem stellt er Hunderte von Variationen um
wichtige Grundprodukte der französischen Küche vor.

. . . .

Rezept von François Marin

Hecht serviert man in

Court-Bouillon, ganz und frittiert, glaciert, als Matrosentopf nach deutscher Art, am Spieß, mit gegrill-
tem Speck und Anchovis, gefüllt nach Holländer Art,
à la Civita Vechia, in einer Kasserolle, als Pastete, als
Tourte, mit Bohnen, mit Sauce Robert, mit Béchamel,
mit Anchovis, mit Austern und in vielen anderen
Formen, nach Geschmack des Meisters und Fähig-
keiten des Offiziers [des Kochs].

. . . .

Erst danach folgen die Rezepte wie

. . . .

Rezept von François Marin

Austernsauce

Man nehme sehr frische Austern, wenn sie geöffnet
sind, gebe man sie mit ihrem Wasser in eine Kasserolle oder man lege die Austern beiseite und passiere

das Wasser, weil sich dort immer Sand findet. Pilze, Schalotten, Petersilie und eine Trüffel mit Öl in eine Pfanne geben. Wenn das Ganze halb gar ist, rühren und mit einem Glas Quintessenz, einem Kalbsfond und dem Austernwasser anfeuchten. Köcheln lassen und gut entfetten; bevor Sie das Wasser Ihrer Austern nutzen, muss es zum Blanchieren derselben gedient haben, die Schale entfernen, gut abtropfen lassen und wenn sie gut gereinigt sind, in eine Kasserolle geben, passieren Sie Ihre Sauce durch ein Tuch und geben Sie zum Schluss ein Stück Butter gemischt mit Petersilie, Pfefferkörnern und Zitronensaft hinzu.

. . . .

Wie die weitaus meisten Kochbuchautoren seiner Zeit wendet sich Marins Werk an Profis, die mit Saucen und Grundzubereitungen vertraut sind. Er verzichtet auf genaue Mengenangaben.

. . . .

Rezept von François Marin

Sauce nach deutscher Art (à l'Allemande)

Hacken Sie Pilze, Petersilie, Schnittlauch, Schalotten, das Ganze richtig fein, schneiden Sie schöne Scheiben von Zwiebeln, die Sie mit dem Rest zu etwas Butter geben […] feuchten Sie mit Wein und guter Bouillon an; reiben Sie am Schluss ein wenig Parmesankäse, fügen Sie etwas Essig hinzu und ein wenig Paniermehl.

. . . .

Doch das Neue ist immer das Alte von morgen. Im Jahr 1739 jedenfalls servierte gleich noch ein weiterer Koch namens Menon dem staunenden Publikum seine Nouvelle Cuisine.

Der Name Menon war höchstwahrscheinlich ein Pseudonym. Nichts ist über das Leben dieses Autors bekannt, kein Adliger scheint ihn beschäftigt zu haben.

Doch Menon, wer immer er war, schrieb viel und präzise. Seine Bücher, wie der *Nouveau Traité de la Cuisine* (1739), vermitteln ein genaues Bild der Küche im 18. Jahrhundert, das mit den Schilderungen seines Zeitgenossen Marin ganz und gar nicht übereinstimmt. Während Marin die große, höfische Küche zelebriert, eignen sich Menons Rezepte auch für den Alltag. Da der illustre Unbekannte eine neue Küche propagiert, will er mit einem Stapel Kochbücher scheinbar gleich die gesamte Kochkunst revolutionieren:

- *La Cuisinière bourgeoise* (Paris 1746)
  Die »bürgerliche Köchin« wendet sich explizit an ein weibliches Publikum und vereinfacht die Rezepte der großen Küche für den Hausgebrauch.

- *La Science du Maître d'Hôtel cuisinier, avec des Observations sur la connaissance et la propriété des aliments* (Paris 1749)

- *Les Soupers de la Cour, ou l'art de travailler toutes sortes d'aliments pour servir les meilleures tables* (Paris 1758)

- *Traité historique et pratique de la Cuisine* (Paris 1758)

- *Le Nouveau Cuisinier français* (Paris 1758)

• *Manuel des Officiers de bouche* (Paris 1759)

• *La Science du Maître d'Hôtel confiseur* (Paris 1768)

Letzteres widmete sich allein den Nachspeisen, während Menon sich in *La Cuisinière bourgeoise* explizit an ein weibliches Publikum und »die bürgerliche Köchin« wandte und die Rezepte der großen Küche für den Hausgebrauch vereinfacht wiedergab. Generell waren Menons Werke an der Praxis in den Haushalten orientiert. In *La Science du Maître d'Hôtel cuisinier* erläuterte er seine Methoden:

»1. Ich habe versucht [...] präzise zu sein, sodass diejenigen, die dieses Buch nutzen, um die Kunst der Modernen Küche zu lernen, nicht durch die Länge der Redebeiträge abgehalten werden [...] Der einfache Stil ist so der einzig angemessene [...]

3. Ich habe versucht, zu vermeiden, so weit ich konnte, große Ausgaben für Eintöpfe vorzunehmen, ohne dass deren Delikatesse darunter gelitten hat.

4. Ich habe an den Anfang [dieses Buches] eine Tabelle der Gerichte in diesem Werk gesetzt, um die Mahlzeiten nach den vier Jahreszeiten zu ordnen.«

Menon kochte wirtschaftlich und praktizierte die viel beschworene Saisonküche. Viele seiner Rezepte könnten heute noch nachgekocht werden:

· ·

Rezept von Menon

Poularde à la Cuisinière

Eine Poularde federn und die Innereien entfernen, mit
ihrer Leber, gemischt mit etwas Butter, Petersilie,
Schnittlauch, einer Spitze gehackten Knoblauch, Salz,
Pfeffer, zwei Eigelb füllen, am Spieß braten; wenn sie
gebraten ist, von oben mit warmer Butter gemischt mit
einem Eigelb begießen, mit Brotkrumen bedecken,
eine schöne goldene Farbe annehmen lassen und mit
einer Sauce nach folgender Art servieren. In eine Kasserolle ein halbes Glas Bouillon geben, ein wenig Essig,
so viel wie ein halbes Ei, Butter gemischt mit einer
Fingerspitze Mehl, Salz, Pfeffer, geriebene Muskatnuss
über dem Feuer binden lassen.

· ·

In der *Cuisinière bourgeoise* nutzte Menon erstmals ein Voka-
bular, das uns bis in heutige Kochbücher und Fernsehsendun-
gen verfolgt: Gebratenes nimmt eine »schöne goldene Farbe«
an. Der Küchenchef rät zu »einem guten Huhn«. Gewiss rech-
nete Menon nicht damit, dass Köchinnen ohne diesen Rat zu
schlechten Hühnern griffen; die sprachliche »Verniedlichung«
könnte dazu gedient haben, Anfängern den Einstieg zu erleichtern. Überhaupt tragen seine Werke viele Merkmale eines Koch-
buchs für Anfänger. Bei weniger alltäglichen Zutaten erläutert
Menon sogar, wie man sie isst und wie die Zubereitung heißt:

REZEPT VON MENON

Die Austern

Sie werden normalerweise roh mit Pfeffer gegessen,
man serviert sie auch gegrillt [...] wenn sie sich öffnen,
sind sie gar, sie heißen »sautierte Austern«.

Marin hat die französische Küche des 18. Jahrhunderts kodifiziert, Menon hat sie zwar vulgarisiert, ihr im Gegenzug jedoch auch zu einer breiteren Basis verholfen: Generationen von Köchinnen lernten dank der *Cuisinière bourgeoise*, die 1746 erstmals erschien und über nicht weniger als 200 Jahre von anderen Köchen interpretiert, korrigiert und erweitert wurde.

Sowohl Marin als auch Menon vollendeten durch die griffige Formel »Nouvelle Cuisine« eine Gründungslegende, die nachfolgende Generationen von Köchen nutzen sollten, um ihren eigenen Stil zu bewerben und zu vermarkten. Quer durch die Jahrhunderte haben Kochbuchautoren die »alte Küche« ihrer direkten Vorgänger als »gotisch«, »kompliziert« und »schwer« beurteilt. Fortan existierte eine Erfolgsformel, mit der sie Interesse generierten:

1. Es gibt eine neue Küche.

2. Diese neue Küche ist gleichzeitig Kunst und Wissenschaft.

3. Sie ist leichter und bekömmlicher als ihre Vorgänger.

Nicht selten werden ihre Protagonisten als Erfinder mindestens eines wegweisenden Rezepts vorgestellt. Die eigene, gleichermaßen wissenschaftliche und künstlerische Arbeit wird gepriesen, Kollegen, Lehrmeister und Kritiker als Ewiggestrige gebrandmarkt.

Mit der Nouvelle Cuisine kamen auch die Kritiker. Viele Gourmets begeistern sich leicht für Neues, hängen jedoch auch an alten Favoriten: »Mein Magen gewöhnt sich nicht an die Nouvelle Cuisine. Ich kann kein Kalbsbries, das in salziger Sauce schwimmt, erleiden und kein Gehacktes aus Puter, Kaninchen und Hase, das man mir als ein einziges Fleisch ausgibt, essen. Ich mag weder Taube à la crapaudine (ohne Knochen gebraten) noch Brot ohne Krume. Was die Küchenchefs betrifft, kann ich keine Schinkenessenz vertragen noch den Exzess an Morcheln, Pilzen, Pfeffer und Muskat, mit dem sie eigentlich gesunde Gerichte verkleiden.«

Voltaire sandte diese Zeilen 1765 an den Comte d'Artois. Für viele heutige Restaurantkritiker wäre der Literat und Philosoph damit automatisch ein Reaktionär. Außerdem war er ja schon 71 Jahre alt, als er die Schinkenessenz schlürfen musste. Andererseits war der geplagte Esser noch höchst aktiv: Voltaire schrieb über Philosophie und das Russland Peters des Großen, formulierte Religionskritik, versuchte sich mit Erfolg am damals neuen Genre des »bürgerlichen Trauerspiels«. Kann man dem Vordenker der Aufklärung, dem Kritiker des Absolutismus, der Feudalherrschaft, der Leibeigenschaft und des Deutungsmonopols der Kirche – also so ziemlich allen »Stützpfeilern« der Gesellschaft seiner Zeit – wirklich unterstellen, Neuerungen aus Prinzip abzulehnen?

Für Voltaire war die neue Küche eben nicht leichter und wissenschaftlicher, sondern im Gegenteil unnötig kompliziert mit einer Tendenz zum Nepp, etwa durch »Gehacktes aus Puter, Kaninchen und Hase, das man als ein einziges Fleisch ausgibt«

(zitiert nach: Alain Drouard: *Histoire des innovations alimentaires*).

Der französische Autor Bénédict Beaugé sieht in seinem Buch *Plats du jour: Sur l'idée de la nouveauté en cuisine* (2013) die »neue Küche des 18. Jahrhunderts, genau wie die anderen neuen Küchen, von denen man zu verschiedenen Zeitpunkten der Geschichte spricht, nicht als sehr revolutionär [...] Neue Küchen wachsen nicht aus dem Oberschenkel eines besonders brillanten oder wagemutigen Kochs [...] das Erscheinen einer neuen Küche entspricht eher der Bewusstseinsbildung bezüglich eines diffusen Phänomens, das bereits seit einiger Zeit existiert, als einer präzisen, zeitlich begrenzten, technischen Revolution: Die Küche wird in dem Moment ›neu‹, in dem sie als ›neu‹ bezeichnet wird, was die Wichtigkeit des geschriebenen Worts unterstreicht.«

Kurz und knapp: Es gab (und gibt) eben keine neue Küche, sondern eine Verfeinerung und Veränderung bestehender Techniken, die nicht einer einzigen Person zuzurechnen sind.

Regionales ist begehrt

Neben der »neuen Küche« an und für sich zeigte sich bei Marin und Menon eine klare Tendenz zu regionalen Spezialitäten, die über ein bloßes Modephänomen hinausging. Sie favorisierten Gerichte auf Provenzalische, Lyoner und Burgunder Art, nach Art der Gascogne oder des Périgord.

Marin sprach in *Les Dons de Comus* klare Empfehlungen aus, welches Lebensmittel aus welcher Region zu welcher Jahreszeit am besten zu verzehren sei. Im Herbst waren das zum Beispiel Rindfleisch, »exzellent in Paris, wie zu jeder Jahreszeit«, Ham-

mel aus Reims, Pré-Salé-Lamm aus Cabourg und Dieppe in der
Normandie, aus Avranches, Beauvais und den Ardennen, Kalb
aus Rouen, Pontoise, Montargis und Caen sowie Milchkalb aus
der Umgebung von Paris. Das Schwein hingegen sei gut im
ganzen Land: »Alter und Ernährung entscheiden über Qualität
und Geschmack.«

Eine Erkenntnis, die bei vielen heutigen Züchtern in Vergessenheit geraten ist.

Beim Geflügel empfahl Marin Poularden aus der Normandie
und Le Mans sowie die noch besseren aus Mezerai im Anjou,
dazu den Kapaun von Le Mans, Blanzac, der Bresse und Brügge,
fettes Huhn aus der Normandie, ausgewählte Tauben aus der
Picardie, fette Zuchttauben aus Reims »ebenso gut wie die aus
Rom oder Venedig«. Für Federwild gab es ebenfalls Herkunfts-
empfehlungen. Natürlich wusste Marin auch, dass Fisch der
Saison unterliegt: Bei ihm gab es den Stör, »königlicher Fisch,
der sich manchmal in Seine und Loire findet«, aber noch öfter
in Flandern auftaucht, Lachs und Alse, Steinbutt, Barbe, dicke
Schollen, Seezungen, frischen Hering im November, Merlan,
frische Sardinen aus Dieppe, grüne Austern aus Marenne und
England, weiße Austern, Anchovis und Thunfisch. Dazu Süßwasserfische wie Karpfen aus der Seine, aus Melun, der Aisne,
der Loire, Orléans. »Doch auch (Karpfen) aus dem Rhein, der
Saône und der Rhône werden sehr geschätzt, können aber nicht
bis nach Paris transportiert werden.«

Oliven aus Verona, große und kleine Oliven aus Spanien
und der Provence, Makronen aus Lyon, Kastanien aus Limoges,
Trüffeln aus dem Périgord, der Gegend von Anjou, dem Quercy
und Montauban, Mirabellen aus Metz und viele andere Früchte.
Auch Käse unterliegen der Saison, da sich im Laufe eines Jahres
das Futter der Kühe verändert. Frisst die Kuh saftiges, grünes

Gras, fällt der Geschmack der Milch anders aus, als wenn sie im Winter auf Heudiät gesetzt wird. Brie de Meaux, Schweizer Käse, Vacherin und Gruyère, Roquefort, Höhlenkäse aus der Auvergne (wahrscheinlich ein Blauschimmelkäse) sowie Blauschimmelkäse aus Holland fanden Gnade vor den Augen und dem Gaumen des Autors.

All diese Köstlichkeiten waren schon im Paris des 18. Jahrhunderts verfügbar, noch dazu kannte Marin die Spezialitäten der Nachbarländer und wusste um die Transportmöglichkeiten.

Damit war er keine Ausnahme: Der britische Professor Richard Bradley hatte schon 1727 in *The Country Housewife and Lady's Director* die regionalen Käse Englands detailliert beschrieben. Ein Werk namens *De re cibaria* aus der Feder von Jean Bruyérin-Champier listete bereits 1560 die guten Zutaten aus dem Reich Franz' I. auf.

Clevere Geschäftsleute perfektionierten im 18. Jahrhundert schließlich die Distribution der Viktualien in Frankreich: Im Jahr 1767 eröffnete das Bureau du Comestible, Europas erster Delikatessenversand. »Das Bureau du Comestible, in Paris, Rue du Mail, hat zur Aufgabe, den Verkehr und den Absatz aller Waren im Zusammenhang mit der Tischkultur (service de table) zu erleichtern und in der Provinz und auf dem Lande die Artikel, die man braucht und die immer aus den besten Quellen stammen, auszuliefern«, hieß es damals in der *Gazetin du Comestible*, einem eigenen Katalog, der zum Beispiel Andouilles (Innereienwürste) aus sechs verschiedenen Städten enthielt, dazu lebende Krebse aus Molsheim im Elsass oder Forellen aus dem Genfer See, die freilich vor dem Transport gekocht wurden. Das Büro nahm lediglich eine Kommission von drei Prozent, Einkäufe wurden zur Hälfte im Voraus und zur Hälfte bei Lieferung bezahlt. Endlich konnte ein Adliger seine Gäste mit (halbwegs) frischen Produkten vom anderen Ende Frankreichs überraschen, endlich konnte auch ein Bretone die Trüffeln aus dem Périgord genießen. Letztlich aber war dieser Versandhandel seiner Zeit zu weit voraus: Neben Transportpannen waren die Händler und Erzeuger nämlich selbst das größte Hindernis auf dem Weg zum Erfolg. Sie fürchteten, dass die Veröffentlichung ihrer Preise und ihres Bestands beim damaligen Äquivalent unserer heutigen Finanzämter landen würde, um sie entsprechend zu besteuern.

Immerhin: Die Direktoren des Bureau du Comestible vertrauten darauf, dass sich eine funktionierende Logistik aufbauen ließe. Ihre Geschäftsidee zeigt: In Frankreich gab es damals nicht nur eine große Zahl von Feinschmeckern, die an solchen Spitzenprodukten interessiert waren, sondern auch allseits geschätzte regionale Spezialitäten mit einem überregionalen Renommee.

Das erste Restaurant

Im Jahr 1762 eröffnete in der Rue des Poulies (heute Rue du Louvre) in Paris das eigenartige Lokal eines gewissen Monsieur Boulanger. Wahrscheinlich war Boulanger (was im Französischen »Bäcker« bedeutet) nur ein Spitzname und der Unternehmer hieß tatsächlich Roze de Chantoiseau. Auf jeden Fall gab es bei ihm *Restaurat*, eine sättigende Fleischbrühe, für die drei Rebhühner, zwei Kapaune, dazu etwas Kalb- und Hammelfleisch einen halben Tag vor sich hin köchelten. Diese Brühe bot Boulanger zusammen mit einigen anderen Speisen wie Hühner mit grobem Salz seinen Kunden an. Ragouts durfte er nicht servieren, dies war das Privileg der Traiteure.

»*Venite ad me, omnes qui stomacho laboratis, et ego restaurabo vos*«, warb er vor seiner Tür. Frei übersetzt: »Kommt zu mir, ihr, die euer Magen leidet, und ich werde euch restaurieren«, soll heißen: eure Gesundheit wiederherstellen. Solche und ähnliche Bouillons gab es seit Jahrhunderten. Doch hier konnte jeder an kleinen Marmortischen speisen, wann immer er wollte. Die durchaus günstigen Preise waren draußen ausgehängt.

Damit unterschied sich Boulangers Lokal von den Auberges mit einem Tisch für alle Gäste und einem einzigen Tagesgericht ebenso wie von den Tavernen, die überwiegend Wein ausschenkten, den Cabarets mit Wein und kleinen Speisen oder den Traiteuren, die Saucen und Ragout verkauften und manchmal zu einem festen Zeitpunkt Mahlzeiten anboten.

Es war das erste Restaurant und sein Erfolgsgeheimnis war die Transparenz. Der Gast wusste im Voraus, was er essen konnte und was es ihn kosten würde.

Die Definition des Pariser Phänomens »Restaurant« wurde später vom Schriftsteller und Gastrosophen Jean Anthelme Brillat-Savarin geliefert: »Der Speisewirth (*restaurateur*) ist ein Mann, dessen Geschäft darin besteht, dem Publikum ein stets bereites Mahl zu geben, und dessen Speisen je nach der Nachfrage der Verzehrenden in einzelnen Portionen abgegeben werden. Die Anstalt nennt sich Speisewirthschaft (*restauration*).« Diderot schrieb 1767 an Sophie Volland: »Ob es mir beim Restaurateur gefallen hat? Wirklich, ja, unendlich. Man wird gut serviert, ein wenig teuer, aber zu der Zeit, die man möchte.« Doch Boulanger machte sich durch seinen Erfolg auch Feinde. Die Traiteure, die ihr Monopol bedroht sahen, zerrten ihn vor Gericht und verloren prompt. Während der Revolution wurden Stände und ihre Ordnungen durch die Loi Le Chapelier von 1791 einfach abgeschafft. Die alte Ordnung mit der sorgfältig festgelegten Aufgabenteilung existierte nicht mehr, eine Tatsache, die zum Durchbruch des Restaurants womöglich stärker beitrug als der Erfolg der Fleischbrühe.

Es heißt, der schnelle Erfolg sei dem ersten Restaurateur zügig zu Kopf gestiegen: Boulanger ließ sich von einer Droschke chauffieren, kleidete sich als Grandseigneur und frequentierte nur noch die große Gesellschaft.

Ähnliche Effekte kann man auch heute bei jungen Köchen beobachten, sobald sie von der Presse oder Restaurantführern ausgezeichnet werden.

Der Erfolg gab Boulanger recht, auch wenn seine Speisen nicht besonders raffiniert waren.

Beauvilliers, der Gaumenoffizier

Die Finesse kam 1782, als ein Koch namens Antoine Beauvilliers (1754-1817) das erste Luxuslokal von Paris eröffnete: La Grande Taverne de Londres in der Rue de Richelieu. Nicht weniger als 178 Gerichte bot der *Officier du Bouche* seinen Gästen, darunter gespickte Kalbskeule mit Spinat, Rebhuhn mit Kohl, Ente mit weißen Rübchen oder Pasteten von Aal, Drosseln oder Schnepfen. Man konnte dort fast wie am Hof von Versailles speisen, in elegantem Ambiente, mit Service, der diesen Namen verdiente, und einem Weinkeller. Beauvilliers »war während mehr als 15 Jahren der berühmteste Speisewirth in Paris«, lobt der große Gastrosoph Brillat-Savarin in seiner *Philosophie des Geschmacks*: »Er bezeichnete eine Schüssel, die man nicht nehmen sollte, eine andere, für die man sich beeilen müsse, befahl eine dritte, an die kein Mensch gedacht hatte.«

Vielleicht hatte sich Beauvilliers nicht den besten Zeitpunkt

zur Öffnung eines Luxuslokals ausgesucht. Denn Frankreich
stand am Vorabend der Revolution.

· ·

REZEPTE VON BEAUVILLIERS

Matrosengericht (Matelote) vom Neunauge

Nehmen Sie ein oder zwei (Neunaugen); geben Sie sie
in fast kochendes Wasser; nehmen Sie die Innereien
heraus, schneiden Sie sie in Scheiben; heben Sie das
Blut getrennt auf: Entfernen Sie den Kopf und die
Schwanzspitze, wie beim Aal: Nehmen Sie eine Kasserolle, die groß genug ist, sie aufnehmen zu können;
machen Sie eine Mehlschwitze; geben Sie Ihre Neunaugen hinein, feuchten sie zur Hälfte mit Rotwein, zur
Hälfte mit Bouillon an oder, wenn Sie keine Bouillon haben, mit Wasser; fügen Sie kleine blanchierte
Zwiebeln hinzu, Pilze, einen Strauß Petersilie und
Schnittlauch, Salz, Pfeffer, ein Lorbeerblatt und ein
wenig feine Gewürze; garen und entfetten sie: bevor
Sie servieren, binden Sie Ihr Matrosengericht mit dem
Blut der Neunaugen, vergewissern Sie sich, dass es von
gutem Geschmack ist, richten Sie an und servieren Sie.

Taubenpastete nach englischer Art

Nehmen Sie drei Tauben; federn sie, nehmen sie aus,
flämmen sie, schneiden Füße, Hälse und Flügel ab;
geben Sie sie in eine Kasserolle zusammen mit ihren
Innereien wie Leber, Magen, Köpfe, Flügel (mit Ausnahme der Füße); geben Sie einen Strauß Petersilie
und Schnittlauch hinzu, ein Lorbeerblatt, Salz, Pfeffer,

der ein wenig dominieren sollte, feine Gewürze, ein
wenig Basilikum und in Scheiben geschnittenen Speck;
feuchten Sie alles mit etwas Bouillon und ein wenig
der Rückstände im Schmortopf an [gemeint ist der
Jus, der beim Garen austritt]; garen Sie Ihre Tauben
ein wenig mehr als drei Viertel, nehmen Sie sie vom
Feuer, lassen sie auskühlen und geben sie in ein Gefäß,
dazu ihre Würzung und sechs harte Eigelb; decken Sie
es mit einem Deckel aus Teig ab, den Sie eng auf das
Gefäß auflegen; vergolden Sie den Deckel und geben
Sie oben die Krallen Ihrer Tauben drauf; garen Sie die
Pastete und servieren sie so, wie sie ist.

(Mit dem Vergolden des Deckels ist aller Wahrscheinlichkeit nach das simple Bestreichen mit Eigelb
gemeint.)

4. Die Französische Revolution und das Restaurant

Das Volk hungert, Marie Antoinette sagt: »Lasst sie doch Kuchen essen.« Die Massen erheben sich, die Bastille wird eingenommen und der König einen Kopf kürzer gemacht. So oder so ähnlich läuft die Französische Revolution zumindest in Filmen ab. Tatsächlich dürften die Gründe tiefer gelegen haben: Frankreich steckte in der Krise. Kriege kosteten Geld. Die Beteiligung am amerikanischen Unabhängigkeitskrieg (1775-1783) hatte den Staatsfinanzen massiv geschadet. Den Einfluss des alten Rivalen England in dessen Kolonien in Übersee hatte man durch die Unterstützung der nach Unabhängigkeit strebenden Amerikaner schwächen wollen, doch jetzt lag Frankreich selbst am Boden. Jacques Necker, Generalkontrolleur der Finanzen, schritt 1781 zum Kassensturz: Die Staatseinnahmen von 503 Millionen *Livres* reichten nicht, um die Ausgaben von 620 Millionen zu decken. Und dann gab es noch ein pikantes Detail: Der Königshof mit seinen Kurtisanen und opulenten Festen schlug mit 36 Millionen aufs Budget.

Allgemeine Steuerungerechtigkeiten trugen nicht gerade zur Zufriedenheit der Bevölkerung bei: Im Laufe diverser Vergrößerungen des französischen Königreiches wurden manchen Regionen, Dörfern und Berufsgruppen weitreichende Privilegien eingeräumt. In den Dörfchen Domrémy und Greux etwa zahlte niemand Steu-

ern. Nationalheldin Jeanne d'Arc stammte dorther und König Karl
VII. hatte das kleine Fiskalparadies 1429 allein aus diesem Grund
erschaffen. Angeblich hatte Jeanne selbst um den Steuererlass für
die Heimat gebeten; eine ebenso großzügige wie weltliche Geste.

Auch Adlige leisteten keine Abgaben. Sie schickten ihre Söhne in die permanenten Kriege und Feldzüge, was man als eine
Art »Blutsteuer« betrachtete.

Intellektuelle Kreise zweifelten zudem schon länger an der
absoluten Monarchie, die aus göttlichem Recht erwächst. In
England gab es ein Alternativmodell, eine Monarchie, die durch
ein Parlament beschränkt wurde, das seit den *Bill of Rights* 1689
Unabhängigkeit genoss.

Selbst die Adligen haderten mit ihrem Schicksal, denn sie
liefen Gefahr, ihre Privilegien zu verlieren. Was lag da näher,
als den Bauern, die ohnehin schon Steuern und Kirchensteuern
zahlten, weitere Abgaben aufzubürden?

Das Volk interessierte sich weniger für philosophische Debat-
ten oder Staatsfinanzen als vielmehr für die tägliche Abgabenlast
und die hohen Lebenshaltungskosten. Bauern und Handwerker
mussten mehr als die Hälfte ihres Einkommens zur Grundver-
sorgung aufbringen. Zudem gab es 1788 eine extrem schlechte
Ernte, weshalb die Getreidepreise noch mehr anzogen. Der Preis
für das täglich Brot verdreifachte sich. Die Getreidespeicher des
Klerus und des Adels blieben allerdings wohlgefüllt.

»Sollen sie doch Kuchen essen«

In dieser verzweifelten Lage fiel angeblich der besonders böse
Satz von Frankreichs Königin Marie Antoinette: »Die Leute
haben kein Brot? Sollen sie doch Kuchen essen!«

In seiner deutschen Übersetzung klingt der Satz noch arroganter als im Original, schließlich wurde er ungenau übersetzt. *S'ils n'ont pas de pain, qu'ils mangent de la brioche* heißt es im Original. Eine *brioche* ist jedoch kein Kuchen, etwa im Sinn einer Schwarzwälder Kirschtorte. Sie gehört zu den *viennoiseries*, wörtlich »Feingebäck«, was wiederum keine ideale Übersetzung ist. Das Wort stammt von *Vienne*, »Wien«, und geht aller Wahrscheinlichkeit nach auf die *Boulangerie viennoise*, die »Wiener Bäckerei« der Herren August Zang und Ernest Schwarzer in der Pariser Rue de Richelieu 92, zurück. Die war ein voller Erfolg, dortige Backwaren wurden sofort in anderen Bäckereien der Hauptstadt imitiert. Doch Zangs Bäckerei eröffnete erst 1837.

Dennoch kannte Marie Antoinette die Brioche. Schon in mittelalterlichen Kochbüchern gibt es Rezepte für solche Backwaren aus Mehl, Eiern, Butter, Zucker und Milch oder Sahne unter dem Namen *gâche*. So eine *gâche* wurde für Festtage wie Hochzeiten oder die Osterzeit gebacken.

Der berühmte Satz »Sollen sie doch Kuchen essen« stammt freilich aus den *Bekenntnissen* des Schriftstellers Jean-Jacques Rousseau (1712-1778): »Eine große Prinzessin gab an, als man ihr sagte, die Bauern hätten kein Brot mehr […] so mögen sie Kuchen essen.« Zu Papier gebracht wurde er wahrscheinlich 1766. Die kleine Maria Antonia – und spätere Marie Antoinette – war damals zehn Jahre alt und lebte bei ihren kaiserlichen Eltern in Wien.

Der Spezialist für Fleisch

Zum berühmten Sturm auf die Bastille kam es am 14. Juli 1789. Aufständische hatten beschlossen, sich Waffen zu beschaffen. Das Hôtel des Invalides wurde geplündert. Dort gab es Waffen, sogar Kanonen, aber kein Schießpulver. Also marschierten sie zur Bastille. Während die Bastille zu Richelieus Zeiten ein Gefängnis für Oppositionelle und persönliche Feinde des Königs gewesen war und später noch prominente Gefangene wie den Mann mit der eisernen Maske, Voltaire und den Marquis de Sade »beherbergte« (der wie alle begüterten Gefangenen hier dem Wohlleben eines Schlossherrn nachging, nach Belieben Gäste empfing und seinen Wein im Keller des Kommandanten lagerte), war das Gebäude zu Revolutionszeiten kaum noch in Gebrauch. Befreit wurden ganze sieben Häftlinge: vier Wechselfälscher, zwei Geisteskranke und der Graf von Solages, der eine Haftstrafe wegen eines Sexualdelikts verbüßte.

Ohnehin war ein Abriss des Gefängnisbaus bereits geplant.

Eine Hundertschaft von Wachen sah sich an jenem 14. Juli Tausenden Aufständischen gegenüber. Der Marquis Bernard-René Jourdan de Launay, seines Zeichens Kommandant der Bastille, handelte kurz vor der Kapitulation noch aus, dass ihm und seinen Truppen kein Leid geschehen sollte. Mit ihren Gefangenen zogen die Sieger zum Rathaus und misshandelten Jourdan de Launay nach Kräften.

Glaubt man dem Historiker Louis Madelin, wurde er vom Küchenjungen Desnot mit einem Messer enthauptet. Zehn Jahre hätte sich Desnot seiner Tat gerühmt, um endlich eine Medaille zu erhalten.

Die Revolution entlässt ihre Köche

Mitglieder des Hochadels waren schon während der ersten Wochen der Revolution ins Exil gegangen. Ihre Hofköche hatten die Wahl: Entweder sie begleiteten ihre Herren, oder sie boten ihre Dienste den Wohlhabenden unter den Bürgern an. Als Alternative blieb die Eröffnung eines eigenen Lokals.

Die Pariser Köche wussten, dass sich von einem solchen Lokal gut leben ließ: Das »Restaurat« des Herrn Boulanger hatte längst Nachahmer gefunden. Bereits 1771 hieß es in den *Tablettes Royales de la Renommée*: »Restaurants sind die Orte, wo man die Kunst beherrscht, echte Kraftbrühen herzustellen, und das Recht hat, alle Arten von Cremes, Reis- und Nudelsuppen, frische Eier und Kapaune mit grobem Salz zu verkaufen.«

Kurz vor der Revolution, im Jahr 1786, eröffnete das Restaurant der *Trois Frères Provençaux*, der »drei provenzalischen Brüder«, in der Galerie de Beaujolais 88, im rechtsfreien Raum des Palais Royal. Camille Desmoulins konnte dort straffrei zur Revolution aufrufen, weil ihn keine Ordnungsmacht belangen durfte. Das Palais Royal nahm eine Sonderstellung in Paris ein: Kardinal Richelieu ließ sich Anfang des 17. Jahrhunderts einen Palast errichten, den er nach seinem Tod der Krone vermachte. Der hoch verschuldete Graf Louis-Philippe d'Orléans gab den Besitz 1780 frei, um Gärten, Mietshäuser und Läden bauen zu lassen. Boutiquen, Spielhallen, Kneipen, Cafés und Bordelle sowie diverse Mischformen bevölkerten bald die Kolonnaden des Palais, an dessen Westseite 1786 bis 1790 die heutige Comédie-Française gebaut wurde.

Barthélémy, Maneille und Simonas waren keine »provenzalischen Brüder«, doch ihr gleichnamiges Restaurant war erfolgreich.

Grob geschätzt gab es vor Beginn der Revolution etwa 100 Restaurants in Paris. Anfang des 19. Jahrhunderts waren es rund 500. Die Hofköche hatten mit den Füßen abgestimmt, viele wollten keinem Meister mehr dienen.

Ihre Restaurants boten ein Abbild vom Glanz des Königshofes, mit aufwendig zubereiteten Speisen, teils prachtvollen Interieurs und einem Service, der höfische Rituale imitierte.

Gerade die aufstrebende Mittelschicht gönnte sich das Vergnügen, so wie die einst Privilegierten zu speisen. Trotz aller gegensätzlichen politischen Beteuerungen wollten auch eifrige Revolutionäre im Grunde nur eines: leben wie ein König. Sich im Restaurant servieren zu lassen, das gehörte dazu.

Koch mit Konserve

Während für die Restaurants eine Blütezeit anbrach, experimentierte ein gewisser Nicolas Appert (1749-1841) mit ganz anderen Ideen. Das neunte Kind einer Wirtsfamilie aus Châlons-sur-Marne arbeitete zunächst als Küchenchef und Konditor. Er kochte in Deutschland für Christian IV., den Herzog von Pfalz-Zweibrücken, und später für dessen Witwe. Im Jahr 1784 eröffnete er die Pariser Confisérie La Renommée. Appert interessierte sich für Konservierungsmethoden. Er verglich das Pökeln mit dem Räuchern, dem Trocknen, den Confits, also in eigenem Fett eingelegten Fleischstücken. Er befasste sich mit der Modifizierung des Geschmacks, die durch jede Art von Konservierung auftritt, sowie mit den verbundenen Kosten.

Im Alter von 46 Jahren erfand er die »Appertisation«. Dabei werden Lebensmittel in einem hermetisch verschlossenen Glas- oder Blechbehälter sterilisiert. Appert nutzte dicke Flaschen, die er mit Korken verschloss und in einem Wasserbad garte. Milch, Früchte, Gemüse – Appert machte alles haltbar.

Nach der Machtergreifung Napoleons, im Jahr 1802, eröffnete er die erste Konservenfabrik. Die französische Marine wurde sein Kunde. General Caffarelli, Marinepräfekt in Brest, beurteilte 1803 die Qualität der Speisen: »Die nach dem Prozess des Bürgers Appert präparierten Nahrungsmittel [...] zeigten sich in folgendem Zustand nach drei Monaten auf dem Meer: die Bouillon in Flaschen war gut; die Bouillon mit Brei, in einem speziellen Gefäß, war auch gut, aber schwach; der Brei selbst sehr essbar. Die Bohnen und Erbsen [...] hatten alle Frische und den angenehmen Geschmack frisch gepflückten Gemüses.«

Vor die Wahl gestellt, seine Erfindung zu patentieren oder einen Preis des Innenministers zu erhalten und seine Entdeckungen selbst zu publizieren, entschied Appert sich gegen das Patent und damit gegen sichere Einnahmen. Im Jahr 1810 erhielt er 12 000 Francs und veröffentlichte *L'Art de conserver pendant plusieurs années toutes les substances animales et végétales.*

Doch die Engländer imitierten seine Technik, verfeinerten sie, nutzten stabile und günstige Weißblechdosen statt Glas. Diese Konkurrenz ruinierte Appert. Ein Jahr vor seinem Tod verkaufte er sein Unternehmen an einen Herrn namens Prieur. Mit 92 Jahren starb er verarmt in Massy bei Paris und wurde im Gemeinschaftsfriedhof verscharrt.

Der ehemalige Koch Nicolas Appert wollte die Lebensmittelversorgung seiner Zeitgenossen sichern und verzichtete dafür auf ein Vermögen. Selbst die Briten gaben ihm den Ehrentitel »Wohltäter der Menschheit«.

Mit seiner Entdeckung hatte der Wohltäter den Grundstein für die industrielle Massenproduktion von Lebensmitteln gelegt.

5. Der Aufstieg
der französischen Küche

Am 21. Januar 1793 wurde Ludwig XVI. auf der heutigen Place de la Concorde exekutiert. Zahllose weitere Hinrichtungen folgten während des *Terreur,* der »Schreckensherrschaft«, bis im Jahr 1794 auch der Revolutionär Robespierre der Guilloutine zum Opfer fiel. Die Anzahl der Todesopfer der Revolution ist kaum zu schätzen: Einige Quellen sprechen von wenigen Zehntausenden, andere von mehreren Hunderttausenden.

Die Deklaration der Menschrechte, die Einführung von Wahlen, die Abschaffung der Sklaverei (die 1802 unter Napoleon in Guadeloupe wieder eingeführt wurde) – das war die Revolution. Gleichzeitig stand sie für Bürgerkrieg, den Schrecken der Guilloutine, den permanenten Krieg gegen das royalistische Rest-Europa und Diktatur. Gewinner der Revolution war letztlich die Bourgeoisie, denn das viel zitierte »einfache Volk« wurde mit schönen Worten abgespeist. Regelmäßig wurden Land, Klöster, Herrensitze und Wälder aus dem Eigentum der Krone, der Kirche und des Adels als »nationales Gut« verkauft und versteigert. Wer sie erwerben wollte, brauchte Geld. Kunden fanden sich nur im Großbürgertum, das über einen ausgezeichneten Geschäftssinn verfügte.

Im postrevolutionären Paris drehte sich die Stimmung rasch. Nach den Schrecken der Revolution hungerte der vermögendere

Teil der Bevölkerung jetzt nach Freuden. Bemerkbar machte sich dies zunächst einmal durch eine neue Mode: Die eleganten Herren, erkennbar am langen Haar, am groß dimensionierten Chapeau claque, noch größeren Revers und eng anliegenden Samthosen hießen *Incroyables*, die »Unglaublichen«. Ihr weibliches Gegenstück waren die *Merveilleuses*, die »Herrlichen«. Sie ließen sich für ihre Garderobe von griechisch-römischen Tuniken inspirieren. Nahezu transparente Stoffe trugen sie möglichst körpernah.

Wenn man ausging, dann ins Restaurant. Vier von zehn neuen Geschäften in Paris würden sich der Gourmandise widmen, erklärte Grimod de la Reynière 1804 im *Almanach des Gourmands*. Eines davon war das Café de la Paix, gegründet 1822, dann gab es die Maison Chevet, die später eine eigene Kochschule eröffnete, und, erfolgreich wie eh und je, die Frères Provençaux. Dort wurde die köstliche *Canard aux perles*, die Ente mit Perlen, serviert, die 1833 nach einem Essen mit Prinz Gallitzin von Roger de Beauvoir folgendermaßen beschrieben wurde: »Stellen Sie sich eine gebratene Ente vor, jedoch bereichert durch eine Farce aus Coulis von Flusskrebsen, Périgord-Trüffeln und Pilzen. Sie präsentiert sich unseren Augen mit einem Rosenkranz von Perlen, die um ihren Hals, rund um den Körper und den Schwanz festonnieren. Das ist ein origineller Effekt, nicht wahr?«

Nur ein paar Schritte weiter lag das Café de Chartes, heute unter dem Namen Le Grand Véfour bekannt, das der große Koch Jean Véfour zu ungeahnten Höhen führte. »Nirgends bereitet man besser ein Sauté, ein Hühnerfrikassee Marengo, eine Geflügelmayonnaise«, kommentierte Grimod de la Reynière, der Urvater aller Gastronomiekritiker, damals die Küche – obwohl Véfour gut 2000 Gerichte pro Tag servierte.

Der erste Kritiker

Alexandre Balthazar Laurent Grimod de la Reynière (1758-1838) hatte es nicht immer leicht im Leben. Seine Hände waren verkrüppelt, seine Schrift war kaum zu entziffern. Der studierte Jurist und praktizierende Anwalt wanderte im Alter von 28 Jahren gar in den Knast, weil er sich in Form einer Satire über einen Dichter geäußert hatte. Während der ersten Monate der Französischen Revolution soll er sich als Verkäufer von Gemischtwaren und Parfüms durchgeschlagen haben. Später wurde er Theaterkritiker.

Doch zum einen hatte er schon als junger Mann dank seiner reichen Familie die große Küche kennengelernt, zum anderen war seine Haftanstalt ein Kloster, wo man oft und reichhaltig den Freuden der Gourmandise zusprach. Der Theaterkritiker wechselte das Fach, schrieb fortan über Essen und Trinken, publizierte 1802 den *Almanach des Gourmands* und erfand auch gleich noch den Blindtest: Jeden Dienstag traf sich seine *Jury Dégustateurs*, die für Traiteure und Restaurateure strenge Noten verteilte.

Getestet wurde bald im 1804 gegründeten Restaurant Rocher de Cancale, das für seine Austernplatten und eine reichhaltige Speisekarte mit nicht weniger als 30 Desserts berühmt war.

Damals sahen Restauranttests ein wenig anders aus als heute: Der Wirt oder Traiteur präsentierte sein Gericht im Rocher de Cancale vor Grimod und seiner Jury. Die rechtfertigte ihre Urteile mit möglichst geschwurbelten Worten und gab eventuell danach ein Gütezertifikat an den Restaurateur, das dieser aushängen konnte. So ein Zertifikat, hieß es, könne den Umsatz glatt verdoppeln, auch wenn Unzufriedene meinten, ein monetärer Gruß an die Kritiker könnte die Chancen auf das begehrte Stück Papier deutlich erhöhen. Damals war das nur ein Gerücht.

Nach dem Ableben seiner Eltern zog sich Alexandre Balthazar Laurent Grimod de la Reynière in ein Schloss zurück. Als
der sprichwörtlich »größte Gourmand unter den Gelehrten
und der gelehrteste unter den Gourmands« ist Grimod de la
Reynière Feinschmeckern heute noch ein Begriff. Sein Urteil
war gefürchtet, auch wenn er sich, zum ersten Mal in der Geschichte, als Autor vorrangig dem Beschreiben und Vergleichen
von Gerichten widmete.

Paris war auf dem Weg in die Amüsiergesellschaft, was die
Stellung der Köche kräftig aufwertete. Die Machtergreifung
Napoleons (1769-1821) und seine Krönung zum Kaiser 1804 änder-
ten daran nichts. Frankreichs Armee führte er auf Feldzüge bis
nach Ägypten und vor die Tore Moskaus, während in Paris das
Leben zunächst wie gewohnt weiterging. Schließlich hatten staatliche Reformen zu einem Wirtschaftsaufschwung geführt: Die
Pariser Börse wurde errichtet. Ein neues Bürgerliches Gesetzbuch,
der Code Napoléon, schuf Rechtssicherheit, verstärkte das Recht
auf Privateigentum und verbot Streiks. Die »Banque de France«
wurde 1800 gegründet, die seit 1803 neues Geld, den *Franc germi-
nal*, ausgab. Ein effektives Steuersystem mit strengen Kontrollen
wurde eingeführt. Um die französische Produktion zu fördern,
verbot Napoleon Importe aus England. Gewinner dieser Maßnahme war die Baumwolle verarbeitende Industrie, denn Frankreichs Armeen benötigten Uniformen – und deren Stoffe kamen
nun nicht mehr aus England, sondern von einheimischen Webern.

Nach einer französischen Legende soll Napoleon sogar das
Baguette erfunden haben. Seine Soldaten sollten mobiler werden,
keine Brotlaibe mehr als Proviant mitschleppen. Ein Stangen-
brot konnte man gut in die Hose stecken [...] Das ist natürlich
zu gut erfunden, um wahr zu sein: Bisher hat niemand französische Hosen mit Baguettetaschen gesehen.

Koch des Kaisers

Was tun, wenn man als Koch einen Arbeitgeber hat, der Essen als Zeitverlust betrachtet? La Guipière hatte einen solchen Arbeitgeber, und der hieß Napoleon Bonaparte.

In seiner Jugend arbeitete der Koch wohl bei König Ludwig XVI. als Patissier, dann folgte eine lange Episode in der Feldküche von Vize-Admiral Charles-Henri D'Estaing. Der brach 1778 auf, um den Amerikanern französische Hilfe im Kampf um Unabhängigkeit zu leisten. Seine Bilanz war, freundlich gesagt, eher durchwachsen, zwei Jahre später kehrte der Vize-Admiral mitsamt Küchenchef nach Frankreich zurück. Dort herrschte gerade Revolution. Charles-Henri D'Estaing wurde zum Admiral ernannt, verteidigte im Prozess gegen Marie Antoinette die Königin und landete letztendlich 1794 selbst unter der Guilloutine.

Sein Küchenchef jedoch wurde prompt vom Finanzier Destillières, einem Freund des Diplomaten Talleyrand, engagiert. Wenig später stand er schon in Diensten Napoleons. Manche sagen, General Duroc hätte ihn engagiert, andere behaupten, Napoleons Frau Joséphine hätte ihn angestellt. Doch lange blieb der große Koch nicht in Diensten des großen Korsen. Napoleon schätzte das Essen nicht, sah zeremonielle Gastmähler allenfalls als Teil der Diplomatie. Und für die war Talleyrand zuständig.

La Guipière wechselte zu seiner Schwester Caroline und deren Mann Joachim Murat, organisierte legendäre Gastmähler im heutigen Élysée-Palast. Als Napoleon Murat 1808 zum König von Neapel bestellte, reisten der Küchenchef und seine Brigade mit. Eine Treue, die ihm später zum Verhängnis werden sollte, denn La Guipière begleitete Murat auch auf Napoleons verhängnisvollem Russland-Feldzug. Er starb 1812 in Polen.

Fast alles, was wir über La Guipière wissen, verdanken wir seinem prominentesten Schüler, Marie-Antoine Carême, der bei ihm als Patissier arbeitete: »Ich war glücklich genug, zwei Jahre lang die erste Hilfe von Laguipierre gewesen zu sein«, schrieb er und schilderte 1828 in *Le Cuisinier parisien* sogar das Ableben seines Lehrherren. Mit erfrorenen Händen und Füßen hätte er hinter der Kutsche Murats gesessen, der nichts unversucht ließ, um seinen Koch zu retten. Angesichts des zeitlichen Abstandes ist diese Schilderung wahrscheinlich in den Bereich der Dichtkunst zu verweisen. Durchaus reell sind jedoch die von Carême überlieferten Rezepte seines Meisters. Er war schließlich selbst in seinen Küchen zugegen und hatte gesehen, wie La Guipière die Speisen zubereitete. Aus der harten Schule von La Guipière ging so der überragende Koch seiner Zeit hervor.

Zu den Opfern von Napoleons Russlandfeldzug soll auch Koch La Guipière, der Lehrmeister des berühmten Antonin Carême, gehört haben.

Carême: Kaiser der Köche

Starköche sind kein Produkt unserer Zeit. Die erste Welle der Heldenverehrung am Herd entstand im 19. Jahrhundert. Keiner war damals größer als Marie-Antoine (genannt Antonin) Carême (1784-1833). So groß, dass sein Leben, oder das, was zeitgenössische Chronisten darüber berichten, wie eine Mischung aus Dichtung und Wahrheit klingt. Das fängt beim Namen an: Carême steht im Französischen für die Fastenzeit. Wer so heißt, ist doch prädestiniert für den Kochberuf. Und natürlich hört die Legende bei seinen angeblich letzten Worten auf:

»Gestern waren die Seezungenklöße sehr gut, aber dein Fisch war nicht gut«, sagte er zu einem seiner Lieblingsschüler. »Du würzt nicht gut. Du weißt doch, dass man die Pfanne schwenken muss.« Der Meister schwenkte noch einmal die rechte Hand, genauso, wie er es von seinen Schülern verlangte. Eine halbe Stunde später hauchte er sein Leben aus. Immerhin: Charles-Frédéric Foyot, der diese Geschichte überlieferte, konnte sich auf die Notizen der Tochter Carêmes stützen.

Zwischen Fastenzeit und Pfannenbewegung liegt der Stoff, aus dem die Träume sind:

Als jüngstes von 15 Kindern wurde der zukünftige große Koch auf den Straßen von Paris ausgesetzt. Zehn Jahre war er damals alt. Im Paris nach der Revolution war sein Schicksal nichts Ungewöhnliches, laut einem Dekret sollten Kinder zügig eine Lehre antreten. »Auch wenn mein Vater mich, um mich zu retten, auf die Straßen geworfen hat, lächelte das Glück mir bald zu und eine gute Fee nahm mich oft bei der Hand, um mich ans Ziel zu führen«, schrieb Carême später.

Das erste Ziel der guten Fee war eine simple Garküche. Die verließ Carême ein paar Jahre später, um in der Patisserie Bailly in der Pariser Rue Vivienne zu lernen. Sein Lehrherr Sylvain Bailly erkannte das Talent des Jungen und gewährte ihm etliche Freiheiten. Mal fertigte er die pompösen Torten, die vermögende Kunden bestellt hatten, mal verließ er die Patisserie, um Kupferstiche zu studieren und zu kopieren. Schnell entwickelte er eine Vorliebe für italienische Architekten des 16. Jahrhunderts. Es heißt, der junge Koch habe sich in der Bibliothek in die Werke großer Seefahrer vertieft, träumte von China, Ägypten, Indien und Griechenland. Dank seiner Zeichnungen entwickelte er immer spektakulärere Torten: Pyramiden, Pavillons, Brücken, Tempel und Ruinen schuf Carême aus Zucker und Marzipan. Diese Prachtstücke konnten geschätzte 80 Zentimeter breit und 1,5 Meter hoch sein. Ganz Paris bewunderte die essbaren Landschaften.

Später sollte er schreiben, dass es fünf schöne Künste gibt: Malerei, Bildhauerei, Poesie, Musik und die »Architektur, deren wichtigster Zweig die Patisserie ist«.

Seine nächste Station führte ihn ins Restaurant Gendron. Hier zeigte sich, dass der junge Koch hoch hinaus wollte. Carême rang seinem Arbeitgeber das Zugeständnis ab, seinen Arbeitsplatz für ein *Extraordinaire* verlassen zu können. So nannte man die Galadiners, die hohe Würdenträger veranstalteten. Dort konnte er die Kunden von Bailly bei großen Anlässen weiter betreuen.

Carême kochte sich nach oben, ab 1803 bei Napoleons Außenminister Talleyrand, drei Jahre später bei Murat im Élysée-Palast, wo La Guipière seiner Ausbildung den letzten Schliff verlieh. Dieser habe ihn »eine Fülle guter Sachen, die ich nur bei ihm gesehen habe« gelehrt, wozu »die Eleganz der modernen Küche« gehörte. Mehr als 20 Jahre später bezeichnete er sich in seinem Buch *Le Cuisinier parisien* immer noch als La Guipières »Bewunderer und Schüler«.

Sein eigenes Geschäft eröffnet Carême, als Napoleon Murat zum König von Neapel ernannte. Nach seinen Plänen wurde die Patisserie in der Rue Napoleon 21, heute Rue de la Paix, errichtet. Schließlich war er als Zuckerbäcker nach eigenem Bekenntnis auch Architekt. Doch der ganz große Erfolg blieb aus, im August 1812 wurde der Laden verkauft.

Einige Autoren glauben, Carêmes Privatleben habe dem Erfolg im Weg gestanden. Verheiratet war er mit Henriette Sophie Mahy de Chitenay; allein deren Brautgeld hatte sein eigenes Geschäft finanziert. Das Paar blieb kinderlos. Bald eroberte die 20-jährige Agathe Guichardet das Herz des Koches. Mit ihr hatte er zwei Kinder, Marie und Henri. Eine Dreiecksgeschichte, die nicht im Beziehungschaos endete: Henriette wurde zur Patin von Henri und nach Carêmes Ableben zum Vormund von Agathes Tochter Marie ernannt. Von Agathe wiederum hieß es nach ihrem Tod, sie hieß Guichardet, wurde jedoch Carême gerufen.

In seinen Büchern *Le Pâtissier royal parisien* (1810), *Le Pâtissier pittoresque* (1815), *Le Maître d'hôtel français* (1822) und *Le Cuisinier parisien* (1828) kodifizierte der große Koch seine Version der französischen Küche. Gern trug Carême dabei ein wenig dick auf: Seine Sätze beginnen mit »Das erste Mal, als ich für ... servierte«, an die Stelle der Punkte kommen die Namen der Größten seiner Zeit. Ab und an pflegte er sich »Carême de Paris« zu nennen, behauptete gar, Ludwig XVIII. hätte ihn geadelt.

Er spart nicht mit Eigenlob, schüttet aber zugleich auch ausgiebig Lob über die Kollegen aus.

Mal gibt er sich puristisch, etwa wenn er sich mit Grimod de la Reynière über die richtige Schreibweise der Mayonnaise streitet: Die Einwohner von Bayonne im Baskenland kannten nämlich eine ähnliche Mischung, die *Bayonnaise*. Dann gab es auch noch den Küchenchef des Herzogs von Mayenne, der im

16. Jahrhundert zwei Hühnchen mit kalter Sauce auf der Basis von Eigelb und Öl servierte. *Mayennaise* soll er sie im Gedenken an seinen Herrn genannt haben. Auch dem Koch des Herzogs von Richelieu wird die Sauce zugeschrieben. Nach Einnahme von Port Mahon auf den Balearen kreierte er, ganz klar, die *Mahonnaise*. Carême hingegen plädierte für das Wort *Magnonnaise*, das er vom Verb *manier* (»handhaben«, »hantieren«) ableitete.

Einerseits verwendete er zur Stützung seiner Kreationen allerlei Produkte, die man besser nicht verspeiste. Gefärbt wurden seine Zuckergespinste mit Blattgold, Farben aus Geschäften für Malerbedarf oder mit Cochenille, getrockneten und zermahlenen Läusen, die heute noch als Zusatzstoff in Nahrungsmitteln landen. Andererseits schwor er auf die besten Zutaten: Butter aus Isigny, Kirschen aus Montmorency, Orangen aus Malta.

Carêmes Küche sollte gesünder und einfacher als die seiner Vorgänger ausfallen, wobei er mit einfach nicht simpel oder puristisch meinte. Er schaffte den Überfluss an Gewürzen ab, die ein Zeichen des Reichtums waren. Auf Ingwer, Zimt und Koriander verzichtete er weitgehend. Auch diverse Mischungen von Fisch und Fleisch verbannte er von den Tellern, lästerte über »Hechte und Karpfen à la Chambord, deren Garnitur aus Kalbsbries gespickt mit Speck, danach unschuldigen Tauben mit Hahnenkämmen« bestand. Lächerlich fand er das. Abschaffen wollte er jedoch nur die Mischung von Fisch und Fleisch, seine eigenen Gerichte waren nicht weniger opulent. *Lachs à la Duperré* zum Beispiel. Der wurde in einer Bouillon mit süßem Sauternes-Wein gegart und mit Steinbuttschnitzeln nebst Sauce hollandaise dekoriert, dazu kamen sechs Dutzend Austern, 24 Krebsschwänze sowie 24 Champignons, all das garniert mit Croûtons und »Milch« vom Karpfen (*laitance*, das Sperma des

Fisches) sowie weiteren Krebsen, dieses Mal geeist, und einem Croûton in Herzchenform.

Gleichzeitig glaubte Carême fest daran, dass gute Ernährung der Gesundheit förderlich sei: »Das Talent eines guten Kochs erhält die Gesundheit besser als die falsche Wissenschaft mancher Doktoren.« Bouillons, Gewürzen und Kräutern ordnete er Wirkungen zu. Thymian, Bohnenkraut und Basilikum etwa waren für ihn appetitanregend, stärkten Magen und Nerven und regten die Verdauung an. Kerbel reinigte seiner Meinung nach das Blut.

Während des Wiener Kongress vom 18. September 1814 bis zum 9. Juni 1815 kam dem Koch gar eine Nebenrolle in der großen Politik zu. Nach der Niederlage von Napoleon im Jahr 1814 trafen sich dort die Delegationen der europäischen Staaten mit dem Ziel, Europas Landkarte neu zu definieren. Nicht weniger als 25 Jahre Krieg trennte die Verhandlungsparteien. Es war ein Treffen unter Feinden. Überschattet wurde der Kongress von Napoleons Rückkehr aus dem Exil während der Herrschaft der 100 Tage und seiner endgültigen Niederlage bei Waterloo am 18. Juni 1815.

Frankreich ging als Verlierer in die Verhandlungen mit einer Koalition aus Österreich, Russland, Großbritannien und Preußen. Angesichts der dramatischen Ausgangslage verließ sich Außenminister Charles-Maurice de Talleyrand-Périgord, genannt Talleyrand, nicht nur auf sein Verhandlungsgeschick. Er kam mit seinem persönlichen Klavierspieler, seiner hübschen Nichte, genug Champagner für alle Gäste und natürlich Antonin Carême, dem bekanntesten Koch seiner Zeit.

Weder die Gerichte des Kochs noch der Schampus waren ein Geschenk, Talleyrand ging es darum, sozialen Status und französische Kultur zu demonstrieren. Üppige Gelage erlaubten es

Marie-Antonin Carême präsentiert sich hier in perfekter Intellektuellenpose. Ein Vorbild für den Berufsstand auch in Sachen Kommunikation.

ihm, mit den Vertretern anderer Länder abseits der politischen Problematik zu plaudern oder bei informellen Gesprächen Informationen zu sammeln. Als sich König Ludwig XVIII. um den Fortgang der Verhandlungen sorgte, fragte er Talleyrand, ob er

Botschaftspersonal zum Kongress beordern solle. Der wiederum antwortete, es würden eher Köche als Diplomaten benötigt.

Carême beschrieb die Küchen als »Abgrund an Hitze«, betonte aber gleichzeitig, dass die Ehre seinen Einsatz verlangte. Allein 48 Vorspeisen wurden vor den Hauptgerichten aufgetischt, wobei die Strategen selbst Fehler einplanten. Als der französische Diplomat einen riesigen, prachtvollen Lachs servieren ließ, landete das Gericht vor allen Gästen auf dem Fußboden. Talleyrand blieb ruhig und verlangte nach dem »zweiten Fisch«; sofort brachten Diener einen ebenso prachtvollen und nicht minder riesigen Lachs an den Tisch.

Einmal bat der Diplomat seine Kollegen, den besten Käse Europas zu benennen. Natürlich stimmten alle für ein Produkt aus ihrem Heimatland. Ein ruhiger Talleyrand sandte Boten aus. Quer durch den Kontinent wurden 50 Käsesorten gesammelt. Bei der Abstimmung avancierte der französische Brie zum besten Käse Europas.

Langsam, aber sicher schaffte er es, die Mitglieder der siegreichen Koalition zu spalten. Zunächst verhandelte er ein Mitspracherecht, dann brachte er Großbritannien und Österreich auf seine Seite und isolierte schließlich Preußen und Russland. So konnte Talleyrand nicht nur Frankreichs Grenzen von 1789 erhalten, auch die Städte Avignon und Carpentras, die damals zum Vatikan gehörten, wurden Frankreich angeschlossen.

Paris war nach Napoleons Fall von russischen Truppen besetzt. Angeblich war dies die Geburtsstunde des Bistros, jener liebenswerten französischen Kleinstlokale. Wenn russische Soldaten in ein Lokal eintraten, riefen sie: *bystro, bystro* – »schnell, schnell!« Ein Bistro war also ein Ort zum schnellen Essen. Antonin Carême arbeitete nach dem Fall Napoleons kurz in London und nahm dann das Angebot an, für den russischen Zaren zu

Antonin Carême war für die aufwendige Präsentation seiner Gerichte bekannt.
Mandelpaste, Gummi Arabicum, Cochenille und Bronze aus Geschäften für Maler-
bedarf wurden zu Pagoden und Schlössern.

arbeiten. Doch die dortigen Sitten gefielen dem Meisterkoch wenig: Beim *Service à la française*, wie ihn Carême pflegte, wurden die Gerichte gleichzeitig aufgetragen. Der *Service à la russe*, wie ihn die Russen pflegten, verlangte hingegen, dass genau wie in unseren heutigen Menüs ein Gericht nach dem anderen auf den Tisch kam. Rein optisch wirkte das weniger opulent und war schon deshalb nicht nach Carêmes Geschmack. Zudem wurde am Zarenhof bei Tisch musiziert, nicht selten von einem wahren Orchester von 60 Personen, was Unterhaltungen bei Tisch erschwerte.

Im Jahr 1826 unterzeichnete Carême einen Vertrag über drei Monate beim Bankier James de Rothschild. Letztendlich blieb er fünf Jahre, in denen er regelmäßig prachtvolle Gastmähler arrangierte. Eine englische Lady verglich ihn mit Shakespeare, wofür er sich mit einem Gericht revanchierte, der »englischen Fischsuppe Lady Morgan« mit Barbe, Seezunge und Aal.

Gleichzeitig litt Carême an seinem Beruf, beklagte die Arbeitsbedingungen, den Befehlston, die Hitze, bei der »man kaum atmet«. Mit Ende 40 ging er in Rente und schrieb an seinem Buch *L'art de la cuisine française au 19ème siècle*. Das beginnt mit einem Lob auf das simple Pot au Feu, ein »Volksgericht«, aufgeschrieben von einem Koch, der stets die Bankette der Mächtigen organisierte. Der schwer kranke Carême starb am 12. Januar 1833. Beerdigt wurde er auf dem Pariser Friedhof Montmartre.

Dort endlich kam die Küche der Kunst ein wenig näher. Neben ihm ist kein Geringerer als Hector Berlioz zur ewigen Ruhe gebettet.

Carême war der beste Koch seiner Zeit, doch Mutter Toutain war die großzügigste Köchin.

Talleyrand nutzte die Festmähler Carêmes während des Wiener Kongresses zu geschickten Verhandlungen.

Kunstförderung

»18. Juni 1859. Rückkehr von Honfleur mit Courbet. Ich habe einen fantastischen Abend bei De Dreuil mit Courbet […] verbracht […] Wir haben gesungen, geschrien, so viel Krach gemacht, dass der Tag uns mit dem Glas in der Hand gefunden hat. Wir sind zurückgekommen, indem wir Lärm quer durch die Straßen gemacht haben, was wenig würdig ist, dann haben wir uns im Bett meiner armen guten Leute hingelegt. Diesen Morgen hatten wir einen schweren Kopf, was uns nicht gehindert hat, schöne Dinge zu bewundern [...]«

Das schrieb Maler Eugène Boudin (1822-1898) in einem Brief. Seine »armen, guten Leute« kannten die gesamte Künstlergemeinde seiner Zeit. Es waren Mutter Toutain und ihr Gemahl, Aubergistes in Honfleur an der Küste der Normandie, einem pittoresken Fischerdorf mit rustikalen, von Fachwerkbalken durchzogenen Häusern.

Pierre-Louis Toutain hatte 1825 seine Auberge La Ferme de Toutain eröffnet. Trotz schönen Küstenblicks war die Umgebung nicht unbedingt glamourös. Neben einem Kapellchen stand hier auch ein Heim für Leprakranke. Später, im Jahr 1848, heiratete Pierre-Louis seine Catherine-Virginie, geborene Morin. Die richtete nicht nur die Zimmer gemütlich ein, sondern galt auch als herausragende Köchin. Höchst beliebt waren ihre Makrelen mit Sauerampfer. Kunden kamen reichlich, wenn auch mehr von der Sorte, die nicht mit klingender Münze, sondern mit einem Bild oder einer Zeichnung bezahlte. Alfred Delvau, ein Autor des *Figaro*, staunte schon damals über den schieren Reichtum an Kunst: Die Wände der Zimmer waren mit Kreis- oder Bleistiftskizzen übersät, es gab Karikaturen, Porträts und Poesie, darunter »ein gutes Porträt des Fräulein Toutain, ausgeführt von Armand Gautier, eine Idylle von Stephen Baron [...] und vielleicht etwas zu viele Entwürfe von Rozier.«

Ständig hatte die Familie Toutain Gäste, die später einmal in die Kunstgeschichte eingehen sollten: Die Maler Monet, Sisley, Boudin, Courbet und Daubigny suchten in ihrer Auberge Unterkunft und ließen sich den Cidre schmecken. Ganz nebenbei entstand hier die »Schule von Honfleur«, das Bindeglied zwischen der École de Barbizon und dem Impressionismus.

Sechs Jahre nach dem Brief von Boudin, 1865, wurde der Bauernhof verkauft. Der neue Besitzer, Monsieur Chasle, erlaubte Mutter Toutain gerade noch, alle Bilder mitzunehmen, die arme Künstler ihr als Pfand oder statt Bargeld hinterlassen hatten. Vorbei war es mit dem Monat Vollpension für 40 Francs. Chasle ließ das Dach neu decken und errichtete einen Pavillon mit Meerblick.

Mutter Toutain ging, und mit ihr gingen die meisten der Kunstschaffenden. Sie zogen in die Nachbarorte Deauville, Trouville, Dieppe oder Étretat. Catherine-Virginie Toutain verschwand aus dem Blick der Öffentlichkeit. Ganz mittellos wird sie nicht gewesen sein. Auch wenn einige ihrer Kunden, wie der junge Monet, noch Jahre auf ihren Durchbruch warteten, waren die Gemälde doch wertvoll genug, einen Chronisten des *Figaro* in das bescheidene Hotel zu locken.

Eines jedoch vergaßen die großen Künstler ihrer Zeit: Niemand hatte die alte Herberge gemalt. Kein Bild zeigt uns heute den Bauernhof von Mutter Toutain, wir kennen die Umgebung, die Nebengebäude, aber nicht die Auberge selbst, so wie sie von Boudin und Monet frequentiert wurde.

Die Herberge existiert heute noch unter dem Namen Ferme Saint-Siméon. Mit ihrem Luxus steht sie den Vorstellungen eines Chasle wohl näher als dem Esprit von Mutter Toutain: Rund um den Speisesaal hängen Repliken der Werke einstiger Stammkunden, auch die Bäderanlage ist beeindruckend. Doch Zeichnungen werden als Zahlungsmittel längst nicht mehr akzeptiert.

Dandy und Philanthrop

Kunstsammler am Herd gab es wenige, doch berühmte Köche gab es schon damals viele. Die meisten wollen etwas erfunden haben, nicht wenige behaupten gar in aller Bescheidenheit, sie hätten die große Küche revolutioniert. Alexis Benoît Soyer (1810-1858) tat genau das Gegenteil: Er nutzte sein Wissen zur Verbesserung der Alltagsküche und war sich nicht zu schade, für die Ärmsten der Armen am Suppenkessel zu stehen.

Soyer selbst stammte aus bescheidenen Verhältnissen. Sein Vater Emery Roch Alexis Soyer nahm mehrere Aushilfsarbeiten an, um die Familie halbwegs über Wasser zu halten. Seine Mutter Marie-Madeleine Françoise Chamberlan hätte es gern gesehen, wenn ihr Jüngster, Alexis, Priester geworden wäre, zumal seine Brüder Paul und René jung starben. Doch bereits mit neun Jahren zog es ihn ins nicht allzu ferne Paris, wo er mit seinem Bruder Philippe in einer Küche arbeitete. Sein Metier lernte er im Georges Rignon, bevor es ihn ins renommierte Restaurant Douix am Boulevard des Italiens zog. Vier Jahre stand er dort am Herd, bevor Alexis in die Küchen des Prinzen von Polignac im Außenministerium wechselte.

In Paris war 1830 nicht jedem nach Schlemmen zumute. Als König Karl X. die Pressefreiheit aussetzte, die frisch gewählte Kammer der Abgeordneten *chambre des députés* auflöste und diverse andere machterhaltende Maßnahmen traf, entlud sich die Stimmung des Volkes in der Julirevolution. Das bekannte Gemälde *Die Freiheit führt das Volk* von Eugène Delacroix – genau, die barbusige Dame mit der zerrissenen Trikolore in der rechten Hand – erinnert bis heute daran. Karl X. musste abdanken und wurde durch den »Bürgerkönig« Louis Philippe ersetzt.

Auch Soyers Arbeitgeber Polignac wurde Opfer der Wirren.

Das Volk verlangte zwar nicht seinen Kopf, doch Abdanken sollte er schon. Es heißt, ein wütender Mob sei in die Küche des Prinzen eingedrungen und hätte bereits zwei Köche getötet, als Soyer aus vollem Hals die französische *Marseillaise* anstimmte. Die Revolutionäre seien von Soyers Sangeskünsten derart angetan gewesen, dass sie ihn prompt auf Händen trugen. Nun beruht das meiste, was wir von Soyer zu wissen glauben, auf der Biografie *Memoirs of Alexis Soyer*, verfasst von seinen Privatsekretären Volant und Warren, die ihr Buch sehr zeitnah zum Ableben ihres Arbeitgebers veröffentlichten.

Sollte die Version mit den beeindruckenden Sangeskünsten tatsächlich zutreffend sein, dann haben die Revolutionäre den Koch wahrscheinlich bis in die Normandie getragen und auf ein Schiff geschmissen.

Denn wenig später, im Jahr 1831, arbeitete Alexis Soyer in England. Offiziell wollte er der politischen Instabilität entkommen. In Paris gab es allerdings Gerüchte, dass eine junge Dame das Kind des großen Kochs erwartete, worüber der werdende Vater nicht übermäßig glücklich war. Adele Lamain hieß die Dame, der Koch erkannte den gemeinsamen Sohn Jean Alexis erst 25 Jahre später an.

Sein Bruder Philippe arbeitete bereits für den Duke of Cambridge, selbstverständlich trat Alexis auch in die Diensten des Adligen ein. Ob wegen seiner Küche oder wegen seines Charmes – der junge Soyer wurde zu einem beliebten Koch diverser Fürstenhäuser. Im Jahr 1837 heiratete er die Künstlerin Elizabeth Emma Jones, die schon als Zehnjährige ihre Werke in der Royal Academy ausgestellt haben soll.

Dann erhielt Alexis Soyer das Angebot, die Küchen des Reform Club zu übernehmen. Letzterer war nicht einfach ein Versammlungsort britischer Gentlemen, sondern avancierte bald zum Prototyp des Clubs überhaupt. Sir Arthur Conan Doyle war dort später ebenso Mitglied wie Sir Winston Churchill. In Jules Vernes Roman *In 80 Tagen um die Welt* schließt Protagonist Phileas Fogg mit den anderen Mitgliedern des Reform Club seine folgenschwere Wette bezüglich der Dauer seiner Umrundung des Globus ab.

Zu Soyers Zeiten jedoch stand der Reform Club erst am Anfang. Gemeinsam mit dem Architekten Sir Charles Berry entwickelte er die Hightech-Küche der Viktorianischen Ära, angetrieben von einer – Weltneuheit der Küchentechnologie! – Dampfmaschine mit nicht weniger als drei Pferdestärken. Sie pumpte Wasser und trieb die Drehspieße an. Vorfahren unserer Kühlschränke wurden durch geeistes Wasser auf die richtige Temperatur gebracht. Auch die Temperatur der neuen Gasherde war regelbar. Angeblich veranstaltete Soyer regelrechte Führungen durch dieses neue Küchen-Wunderland. Zur Krönung von Königin Viktoria veranstaltete er ein Frühstück für 2000 Personen im Club. Mit gerade mal 28 Jahren war der junge Koch auf dem Höhepunkt seines Ruhms, sein Jahresgehalt betrug die damals für einen Koch astronomische Summe von 1000 britischen Pfund.

Soyer kleidete sich wie ein Dandy, das Weiß der Köche lehnte er ab.

Historiker wie Alain Drouard glauben übrigens, dass schon die Dürer-Zeichnung *Der Koch und sein Weib* eine Uniform zeigt. Im Jahr 1549 jedenfalls verbot ein königliches Edikt den Handwerkern die – bunten – Seidenstoffe. Weiße Stoffe waren günstig, denn sie mussten nicht gefärbt werden. Wir wissen von Bildern, etwa *Le Cuisinier et le chat* und einer weiteren Serie von Augustin Théodule Ribot, dass Köche damals Weiß trugen und die Uniform fast so aussah wie heute. Der Legende nach hat

Carême sie erfunden. So können wir davon ausgehen, dass sich die Köche Anfang des 19. Jahrhunderts in Weiß kleideten. Doch stattdessen trug Soyer bestickte Seidenanzüge in Grün und Violett, genäht auf eine Art, die er *Dressing à la zoug-zoug* nannte. Seine Schneider mussten dafür horizontale und vertikale Linien vermeiden und »zickzack« schneiden oder Rauten nähen. Auch seine Visitenkarte hatte die Form einer Raute, selbst seine Hüte waren so gefertigt, dass sie stets schräg auf dem Kopf saßen. Zeitgenossen erklärten, dieser Mann sei der Schrecken seiner Schneider und Hutmacher gewesen.

Nachdem seine Frau Emma 1842 im Kindbett verstarb, begann Soyer eine Liaison mit der Primaballerina Fanny Cerrito – übrigens die Urgroßmutter des Schauspielers Jean-Paul Belmondo.

Mitte des 19. Jahrhunderts waren Köche eigentlich Hauspersonal, beliebig austauschbar. Soyer war nicht nur stolz darauf, diesen Status hinter sich gelassen zu haben, er wollte auffallen um jeden Preis, sein Ruhm, sein Reichtum und sein Erfolg sollten für jeden sichtbar sein.

Der Autor William Makepeace Thackeray sicherte ihm mit Pendennis einen Platz in der Literatur. Soyers Alter Ego heißt in Thackerays Roman Alcide Mirobolant (was so viel wie »fantastisch, sagenhaft« bedeutet). Dieser Alcide, ein französischer Koch, kleidet sich wie ein Pfau und ist vom weiblichen Geschlecht besessen.

Doch tief in der grün-violett gekleideten Brust Soyers schlummerte ein gutes Herz. Tief innen schien er die Hungerjahre im heimischen Meaux nie vergessen zu haben. Während der großen Hungersnot in Irland entwickelte er 1847 eine funktionierende Suppenküche nebst passenden Rezepten. Ein Drittel der Iren war auf Kartoffeln als Nahrungsquelle angewiesen.

Doch die Kartoffelernten wurden durch die Pflanzenkrankheit *Phytophthora infestans* stark dezimiert. Eine Million Iren starben zwischen 1847 und 1852, eine weitere Million wanderte aus.

Soyer kämpfte auf seine Art gegen die Not und kochte für die Massen. Bis zu 5000 Hungernde soll er in Dublin pro Tag bekocht haben, während die Londoner Aristokratie spottete, seine »Suppe für die Armen« wäre in Wahrheit eine armselige Suppe. Die Bilder seiner verstorbenen Frau stellte er in »Soyers philanthropischer Galerie« aus. 1847 schrieb er *Soyer's Charitable Cookery*, gefolgt von *The Poorman's Regenerator* (1848) und *The Modern Housewife* (1849) sowie 1855 das *Shilling Cookery Book for the People*. Oder vielmehr: Er ließ schreiben. Soyer diktierte, denn seine Kenntnisse der Schrift waren lebenslang auf das Französische begrenzt.

Gut und günstig kochen, das war sein Thema. Ein Thema, das für Bestseller-Auflagen im sechsstelligen Bereich sorgte, und das zu einer Zeit, als viele Menschen weder lesen noch schreiben konnten. Anders als seine Zeitgenossen widmete er sich in der Mehrzahl seiner Publikationen nicht der Verfeinerung der Haute Cuisine, sondern der Vulgarisierung der Küche. Dabei bekamen auch die Leser manches Mal ihr Fett ab:

»Die arbeitenden Klassen der kommerziellen Bezirke von Yorkshire verdienen sehr gute Löhne, aber gleichzeitig arbeiten sie sehr hart; ihre Unwissenheit in der Wissenschaft des Kochens ist bedauerlich, und ohne Prahlerei, Eloise, muss ich sagen, dass ich diesen Menschen ein wenig bei der Verbesserung ihrer Lebensbedingungen geholfen habe, denn drei Viertel der Ehefrauen dieser fleißigen Klasse sind völlig frei von jeglicher Kenntnis der Hauswirtschaft. Kochen ist fast unbekannt, aber ich muss sagen, dass sie lernbereit sind […]«

Als Soyer diese Zeilen für sein *Shilling Cookery Book for the*

People verfasste, hatte er selbst schon den bitteren Brei des Miss-erfolges gekostet.

Nachdem er 1850 auf eigenen Wunsch den Reform Club ver-ließ, widmete er sich zunächst der Vermarktung von »Soyer's Sauce«, ein Massenprodukt, das auch Menschen erwerben konn-ten, die keine Chance auf eine Mitgliedschaft im Club hatten, vertrieben von Crosse & Blackwell. Fast gleichzeitig mietet er das »Gore House« auf dem Gelände der heutigen Royal Albert Hall. Zur Weltausstellung ein Jahr später wollte er das Publikum im eigenen Lokal verwöhnen, das in aller Bescheidenheit den Namen »Soyer's Universal Symposium to all Nations« trug. Das universelle Symposium für alle Nationen war ein Themenrestau-rant mit extravagant dekorierten Räumen mit noch extravagan-teren Namen wie die »Grotte des ewigen Schnees«. Gestaffelte Menüpreise für jedes Portefeuille sollten 5000 Menschen täglich ins Haus ziehen. Doch die Bewirtung der Massen aller Klassen ging schief, nach nur drei Monaten musste Soyer das Lokal mit 7000 Pfund Verlust schließen – immerhin sieben seiner Jahres-gehälter.

In den kommenden Jahren widmete er sich der Promotion seiner Bücher, seiner Saucen und seines laut Eigenwerbung »ma-gischen« Herdes, eigentlich ein kleiner Tisch-Herd. Gelegentlich veranstaltete er Bankette und machte es zur Bedingung, dass eventuelle Reste den Bedürftigen übergeben wurden.

Einmal noch nahm Soyers Leben eine überraschende Wen-dung. Um 1855 häuften sich in der britischen Presse die Berichte über das Leiden der Soldaten im Krim-Krieg. Die Briten star-ben nicht nur durch Feindeshand, sondern auch durch Nah-rungsmittelvergiftung, waren geschwächt durch Fehlernährung. Alexis Soyer erklärte sich kurzerhand persönlich für das leibli-che Wohlergehen der Soldaten verantwortlich. Während adlige

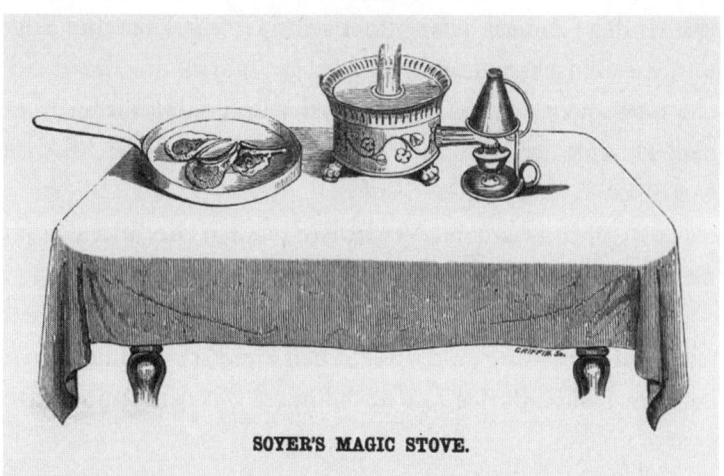

SOYER'S MAGIC STOVE.

Alexis Soyer verstand sich auf Vermarktung: Fertigsaucen und dieser angeblich „magische" Tischherd warteten auf englische Gourmets.

Freunde ihn mit einer Art Freibrief ausstatteten, der es ihm erlaubte, »Missstände zu korrigieren«, bastelte er schon an »Soyers Feldherd«, der es erlauben sollte, Mahlzeiten unter schwierigen Bedingungen zuzubereiten. Soldaten konnten ihn auf ihrem Rücken tragen. Vor Ort sorgte er dafür, dass jedes Regiment über einen ausgebildeten Koch verfügte, führte den Feldkocher ein und stellte den Speiseplan um. Soyer hat »mit seine[r] Küche so viele Leben gerettet wie Florence Nightingale mit ihrem Krankenhaus«, schrieb der *Morning Chronicle*.

Aber auch seine eigene Gesundheit litt unter dem Feldzug. Nach London kehrte Soyer als kranker Mann zurück.

Mit dem Krim-Krieg beschäftigte sich auch sein letztes Buch *Soyer's Culinary Campaign*. Darin ging es nicht nur um Rezepte, Soyer wurde sozusagen durch die eigene Feder zum Kriegshelden stilisiert. Illustriert wurde das Werk durch Abbildungen, die Kohlköpfe neben Kanonenkugeln zeigten.

Die Presse kritisierte ihn jetzt öffentlich für seine Eitelkeit:

»Alexis der Schmackhafte öffnet seine Gewürzkiste und zeigt
uns, wie Schlachten gewonnen werden«, schrieb die *Times*. »Solche und solche Portionen von Pfeffer und Salz führten zu einem Durchbruch oder zum Zurückdrängen eines nächtlichen
Angriffs.«

Trotz unbestreitbarer Verdienste wollten die Briten Soyer
nicht zum General ernennen. Ein Jahr darauf starb er.

Sein Feldkocher gehörte während des Zweiten Weltkriegs zur
Standardausrüstung an der britischen Heimatfront und wurde
bis zum Falklandkrieg fast unverändert von der Armee eingesetzt.

Soyer und Carême mögen die Starköche ihrer Zeit gewesen
sein, doch die Küche insgesamt veränderte sich: Neue Herde
kamen auf. Kochbuchautor Jules Gouffé (1807-1877), Küchenchef des Jockey Clubs, unterschied 1867 gusseiserne Herde und
den *Four à l'ancienne*, also das alte Modell. Er war der Erste, der
mit exakten Maßangaben für seine Rezepte arbeitete und zwischen drei verschiedenen Arten, Gerichte zu erwärmen, unterschied: der »Schmortopf-Flamme«, ruhig und gleichmäßig, der
»Grilladen-Flamme«, gleichmäßig, aber nicht unbedingt ruhig,
sowie der »Braten-Flamme«. Die Präzision Gouffés war bisher
unerreicht: Auch bei Töpfen und Mörsern verzichtete er nicht
auf einen empfohlenen Durchmesser.

Und nicht nur die Köche diskutierten über das Essen, das
Wissen über die Feinschmeckerei war zumindest in Paris ein
Statussymbol. Wer etwas auf sich hielt, ging weiterhin ins Aux
Frères Provençaux und später, ab 1866, ins Café Anglais. Dort
nämlich kochte Adolphe Dugléré (1805-1884), ein Schüler von
Carême. Potage Germiny, Poularde Albuféra oder Pommes de
terre Anna, also Gerichte, die es heute noch in klassischen Lo-
kalen gibt, zierten seine Karte. Im Café Anglais fand 1867 das

legendäre sogenannte Drei-Kaiser-Dinner statt, dem es freilich stark an Kaisern fehlte: Wilhelm I. von Preußen wurde erst 1871 zum Kaiser proklamiert, Bismarck stieg nie in den Rang eines Kaisers auf. Blieb also Zar Alexander II., der sich Soufflé à la Reine, warme Wachtelpastete, Hummer Pariser Art, Champagner-Sorbet, Ente à la Rouennaise, Fettammern auf Canapés und noch vieles mehr schmecken ließ.

Doch die gute Küche war nicht allein in Restaurants zu Hause.

Tournedos mit Rossini, Kabeljau mit Dumas

Gioacchino Rossini etwa (1792-1868) war nicht nur Komponist, sondern auch bekennender Feinschmecker. Sein Wissen um die kulinarischen Künste wurde höchstens noch von seinen Kenntnissen über die richtigen Noten übertroffen. Und auch das ist Ansichtssache. Der Spruch eines Pasta-Händlers »Wenn er so viel von Musik versteht wie von Makkaroni, dann muss er sehr gute Sachen schreiben« brachte es bis in Rossini-Biografien, auch der Komponist selbst schrieb ausführlich und gern über das Essen: »Das, was die Liebe für das Herz ist, ist der Appetit für den Magen. Der Magen ist der Dirigent, der das große Orchester unserer Leidenschaften leitet [...]« Die Diners für Rossinis Freunde waren in ganz Paris geachtet, das Tournedo-Rezept mit Toast, Rind, Foie gras und Trüffeln stammt von ihm selbst. In den Siebzigerjahren wurden seine Tournedos dank Nouvelle Cuisine zum Kalauer der Küchen: zu schwer, zu üppig – eben all das, was moderne Küche nicht sein sollte. Spott ist dennoch unangebracht. In der Trüffelsaison kamen zu Rossinis Zeiten immer die besten Gänselebern auf den Markt. Rinder schmeckten zu Anfang des Winters, wenn die Kühe gestärkt vom Gras der Sommerwiesen waren, wesentlich besser als nach ein paar Monaten Heudiät. Rossinis Tournedos waren damals also ein Gericht der Saison aus frischen, besten Zutaten.

Alexandre Dumas war ebenfalls nicht nur Autor der *Drei Musketiere* und des *Grafen von Monte Christo*, sondern auch ein Feinschmecker und Lebemann. Zwei Jahre lang organisierte er in einem Schlösschen in Le Port-Marly bei Paris rauschende Feste. Zur Anlage gehörten ein englischer Garten und eine Menagerie – den Affen Beauvoir, Hauptattraktion des kleinen Zoos, hatte Dumas nach dem Liebhaber seiner Frau benannt – sowie ein Château d'If genannter gotischer Pavillon, der dem Dichter als persönlicher Elfenbeinturm diente. In etliche Steine des Turms sind Namen seiner Romane graviert.

Dumas' letztes Werk war *Le grand dictionnaire de cuisine*: Im März 1870 gab er es beim Verleger Lemerre ab. Im Dezember desselben Jahres segnete er das Zeitliche, ohne je sein fertiges »großes Wörterbuch der Kochkunst« gesehen zu haben. Erst drei Jahre nach seinem Tod erschien das Werk, stark überarbeitet. Seitdem kursieren verschiedene Versionen.

Dumas war ein unermüdlicher Prediger für die Qualität der Zutaten. Zur Seezunge schrieb er, die beste sei leinengrau, »man findet sie in den Wassern um Dieppe; die Seezungen, die in Calais oder Roscoff gefischt werden, sind dieser stark unterlegen«.

Wer nie Froschschenkel verzehren wollte, sollte sich noch heute nach Dumas' Ratschlägen richten: »Es gibt viele Arten von Fröschen unterschiedlicher Größe, Farbe und Stellen, die sie bewohnen [...] Nur Wasserfrösche sind gut zu essen, sie müssen im klaren Wasser gelebt haben und wohlgenährt sein, fett, fleischig, grün und mit einem Körper, der von kleinen schwarzen Punkten gezeichnet ist. Viele Ärzte des Mittelalters waren gegen den

Verzehr dieses Fleisches, was dennoch weiß und delikat ist, eine Art flüssigen Gallert enthält und weniger nahrhaft als andere Fleischsorten ist […] Im 16. Jahrhundert wurden jedoch die Frösche am besten Tische serviert […] ein Auvergnat, namens Simon, machte ein beträchtliches Vermögen mit Fröschen, die man ihm aus seiner Heimat schickte, die er mästete und dann in die ersten Häuser in Paris verkaufte, wo das Essen sehr in Mode war.

In Italien und Deutschland ist ein großer Verbrauch dieser Amphibien zu verzeichnen […] und die Engländer, die sich davor ekeln und deshalb wahrscheinlich vor sechzig Jahren Karikaturen von Frösche verzehrenden Franzosen machten, sollten diese Passage der Geschichte der Insel Santo Domingo von einem Engländer namens Atwood lesen: ›Es gibt‹, sagte er, ›auf Martinique viele Kröten, die wir essen, die Engländer und die Franzosen ziehen sie den Hühnern vor‹ […]«

Von Dumas wissen wir, dass Froschschenkelsuppen gern von Damen verzehrt wurden, um den Teint frisch zu halten. Er empfahl eine Zubereitung wie ein Hühnerfrikassee.

Genauso wichtig wie die Delikatesse war ihm der vermeintlich simple Hering, weshalb für ihn »der Heringsfang der wichtigste von allen« war und 800 000 Menschen Arbeit gäbe. Zudem seien »Salzheringe […] von großer Nützlichkeit für die Arbeiter und die Armen« und die Engländer würden während der Karwoche raue Mengen davon nach Italien verkaufen. Frischer Hering in Senfsauce oder mit Fenchel, Hering als Matrosentopf mit Pilzen und Knoblauch sowie diverse saure Heringe zählten zu seinen Empfehlungen.

Fast schon sprichwörtlich ist Dumas' Kommentar zum Thema Kabeljau. Den heutigen Luxusfisch gab es seinerzeit im Überfluss. »Man hat ausgerechnet, dass es nur drei Jahre bräuchte, damit das Meer gefüllt wäre und man den Atlantik trockenen Fußes auf dem Rücken der Dorsche überqueren könnte, falls kein Unfall das Schlüpfen der Eier verhinderte und wenn jeder Kabeljau zu seiner Größe heranreifte.« Als Seltenheit in französischen Kochbüchern bot Dumas »Kabeljau nach Art von Hamburg« mit sechs Dutzend Austern und einer Béchamel, zu der auch das Austernwasser gehörte, paniert und mit einer buttrigen Hummersauce serviert.

Der Autor der *Drei Musketiere* verrät außerdem das Rezept für Elefantenfuß – mit Bayonner Schinken, Zwiebeln, Knoblauch, einer halben Flasche Madeira, Portwein, Piment und »indischen Kräutern und Gewürzen«.

Als er das entsprechende Kapitel über das »monströse Tier« verfasste, konnte er nicht wissen, dass es wenig später tatsächlich in Paris serviert wurde, freilich ohne viel schmückendes Beiwerk.

Rattenküche

Während des Deutsch-Französischen Kriegs von 1870/1871 wurde Paris belagert. Zwar hatte die Obrigkeit vorgesorgt, in Paris weideten jetzt Schafe und Rinder, es gab eine Schweinezucht *intra muros,* doch mit einer langen Belagerung hatte niemand gerechnet: Am 48. Tag, dem 7.11.1870, eröffnete vor dem Rathaus ein Rattenmarkt. Ein ausgenommener Nager kostete 75 Centimes. Am 75. Tag der Belagerung trafen sich die Mitglieder der Akademie der Wissenschaften, um den Geschmack von Katze, Hund, Pferd und Ratte zu vergleichen. Die Ratte ging aus diesem Duell als Sieger hervor. Auch Pferde wurden geschlachtet. Selbst von Zootieren kam das Fleisch, und für Castor und Pollux, die Elefanten des Zoos von Vincennes, wurde sogar ein Großwildjäger bestellt. Schließlich servierte der Küchenchef Choron am 25. Dezember 1870 im Café Voisin, 261 Rue Saint-Honoré, einem der edelsten Restaurants der Kapitale, ein kurioses Menü:

Hors d'oeuvre
Butter, Radieschen, gefüllter Eselskopf, Sardinen

Suppen
Püree von roten Bohnen mit Croûtons
Elefantenconsommé

Entrées
Frittierte Gründlinge, Kamel gebraten nach englischer Art
Kängururagout
Gebratene Bärenrippen mit Sauce Poivrade

Braten
Wolfskeule in Wildsauce
Katze flankiert von Ratten
Kressesalat
Antilopenterrine mit Trüffeln
Steinpilze Bordeleser Art
Erbsen in Butter

Entremet
Reiskuchen mit Konfitüren

Dessert
Gruyère-Käse

Ob es den Gästen mundete, ist nicht bekannt. Die Weine zumindest werden sie nicht verschmäht haben. Serviert wurden Sherry, Latour Blanche 1861, Château Palmer 1864, Mouton-Rothschild 1846, Romanée Conti 1858 und Portwein von 1827.

Alexandre Dumas war am 5. Dezember 1870 nahe Dieppe in der Normandie verstorben. Das Elefantenmenü hat er nicht mehr erlebt – anders als die kriegsentscheidende Niederlage in Sedan am 1. September 1870, bei der Kaiser Napoleon III. in Gefangenschaft geriet.

Auf der anderen Seite, beim preußischen Kaiser Wilhelm I., speiste man selbstverständlich französisch. Urbain Dubois (1818-1901) hieß sein Küchenchef. Gelernt hatte der junge Mann aus der Umgebung von Aix-en-Provence in den ersten Pariser Adressen seiner Zeit, bei Magny, im Café Anglais, der Maison Dorée, Very und dem Rocher du Cancale, dem Treffpunkt von Grimod de la Reynière und seiner Essens-Jury.

In den Fünfzigerjahren des 19. Jahrhunderts stand Dubois in Diensten des russischen Prinzen Orloff, als er die Einladung nach Berlin bekam. Fortan bekochte er also Kaiser Wilhelm I. mit Seezungenpastete nebst Austern, Täubchen in Krebsbutter oder Wachteln nach Art von Périgueux mehr als 20 Jahre lang, wenn auch mit einer kurzen Unterbrechung: Als der Deutsch-Französische Krieg ausbrach, tauschte er seine Küchenkluft gegen die Uniform Frankreichs, wurde verwundet und kehrte pflichtgemäß gegen finanzielle Kompensation nach Ende der Konflikte zu seinem Arbeitgeber zurück. Zeitzeuge Victor Tissot, ein Schweizer, berichtete 1876 in seiner *Voyage aux pays des milliards* von der Stellung Urbain Dubois' bei Hofe:

»Dieser Koch [...] ist eine wichtige Person, ist der wahre Minister des Inneren des mächtigen Reiches, denn wenn der Kaiser gut gegessen hat, erhalten Soldaten Urlaub, Lakaien neue Hosen und die Bischöfe im Gefängnis eine Portion Linsen. Frankreich kann stolz darauf sein, den illustren Küchenjungen, der auf den Namen Urbain Dubois hört, hervorgebracht zu haben [...] Nach dem Krieg probierte seine Majestät, deren Beziehung zum Koch erkaltet war, die deutsche Küche, doch sein Magen revoltierte gegen die Auswüchse des Patriotismus und eine Brücke aus Gold wurde zu Herrn Dubois gebaut, um ihn zu bewegen, zur Küche zurückzukehren. Der Kaiser ist nicht gierig: Er liebt einfache, aber gut gemachte Küche, die ›klassische Küche‹, und er liebt vor allem ›wirtschaftliche Küche‹. Der geniale Dubois hat einen Weg gefunden, um dieses schwierige Problem von Qualität und Preis zu lösen.«

Die »schöne Zeit«

Nach dem verlorenen Krieg fand Frankreich mitsamt seiner Gourmets und Gourmands schnell zu alter Lebensfreude zurück. *La Belle Époque*, frei übersetzt »die schöne Zeit«, heißen die Jahre von 1890 bis 1914, deren feierfreudige Zeitgenossen den Restaurants der Kapitale eine Blütezeit bescherten: Maxim's, Le Train bleu, Lucas, Ledoyen, Fouquet's, La Grande Cascade, Le Pré Catalan [...] da traf man sich auf eine Bouteille de Champagne oder mehr. Was damals auf die Tische kam, ist heute so in Vergessenheit geraten wie die überaus beliebten Lokale Larue, Chez Durant und Weber. Um die Jahrhundertwende musste es Fleisch sein. Fleisch unterschied die Reichen von den Armen, denn Erstere aßen es täglich, Letztere nur einmal pro Woche und ernährten sich sonst genau wie im Mittelalter von Suppe und Brot. Ein gewisser Protopopoff, seines Zeichens Wodka-Fabrikant, konnte während eines Abends im Maxim's problemlos eine Côte de Bœuf von vier Kilo vertilgen. Bananen eroberten langsam die Desserttische, Endivien gesellten sich zum Salat. Und die Haute Cuisine dieser Zeit? Ins Überflüssige verliebt wie die Innenarchitektur. Ein gutes Beispiel ist die Seezunge Albert aus dem Maxim's: Brotkrumen erstreckten sich über den Seezungenleib, der auf einem Bett aus Schalotten und Kräutern ruhte. Bestens mit Wermut angefeuchtet, wurde das Ganze gratiniert und warm gehalten, bis sich der Wermut fast verflüchtigte. Die Rückstände montierte man anschließend mit reichlich Butter zur Sauce auf. Nichts für Kalorienbewusste und Leute, die nach dem Essen noch arbeiten mussten.

Dumas, Rossini, Gouffé, Dubois und die großen Köche der Mitte des 19. Jahrhunderts ignorierten jedoch zwei Neuerungen, die Küche und Restaurants mehr verändern sollten als die Französische Revolution. Da war zunächst das Aufkommen der Lebensmittelindustrie: Der Deutsche Justus von Liebig entwickelte 1852 ein »Fleischinfusum«, den Vorläufer des Fleischextrakts. Hippolyte Mège-Mouriès, Apotheker aus dem französischen Draguignan, ließ 1869 die Margarine patentieren. Knorr verkaufte 1873 die ersten »Trockensuppen«. Dr. Wilhelm Haarmann und Ferdinand Tiemann synthetisierten 1874 erstmals Vanillin aus dem Rindensaft von Fichten. 1884 brachte der Schweizer Julius Maggi das erste Leguminosenmehl auf den Markt.

Alle handelten aus besten Absichten: Justus von Liebig wollte mit dem Fleischinfusum die Tochter eines Freundes retten, die keine feste Nahrung mehr zu sich nehmen konnte. Hippolyte Mège-Mouriès' Ziel war die Entwicklung eines preiswerten Butterersatzes für die Armee. Julius Maggis Wunsch war es, ein preiswertes, nährstoffreiches Nahrungsmittel zu entwickeln, das die arbeitende Bevölkerung günstig und gesund ernährte. Keiner

von ihnen kann dafür haftbar gemacht werden, dass geschäfts-
tüchtige Menschen später ihre Ideen nutzten, um industriellen
Essensersatz zu schaffen.

Im 19. Jahrhundert begannen die Menschen zu reisen. Der
Tourismus entstand. 1828 verlegte Karl Friedrich Baedeker seinen ersten Reiseführer, während ein gewisser Thomas Cook 1841
die erste Gruppenreise organisierte. Europa-Touren folgten 1855,
britische Kunden reisten mit Cook nach Brüssel, Köln, Heidel-
berg, Baden-Baden, Straßburg und Paris.

Reise-Pioniere waren die Briten, die sich schon Anfang des
19. Jahrhunderts auf der Flucht vor britischer Winterkälte an
der Côte d'Azur tummelten. Im Jahr 1823 spendierten Urlauber
den darbenden Fischern von Nizza gar einen zwei Meter breiten
Pfad, der später *Promenade des Anglais*, »Spazierweg der Engländer«, genannt wurde. Heute ist er die wichtigste Verkehrsader
der Stadt und damit um einiges breiter.

Die Eisenbahn machte Reisen auch dem gehobenen Mittel-
stand möglich. Während die 1835 eröffnete Strecke »Nürn-
berg-Fürth« noch von Pferdebahnen gezogen wurde, verkehr-
ten dampfgetriebene Eisenbahnen ab 1837 zwischen Leipzig
und Althen. Im Jahr 1885, kurz nachdem Urbain Dubois seine
Berliner Küchenschürze definitiv an den Nagel gehängt hatte,
verzeichnete man in Deutschland mehr als 39 000 Kilometer
Eisenbahnlinien. In Großbritannien waren es etwa 30 300, in
Frankreich 29 600 und in Russland mehr als 25 000 Kilometer.

Neben dem Fortbewegungsmittel benötigten die Reisenden
eine entsprechende Infrastruktur. In Wien eröffnete das Hotel
Sacher bereits 1876. Kurz nach der Jahrhundertwende verfügte
fast jede europäische Metropole über eine oder mehrere Adressen für anspruchsvolle Gäste.

Reisen waren ein Privileg. Denn trotz Hotels und Eisenbahn

fehlte der arbeitenden Bevölkerung etwas ganz Essenzielles, um zu Touristen zu werden: die Zeit. Selbstverständlich gab es damals keinen Jahresurlaub. Zwar erlaubten einzelne Betriebe schon gegen Ende des 19. Jahrhunderts drei bis sechs Tage Abwesenheit pro Jahr. In Deutschland wurde die erste tarifvertragliche Urlaubsregelung 1903 in Stuttgart und in Thüringen vom Zentralverband deutscher Brauereiarbeiter erreicht. Dessen Mitglieder durften sich fortan über drei freie Tage pro Jahr freuen. In Frankreich gewährte die erste sozialistische Regierung erst 1936 nicht weniger als 14 Tage bezahlten Urlaub!

Auf dem französischen Mont-Saint-Michel, damals eine Insel im Ärmelkanal mit einer imposanten Klosteranlage, erkannte eine Dame namens Annette Poulard (1851-1931), dass Gäste zu jeder Uhrzeit gut bewirtet werden wollten. Trotz einer Eisenbahnverbindung zwischen Paris und Granville blieben die letzten Meter mit dem Boot ein kleines, aber lohnenswertes Abenteuer. Mutter Poulard servierte ein schnelles Gericht, dessen Zubereitung sie perfekt beherrschte. Ein Omelett, zubereitet in einer langstieligen Pfanne über offener Flamme auf trockenem Holz. Ihr Pfannkuchen galt bald als der beste der Welt. Deren Große, darunter Präsident Clemenceau und König Leopold II. von Belgien, pilgerten als Touristen zur Auberge, um das Gericht zu verkosten. Scherzhaft sagte man, hungrige Esser würden sich bei unruhigem Wetter in den Ärmelkanal werfen, um Mutter Poulards gute Stube vielleicht schwimmend zu erreichen. Der Erfolg brachte etliche Neider und noch mehr Spekulationen bezüglich des Omelett-Rezepts, von denen einige im Buch *La Mère Poulard* (1932) des Dorfpfarrers Emile Couillard wiedergegeben werden. Mal hieß es, Madame würde zusätzliches Eiweiß unterrühren, dann wieder sollte ein Schuss Sahne das Geheimnis sein. »Das mit der Sahne ist Blödsinn. Wir nehmen salzige Butter und lassen sie schmelzen. Die Eier dürfen nicht kalt sein. Und das Omelett muss sanft gegart werden.« Regelrecht perplex machte sie die Vermutung mit der zusätzlichen Portion Eiweiß: »Wieso hätte ich da ganze Eigelb verschwenden sollen?«

Hauptsache prachtvoll: Diese Speisen wurden von Urbain Dubois und Emile Bernard am preußischen Hof serviert.

161. Darnes de saumon à la Royale. 162. Filet de boeuf à la gelée.
163. Jambon historié. 164. Dinde froide à la parisienne.

Lachs königlicher Art, Rind in Gelee, Schinken und kalte Pute Pariser Art präsentiert von Küchenchef Urbain Dubois.

6. Der Siegeszug des Tourismus

Es ist wirklich eine Schande: »Paris ist mit Wracks von Restaurants übersät, und viele der Lokale mit großen Namen aus der Zeit unserer Väter und Großväter sind jetzt nur ›tavernes‹ oder preiswerte ›table-d'hôte‹-Gaststätten.« Man kann es nicht leugnen, die Institutionen sind ein Problem in der Stadt an der Seine. Dabei gilt auch: »Paris ist das kulinarische Zentrum der Welt. Alle großen Missionare des guten Kochens kamen von hier, und seine *cuisine* war, ist und wird der höchste Ausdruck einer der größten Künste der Welt sein. Die meisten guten Köche kommen aus dem Süden von Frankreich, die meisten der guten Zutaten kommen aus dem Norden. Sie treffen sich in Paris [...]«

Ein Restaurantführer von Portugal bis Russland

Die beiden Briten Lieutenant Colonel Newnham-Davis (1854-1917) und Algernon Bastard, die sich so kritisch über die Pariser Restaurants ausließen, hatten sich durch ganz Europa gefuttert, um zu dieser Erkenntnis zu gelangen. Sie waren in der Bretagne und in Moskau, in Jerez, Malmö und St. Petersburg, in Bilbao, Athen und Palermo. Bevor Newnham-Davis und Algernon Bastard die einzelnen Restaurants teilweise in epischer Länge und mit nahezu kompletter Speisekarte beschrieben, widmeten sie sich der kulinarischen Szene der Länder und Städte – und schon

da ging es kritisch zur Sache: die Niederlande? »Die cuisine des
Landes, die alltägliche Nahrung der Leute des Landes ist als
Essen für den erfahrenen Gourmet nicht empfehlenswert.« Die
belgische Hauptstadt Brüssel? Sie »muss eine fröhlichere Stadt
als das Brüssel von heute gewesen sein, als es den Titel des
›kleinen Paris‹ erwarb […] Hier muss der Lucullus der Jetztzeit
in Seitenstraßen und entlegenen Ecken suchen, um die besten
Küchen und Keller zu entdecken.« Deutschland? »In den kleinen Hotels der Provinzstädte werden die Mahlzeiten zu den
Zeiten angeboten, an denen der Mittelklassedeutsche des Nor-
dens sie normalerweise einnimmt. Sie sind eine minderwertige
Kopie der Kost, die er in seinem eigenen Haus erhält.« Immerhin, auf der Iberischen Halbinsel tut sich was. In Barcelona
etwa: »Die geschäftige Kapitale von Katalonien verfügt über
bessere Restaurants als jede andere Stadt in Spanien, Hauptstadt
inbegriffen.«

Nathaniel Newnham-Davis und Algernon Bastard hatten
für ihren *Gourmet's Guide to Europe* viele, vornehmlich britische Reisende befragt und mit ihnen kulinarische Erfahrungen
ausgetauscht. Eines aber taten sie gewiss nicht: andere Gour-
met-Führer kopieren. Der Grund dafür ist einleuchtend. Es
gab keine. Der *Gourmet's Guide* erschien 1903, die Recherchen
fanden entsprechend früher statt. Der damalige Führer eines
bekannten Reifenfabrikanten führte damals noch sternelos zu
Werkstätten und Hotels für den abenteuerlustigen Automobil-
Pionier. Sicher, die meisten Lokale gibt es nicht mehr, andere
haben sich stark verändert. Doch wenn man in den mehr als
233 Seiten schmökert, gewinnt man mehr und mehr den Ein-
druck, dass Städte und Länder generationenübergreifend eine
kulinarische Prägung besitzen. Die Pariser Institutionen besuchte man schon vor 104 Jahren nur, weil sie vor Jahrzehnten

einen guten Ruf besessen hatten. In Brüssel liegen die besten Adressen nach wie vor nicht gerade an der Grand Place. Und trotz einiger britischer Seitenhiebe schien man im deutschen Sprachraum 1903 gut gegessen zu haben. In Wien etwa waren »Rostbraten und das Wiener Schnitzel weltberühmt [...] und das typische Wiener Abendessen ein gutes französisches Diner mit delikatem Brot und leichter Patisserie«. »Übernachten Sie, wo Sie wollen, aber speisen Sie im Bristol«, raten die Autoren. Das Sacher hingegen sei »sehr teuer [...] aber in seiner Küche nicht ausschließlich französisch«. In Berlin schmeckte es den beiden etwas weniger gut: »Vor 20 Jahren hatte Berlin kein Restaurant, das diesen Namen verdient hätte, jetzt selbstverständlich gibt es reichlich; in vielen Fällen jedoch scheinen auffällige Gemälde, schlechte Vergoldung und schwere Dekorationen den Geschmack eines bestimmten Publikums für minderwertiges Ambiente und mittelmäßiges Kochen zu bedienen.« In München sollte man »das Hofbräuhaus besuchen, um ein Bier, wie man es sich besser nicht wünschen könnte, zu genießen.«

Kein Verleger würde heute das Wagnis eingehen, einen Restaurantführer zu veröffentlichen, der Lokale von Jerez de la Frontera bis nach St. Petersburg bewertet. Die Tatsache, dass Newnham-Davis und Bastard sich dennoch an das enorme Unterfangen wagten und als Basis ihrer Recherche die Empfehlungen anderer Reisender nutzen konnten, zeigt, wie viele Menschen damals schon quer durch Europa reisten.

Mit teils epischen Beschreibungen der Lokale und ironischen Seitenhieben zu Landesküchen verfassten Newnham-Davis und Bastard einen Guide, der weit informativer war als der *Michelin* mit seinem klar verständlichen, aber extrem reduzierenden »Ein-, Zwei-, Drei-Sterne-System«, das erst Jahrzehnte später erscheinen sollte.

Zwar schufen André und Édouard Michelin ihren Guide schon im Jahr 1900 zur Weltausstellung. Damals freilich war er eine Werbebeigabe für die raren *Automobilistes*. Ganze 2400 Exemplare dieser Spezies gab es in Frankreich. Denen bot der Guide nützliche Informationen: Stadtpläne, Sehenswürdigkeiten, Adressen von Spezialisten, die Reifen flickten und Automobile reparierten, sowie Anschriften von Hotels und Restaurants. Erst seit dem Jahr 1920 wurde der *Michelin* zum bezahlten Druckwerk, angeblich weil André Michelin wehrlos mit ansehen musste, wie eine Truppe Mechaniker einen Stapel Guides nutzte, um eine Achse zu stützen. Die ersten Sterne wurden erst 1926 vergeben, das Drei-Sterne-System führte der Guide 1931 ein. Was würden Kunstfreunde wohl zu einem »großen Guide der Malerei« sagen, der Picasso, van Gogh, Dali, Schiele, Kandinsky, Modigliani, Warhol und da Vinci mit ein bis drei Pinseln auszeichnet?

Die Briten Newnham-Davis und Bastard ließen hingegen in ihrem *Gourmet's Guide to Europe* den Lesern das Wasser im Munde zusammenlaufen. Wer hätte nach ihrer Schilderung nicht beim großen deutschen Koch Franz Pfordte (1840-1917) einkehren wollen?

Der wunderbare Pfordte

»In Hamburg findet man Pfordtes Restaurant [...] das eine europäische Reputation hat, man bezeichnet es als das ›Paillard‹ [das zu dieser Zeit bekannteste Pariser Restaurant] von Norddeutschland. Die folgende Beschreibung des Restaurants stammt aus der Feder eines englischen Stammgasts des Hauses: [...] Pfordte ist ein Mann von kleiner Statur, aber sehr höflich und mit exzellen-

Nun muss getrunken werden... Hier wusste das knuffige Michelinmännchen noch nicht, dass es einmal zum Maskottchen eines Restaurantführers reifen sollte.

ten Manieren und keine Ausnahme von der Regel, dass kleine Männer über große Gehirne verfügen. Sein Restaurant ist *facile princeps* aller Häuser der Unterhaltung in Hamburg, wo Reichtum im Überfluss herrscht und Aufheiterung wissenschaftlich gewürdigt wird. Wer das Lokal von der Straße betritt, findet sich in einer ziemlich großen Halle wieder, wo ein respektvoller Diener in Livree prompt den Herren ihre Mäntel und den Damen ihre Verhüllung abnimmt. Auf der linken Seite gibt es eine große Falt-Tür zu drei öffentlichen Räumen *en suite*, die Blick auf die Rathausgärten bieten, sie sind mit kleinen Tischen eingerichtet – einige für zwei, manche für vier, manche für sechs Personen. Hier ist ein sehr gutes Abendessen oder Mittagessen kurzfristig erhältlich. Der Service ist überaus wichtig. Die Kellner sind Deutsche, aber sie scheinen vertraut mit jeder Sprache in der Welt zu sein. Alle Arten und Sorten Menschen haben Hamburg zu besuchen, das große Zentrum des maritimen Kommerz in Deutschland. Alle scheinen Pfordte die Bestellungen in ihrer eigene Sprache zu geben und werden verstanden. Englisch wird hier ebenso viel wie Deutsch gesprochen. Auf der rechten Seite der Eingangshalle führt eine feine Treppe in den ersten Stock, wo Räume für private Feiern jeder Anzahl sind, von zwei bis 100 Menschen. Kaum ein wichtiges öffentliches Abendessen in Hamburg findet nicht im Pfordte's statt. Die Küche ist perfekt. Die Menüs sind originell und die Weine von den besten. Wenn Sie zur richtigen Jahreszeit in Hamburg sind, vergessen Sie nicht, Pfordtes Austern, Forellen aus Gebirgsbächen, Rebhuhn mit Aprikosen oder ›Trüffel in der Serviette‹ zu bestellen. Dem oben Genannten gibt es wenig hinzuzufügen, außer dass es eine gewisse Gemütlichkeit im Pfordte's gibt, ein Gefühl der persönlichen Betreuung, das schwer zu definieren ist, aber das jeder, der dort speist, fühlt und schätzt.«

Neben diesen lobenden Worten listeten Newnham-Davis und Bastard auch Pfordtes Speisekarte auf, von Kraftbrühe Xavier über Filets von Seezungen la Joinville, Rheinlachs kalt,

Sauce Mayonnaise bis zu Rehrücken à la Conti, inklusive einer erlesenen Bordeaux-Auswahl. Kaviar gab es, Frischlingskoteletts und Saibling aus dem Königssee mit bayerischer Sauce.

Franz Pfordte war zur richtigen Zeit am richtigen Ort gewesen. Im sächsischen Delitz, Pfordtes Heimatort, wäre seine Karriere als Koch anders verlaufen. Die Hansestadt jedoch verfügte über ein zahlungsfähiges Publikum, der Handel boomte und die Infrastruktur verbesserte sich ständig.

Ausgerechnet zwei Katastrophen trugen zum Aufstieg Hamburgs bei: Während des Großen Brandes von 1842 wurde ein Drittel der Hamburger Altstadt zerstört. Der Wiederaufbau führte zu einem Wirtschaftsaufschwung. Die Cholera-Epidemie von 1892, bei der annähernd 10 000 Todesopfer zu beklagen waren, gab schließlich den Anstoß zum Aufbau eines modernen Kanalisations- und Trinkwassersystems. Ausbau und Entwicklung des Hafens prägten die Stadt, die in der zweiten Hälfte des 19. Jahrhunderts zu einem wichtigen Knotenpunkt für Auswanderer wurde. Hamburg wuchs zur führenden Handelsstadt auf dem europäischen Kontinent und zur zweitgrößten Hafenstadt Europas heran – mit einem entsprechenden Publikum, das Pfordte schon als 18-Jähriger kennenlernte. Er arbeitete zunächst im Wilkens Keller, einem Lokal, das damals seit gut 30 Jahren Hummer und Austern servierte. Während des Schleswig-Holsteinischen Krieges (1848-1851) galt es als Treffpunkt der Offiziere und der Diplomaten.

Ein knappes Jahr später, 1859, übergab Namensgeber Wilkens das Geschäft an Franz Pfordte. Der junge Koch studierte die Bücher großer französischer Berufskollegen wie Antonin Carême, Urbain Dubois und Émile Bernard. Anders als die meisten Kollegen seiner Zeit imitierte er die Vorbilder jedoch nicht blind. Pfordte adaptierte norddeutsche Regionalgerichte

wie die Hamburger Aalsuppe mit französischem Know-how
oder wandelte, schon aus Gründen der Frische, französische
Rezepte mit deutschen Zutaten ab.

Pfordte sah es als Aufgabe, seine Gäste zu Feinschmeckern
zu erziehen. »Ein schwieriges Unternehmen, besonders bei den
in kulinarischen Dingen konservativen Hamburgern«, schrieb
seine Frau Henny nach seinem Ableben.

Die Gäste kamen reichlich, nicht nur aus Hamburg, sondern
aus halb Europa. 1878 kaufte Pfordte die Häuser Ecke Rathaus-
markt und Plan und gründete ein neues Restaurant, das bald
die internationale Prominenz frequentierte.

Sein Lokal war eines der wenigen besseren Restaurants in
Deutschland, das regelmäßig in der Literatur Erwähnung fand,
etwa bei Detlev von Liliencron: »Am besten wird gegessen in
der Welt / In Hamburg, diesem edlen Beefsteakorte. / Und hier,
doch selten ohne vieles Geld, / Ganz ausgezeichnet in der Tat,
bei Pfordte.«

Zur Weltausstellung 1900 in Paris leitete Pfordte das Deutsche Restaurant. Der legendäre Wirt legte seinen deutschen
Kunden Speisekarten in Französisch vor. Nicht, um seinen Gerichten einen verbalen Ritterschlag zu verpassen, sondern weil
Französisch sowohl Sprache der Diplomatie als auch der Genießer aus aller Welt war – das damalige Publikum verstand
seine Karte, egal ob es aus England oder Russland angereist war.

Doch 1909 war Pfordtes Restaurant aus unbekannten Gründen in finanziellen Schwierigkeiten. Er bekam das Angebot, im
neu eröffneten Hotel Atlantic ein Restaurant zu eröffnen. Dort
kochte er nicht, sondern wirkte fortan als Restaurantdirektor.
Sein Küchenchef hieß Alfred Walterspiel. Riesige Buchstaben
auf dem Dachgitter des Hotels wiesen auf die kulinarische
Attraktion hin: »Atlantic – Pfordte«.

Für das neue Restaurant orientierte sich der Hamburger Wirt am Aufbau einer französischen Küchenbrigade. Solche Brigaden aus Spezialisten benötigten einen Alleskönner, der das große Ganze im Auge behielt – eine Aufgabe, die im Atlantic Pfordte und Walterspiel zufiel.

Pfordte legte großen Wert auf die Auswahl seiner Weine; Gäste attestierten ihm den besten Weinkeller Deutschlands. Die Bestecke des Atlantic waren aus Silber, Tischdecken und Servietten aus Damast. Außerdem gab es, auch das eine Neuerung, unterschiedliche Gläser für verschiedene Weine.

Carl Hau berichtete 1925, acht Jahre nach dem Ableben Pfordtes, in *Das Todesurteil* über die feinschmeckerische Herrlichkeit des Hamburger Hotels:

»Hauptthema war die weltberühmte Hamburger Küche. Der Herr Leutnant sprach seine höchste Anerkennung aus, der andere nahm sie entgegen wie einen ihm persönlich gespendeten Tribut. Ja, die Hamburger Küche, so etwas gebe es in der ganzen Welt nicht mehr; S. M. habe erst neulich geäußert, wenn er nach Hamburg komme, freue er sich wie ein Schneekönig, einmal ganz prima essen zu können. ›Apropos, Sie haben doch bei Pfordte diniert?‹ Nein, der Herr Leutnant hatte nicht bei Pfordte diniert. ›Um Gottes willen‹, entsetzte sich der Hamburger, ›da haben Sie ja das Wichtigste versäumt. Das ist, wie wenn Sie in Rom gewesen wären, ohne den Papst zu sehen. Wie kann man in Hamburg sein, ohne bei Pfordte zu essen!‹ In hilflosem Staunen ließ er seine Augen von einem zum anderen gehen und zuletzt auf mir ruhen, ich befürchtete schon, dass er auch an mich die Schicksalsfrage richten würde, ob ich bei Pfordte diniert hätte, worauf ich hätte sagen müssen, nein, ich habe im Gefängnis diniert, aber es war fast so gut wie bei Pfordte.«

Pfordtes Restaurant galt auch britischen Feinschmeckern als bestes Haus in deutschen Landen. Zur Eröffnung seines Lokals im Hamburger Hotel Atlantic wurde die ganze Saalbrigade abgelichtet.

FRANZ PFORDTES HAMBURGER AALSUPPE

Soupe d'Anguilles Hambourgeoise

Von einer Ochsenhesse und zwei Kalbshessen das Fleisch ablösen und binden. Die Knochen zerschlagen und beides mit zwei Suppenhühnern, fünf bis sechs Pfund Knochen und etwas geräuchertem rohem Schinken in einen Topf geben, mit Wasser auffüllen, aufkochen, abschäumen, leicht salzen und langsam vier Stunden kochen. Den Fond passieren und mit Mehlbutter binden. 10 Pfund gelbe Wurzeln, fünf Pfund Petersilienwurzeln, vier große Sellerieknollen, von 10 Stangen Lauch das Weiße, alles in kleine Würfel schneiden und in Kraftbrühe weich kochen.

20 Pfund frische Erbsen auspuhlen und blanchieren,
vier Pfund Johannisbeeren und zwei Pfund Himbeeren
mit etwas Zucker aufkochen, den Saft abpassieren und
mit dem klein geschnittenen Gemüse in den gebunde-
nen Fond geben. Sechs Pfund frische Birnen schälen,
in Schnitze schneiden und kochen. Vier bis fünf Pfund
Katharinenpflaumen ebenfalls kochen.

8 bis 10 Pfund mittelstarke Aale in Fischsud abkochen.
Die Suppe mit etwas Johannisbeergelee, gutem Wein-
essig, vier Glas Sherry oder Portwein abschmecken.
Der Geschmack der Suppe muss süßsauer sein.

½ Pfund Aalkräuter (Thymian, Majoran, Bohnenkraut,
Estragon, Melisse und Minth) hacken und beifügen.

．．．

Für Hamburger Aalsuppe wird kein Aal benötigt. Der Name
stammt von »allens rinkümmt«. Pfordte servierte die Suppe hier
jedoch mit Aal, was auch die französische Übersetzung recht-
fertigt. Birnen, Pflaumen, Aale, jedes für sich gekocht, werden
erst beim Servieren in die Suppe gegeben, zugleich mit Grieß-
oder Hamburger Mehlklößen, während alles Übrige vorher
hineingetan wird.

．．

Franz Pfordtes Zander mit Austern

Sandre poché aux huitres
Drei Dutzend Holsteiner Austern in Moselwein
pochieren. Zwei Zander in Stücke schneiden und in

ein mit Butter ausgestrichenes, mit Champignon-
abfällen und Petersilienwurzeln ausgestreutes Fisch-
blech ordnen und mit Fischfond, Weißwein und dem
Fond der Austern dämpfen. Auf langer Platte anrichten. Den Fond zur Hälfte einkochen, mit Mehlbutter
binden, mit zwei Eigelben, Sahne, Butter und Zitronensaft vollenden. Die Austern in die Sauce geben und
den Fisch damit soßieren.

· ·

Pfordtes Rezepte wurden 1927 von seiner Frau Henny unter dem
schlichten Titel *Pfordte – Kochrezepte* veröffentlicht. Seine Lehren wurden von Küchenchef Alfred Walterspiel (1883-1961) in
eigenen Restaurants weitergeführt.

Cäsar und Auguste erobern Europa

Auguste Escoffier (1846-1935) – der Name steht noch heute für
französische Grande Cuisine. Er entschlackte die komplizierten,
saucenlastigen und monumental präsentierten Gerichte, die viele Köche im Gefolge Carêmes entwickelt hatten. Er vereinfachte
sie, verzichtete dabei aber nicht auf essbare Dekorationselemente.
Sein *Guide Culinaire* wurde zur Pflichtlektüre für Generationen
von Köchen. Angefangen hat auch dieser Kaiser der Küche – so
zumindest bezeichnete ihn der deutsche Kaiser Wilhelm II. –
höchst bescheiden in Großmutters Küche in Villeneuve-Loubet
nahe Cannes an der Côte d'Azur. Mit 13 Jahren begann er seine
Lehre im Restaurant Français in Nizza. Die Lehrzeit beschrieb
er später ohne nähere Erläuterungen als »beschwerlich«. Tatsächlich war Escoffier auch als Erwachsener von kleiner, eher

zierlicher Gestalt. Er benötigte hohe Holzschuhe, um überhaupt kochen zu können.

Im April 1865 fing er als Küchenhelfer im Petit Moulin Rouge in Paris an, arbeitete sich zum *chef garde manger* und zum *chef saucier* hoch. Das mondäne Lokal wurde nicht nur von vermögender und adliger Klientel frequentiert. Die »kleine rote Mühle« verfügte über 30 Privatsalons und einen nicht minder privaten Eingang.

Doch der Deutsch-Französische Krieg von 1870/1871 unterbrach seine Karriere. Escoffier wurde Feldkoch und endete als Kriegsgefangener in Mainz. Dank seiner Kochkenntnisse wurde er bald vom Kursaal in Wiesbaden rekrutiert.

Zurück in Paris avancierte Escoffier zum Küchenchef des Petit Moulin Rouge, bis er im Alter von 32 Jahren schließlich sein eigenes Lokal, den Faisan doré in Cannes, eröffnete und die Verlegerstochter Delphine Daffis heiratete. Doch in seiner Schwiegerfamilie kam es zu einer Serie von tragischen Todesfällen. In kurzer Zeit verstarben Schwiegervater, Schwiegermutter und vier ihrer Kinder. Escoffier schloss den »goldenen Fasan« und ging auf Wanderschaft: Chevet in Paris, das Casino in Boulogne-sur-Mer, Maire in Paris und schließlich, 1884, das Grand Hôtel in Monte Carlo.

Dort macht Escoffier eine Bekanntschaft, die sein Leben für immer verändern sollte. Und nein, es war keine schöne Frau, sondern ein Hotelier namens César Ritz. Schnell wurden die beiden unzertrennlich. Ritz arbeitete an einem neuen Konzept: extrem teure Hotels, in denen Gästen alles geboten werden sollte, was sie sich wünschen konnten. Gute Küche gehörte selbstverständlich auch dazu.

Als Ritz zum Direktor des Savoy in London ernannt wurde, folgte ihm Escoffier.

Eigentlich hätte auf dem Gelände des Hotels nur der Generator zur Stromerzeugung für das Savoy-Theater stehen sollen. Ein gewisser Richard D'Oyly Carte führte hier seit 1881 komische Opern von Gilbert und Sullivan auf. Es war das erste öffentliche Gebäude, das permanent von elektrischem Licht erleuchtet wurde. 1889 setzte auch Cartes Hotel neue Maßstäbe: Elektrisches Licht! Elektrische Aufzüge! Fließendes warmes und kaltes Wasser auf den Zimmern! Nie zuvor gesehener Luxus, den es nur in der absoluten Oberklasse geben konnte.

Richard D'Oyly Carte kämpfte 1897 gegen Ärger mit dem Personal: Ritz und sein Oberkellner sollten Weine und Spirituosen für über 3500 Pfund unterschlagen haben, damals eine kolossale Summe. Escoffier hatte seinerseits Geschenke von Lieferanten angenommen. Beide wurden entlassen. Darüber redet man in Frankreich bis heute nicht gern. Es heißt, der Korruptionsvorwurf wäre die Antwort des Savoy auf die Gründung der Ritz-Hoteliers-Gesellschaft gewesen. Andererseits nahmen Frankreichs große Köche über Jahrzehnte Zuwendungen von Lieferanten an: Noch 1999 wurden die Küchenchefs Christian Constant, Philippe Husser, Jean-Claude Lhonneur, Manuel Martinez, Marcel Le Faou, Philippe Renard und Guy Legay, damals Küchenchef des Ritz, wegen »passiver Korruption« zu Geldstrafen verurteilt.

Ritz jedenfalls hatte seinen Pariser Prachtbau 1896 als »Summum von Eleganz, Hygiene, Effizienz und Schönheit« geplant. Der Schweizer Hotelier, der während seiner Lehre so viel Geschirr zerbrach, dass sein Chef ihm riet, schleunigst den Beruf zu wechseln, wollte den Komfort des Londoner Savoy nach Paris bringen, ihn nach Möglichkeit noch übertreffen. Der 46-jährige César verlieh dem neuen Hotel, einem ehemaligen Bankhaus an der Place Vendôme 15, in aller Bescheidenheit seinen eigenen

Namen und machte es zum modernsten seiner Zeit: Alle Zimmer wurden mit elektrischem Licht erleuchtet, später kamen sogar private Bäder hinzu. Eine Neuerung, die das Misstrauen von Oscar Wilde erregte: »Wer braucht schon ein Lavabo mit fließend Wasser [...] Ich klingele einfach, um Wasser zu bekommen, wenn ich es brauche.«

César Ritz war der festen Überzeugung, sein Haus müsse, um zahlungskräftige Herren anzulocken, besonders den Damen in ihrer Begleitung gefallen: Zusammmen mit seiner Frau erprobte er die Wirkung diverser Bademäntel auf den weiblichen Teint, um schließlich ein apricotfarbenes Modell zu wählen, das heute noch in jedem Zimmer hängt. Elektrisches Licht empfand der Hotelier ebenfalls als schädlich für die Schönheit: Im Ritz wird die Leuchtkraft der Nachttischlampen bis heute durch einen zweiten, inneren Lampenschirm aus rosa Seide abgemildert. Im Speisesaal wurde jeder zweite Stuhl mit einem kleinen Tragehaken für Handtaschen nachgerüstet.

Mit seiner Detailbesessenheit siegte César 1898 an der Place Vendôme, bereits nach wenigen Monaten war das Hotel der Liebling der gehobenen Gesellschaft: »Wohin Ritz auch geht, wir folgen ihm«, sagte der Prince of Wales. Der Zar, der Schah, der Maharadscha von Kapurthala [...] der Strom der Berühmtheiten riss nicht ab. Marcel Proust etwa empfing seine Freunde mitten in der Nacht in einem Privatsalon – sein letzter Wunsch auf dem Sterbebett war, soll dessen Haushälterin Céleste Alberet überliefert haben, »ein frisches Bier vom Ritz«.

Escoffier kehrte bald nach London zurück, wo er die Küchen des Carlton eröffnete. Neben Rezepten wie Foie gras mit Portwein, Rebhuhnsoufflé mit Trüffeln und Froschschenkel in Weißweingelee mit Paprika, die er als »Nymphenschenkel im Morgengrauen« bezeichnete, verdankt die Welt dem Autor des

Guide Culinaire auch den heutigen Eisdielenklassiker »Pfirsich Melba«. Nelly Melba war eine berühmte Cantatrice der Jahrhundertwende, bekannt für ihre Wagner-Interpretationen. Während die Dame im Covent Garden in London sang, schwappte eine wahre Melba-Mania durch die City: Melba-Frisuren, Melba-Handschuhe [...] Praktischerweise befand sich der Pfirsich schon auf Escoffiers Londoner Karte, als Pfirsich Cardinal mit Himbeercoulis. Als Melba zu Gast war, ließ Escoffier ihr Pfirsiche mit Vanillecreme und besagtem Coulis auf den Schwingen eines Schwans aus Eis servieren. Eine Hommage an Lohengrin. Exit Cardinal, Vorhang auf für Pfirsich Melba. Irgendwann verschwand der Schwan, später kamen die Pfirsiche nur noch aus der Dose.

1904 gestaltete Escoffier die Küchen für die Schiffe der deutschen Hamburg-Amerikanische Packetfahrt-Actien-Gesellschaft, kurz: Hamburg-Amerika-Linie. Zwei Jahre später, am 19.2.1906, traf er an Bord der »Amerika« Kaiser Wilhelm II., der ihn wie gesagt den »Kaiser der Küche« nannte.

Die Anekdote ist Bestandteil seiner Legende. Nicht in den legendären Bereich schaffte es die Tatsache, dass der gläubige Katholik Escoffier stets die Reste aus Savoy und Carlton einem Nonnenkloster übergab, damit sie an die Armen verteilt werden konnten.

Escoffier gehörte zu den wenigen großen Köchen, die sich auch um die Ernährung im Alltag kümmerten. Er schrieb ein Buch mit 120 Reisrezepten sowie ein Sparkochbuch zum Stockfisch: *Le riz, l'aliment le meilleur, le plus nutritif* und *La vie à bon marché*. Eine kurze Zeit lang arbeitete er mit Julius Maggi zusammen, dem Erfinder des Suppenwürfels. Laut seinem Biografen Kenneth James war die Zusammenarbeit eher auf Neugierde denn auf Profitstreben begründet.

Und nicht zuletzt hat er sich für den Berufsstand der Köche als solchen eingesetzt: Escoffier verfeinerte nicht nur die Aufgabenteilung der Brigade, sondern setzte sich gegen oft herrschende Brutalität, Beleidigungen und Trunksucht in der Küche ein. Den nicht minder häufigen Alkoholkonsum versuchte er mit Zitronen-Gersten-Wasser zu mindern, seine Schüler ermunterte er, sich gepflegt zu kleiden und zu bilden. »Seine« Hotels boten dem Personal saubere Unterkünfte, was damals nicht selbstverständlich war. Dem Westminster Technical College half er bei der Entwicklung einer Kochausbildung. Er sorgte sich um die unter Köchen verbreitete Armut, insbesondere um das Fehlen jeglicher Krankenversicherungen, und half bei der Bildung einer spezialisierten Rentenkasse, der Association Culinaire Française de Secours Mutuel.

Escoffier selbst brachte sein Handwerk keinen Reichtum. Seine Schüler Paul Thalamas, Joseph Donon und Eugène Herbodeau gelten zwar als erstklassige Köche, brachten es aber nur zu begrenztem Ruhm: Herbodeau wurde seinerseits Küchenchef im Carlton, Donon ging als Privatkoch der Millionärsfamilie Vanderbilt in die USA. Und Paul Thalamas hatte 1907 kurzzeitig den Posten des Küchenchefs im Berliner Hotel Adlon inne.

Vorbild Frankreich: Die Brigade

Schon bei Escoffier und Pfordte wurden Gerichte oder Menüs nicht von einer Person gekocht, sondern von einem Team von Spezialisten. Komplexe Arbeitsvorgänge, sprich Rezepte und Menüs, wurden »heruntergebrochen« und die diversen Bestandteile von Experten eines Fachbereichs zubereitet.

M. ESCOFFIER

Keine Uniform, keine Kochutensilien: Wie Carême stellte sich auch Auguste Escoffier als Denker vor.

Daraus entwickelte sich die Küchenbrigade, an dessen Spitze der Küchenchef steht:

1. Der Chef kocht und kreiert nicht nur, sondern hat auch soziale und organisatorische Aufgaben beim Erstellen der Menüs – über die Errechnung der Kaufpreise, das Einstellen des Küchenpersonals, die Motivation des Teams bis zur Koordination der Brigade und ihrer Arbeitszeiten.

2. Der Second vertritt den Chef in all seinen Funktionen. Viele bekannte Küchenchefs lassen heute dem Second freie Hand, während sie für die Presse posieren oder Gastspiele am anderen Ende der Welt wahrnehmen. Nur noch selten gibt es den Aboyeur, der die Bestellungen entgegennimmt und den Köchen annonciert, pardon, seinem Namen *Beller* entsprechend zuschreit. Zu Escoffiers Zeiten gehörte er zum Alltag, heute nimmt oft der Küchenchef diese Aufgabe wahr.

3. Die Chefs de Partie haben verschiedene Funktionen:
Der Saucier ist zuständig für Fonds, Bouillons und Saucen außer Fischfumet und Hollandaise sowie für Fleisch, das weder gegrillt noch gebraten wird.
Der Garde Manger kümmert sich um die Vorräte, die Kühlschränke, die Lagerung und bereitet die Zutaten vor. Auch für kalte Gerichte ist er zuständig.
Der Entremetier verantwortet Suppen, Eier, die Gemüsegarung und warme Entrées.
Der Rôtisseur bereitet das Geflügel vor, ist für Gegrilltes, Frittiertes und Gebratenes zuständig, schneidet auch die Kartoffeln für die Friture und bereitet Sauce béarnaise zu.
Der Poissonnier ist zuständig für Fische und Meeresfrüchte,

die nicht gegrillt oder frittiert werden, macht Fischfumets, Sauce hollandaise und Fischsaucen und ist auch für die Beilagen der Fische verantwortlich. In kleinen Brigaden übernimmt der Saucier seine Funktion.

Der Patissier dagegen ist verantwortlich für Süßspeisen, Sorbets, Petits Fours, aber auch für salzigen Teig, der in der Küche gebraucht werden kann.

Der Tournant oder Springer kann jeden beliebigen Posten einnehmen, zum Beispiel bei krankheitsbedingtem Ausfall eines Mitglieds der Brigade.

Der Communard bereitet das Personalessen zu. Meist übernimmt der Rôtisseur diese Funktion.

Der Commis geht den Chefs de Partie zu Hand.

Dieses System ist militärisch streng organisiert. Kein Wunder, denn dessen »Vater« Auguste Escoffier wurde angeblich durch die französische Armee zur strengen Hierarchie inspiriert. Nicht zufällig reden Köche von der Brigade und nicht zum Beispiel von einer Mannschaft, einem Team oder einem Mitarbeiterstab. Statt mit »Jawoll, Herr General« werden Befehle mit »Oui, chef« quittiert.

Montagné und seine Enzyklopädie

Escoffier gab mit dem *Guide Culinaire* Generationen von Köchen einen Leitfaden an die Hand. Prosper Montagné (1865-1948) ergänzte ihn durch ein Lexikon. Er schuf das kulinarische Lexikon par excellence: den *Larousse Gastronomique*. Larousse ist bis heute einer der reputiertesten Verlage für Lexika. Zu Montagnés Zeit war es eine kleine Sensation, dass sich ein Verlagshaus, welches mit Enzyklopädien und Schulbüchern groß geworden war, dem Thema Küche widmete.

Ursprünglich wollte der junge Prosper freilich weder einen Kochlöffel halten noch ein Küchenlexikon schreiben. Malerei und Architektur hatten es ihm angetan. Sein Vater, ein Händler aus Carcassonne, schickte ihn zur Kochlehre ins Hotel Quatre Saisons nach Toulouse. Dort richtete sich Prosper prompt ein kleines Maleratelier ein. Montagné senior war jetzt ernsthaft sauer und schickte den Jungen ins Hôtel d'Angleterre in Cauterets in den Pyrenäen. Das war um die Jahrhundertwende ein Haus der Superlative, mit 300 Zimmern, hydraulischem Aufzug sowie prominenten Gästen, darunter leibhaftige gekrönte Häupter. Besser noch: Alphonse Meillon, ehemaliger Koch des russischen Zaren, leitete die Küche und war, nebenbei erwähnt, ein Cousin von Monsieur Montagné.

In derart guter Gesellschaft entflammte Prosper für die Grande Cuisine. Ein Vierteljahrhundert lang arbeitete er mit großen Köchen, wurde »Nummer zwei« an der Seite von Prosper Salles im Hôtel de Paris in Monaco, bevor er als Küchenchef drei berühmte Pariser Häuser nacheinander leitete: den Pavillon d'Armenonville, Ledoyen und das Grand Hôtel. Er blieb bis 1907, wurde Kochbuchautor, *commissaire général* der kulinarischen Messen der Stadt Paris, schrieb Kolumnen, wobei ihm die Qualität der Zutaten und die Authentizität der Aromen wichtig war. Für die Armee schrieb er drei Kochbücher. Ähnlich wie Soyer während des Krim-Krieges wollte Montagné im Ersten Weltkrieg das Leben der Soldaten erleichtern. Er gründete eine Schule der Militärküche und konzipierte eine rollende Feldküche für die Schützengräben.

Im Jahr 1920 realisierte er den Traum vieler Köche und eröffnete ein kleines Restaurant für gerade einmal 30 Gäste.

Schnell kam das kleine Lokal mit dem einfachen Namen Prosper Montagné zu Ruhm und Ehren, große Köche wie Auguste Escoffier dinierten hier, Curnonsky, der damals größte Restaurantkritiker, schaute vorbei. Montagné war glücklich. Nicht nur war sein Restaurant erfolgreich, er hatte sich auch in eine Tänzerin aus einem Cabaret verliebt. Der 30 Jahre jüngeren Dame schenkte er ein Häuschen im westlichen Pariser Vorort Sèvres. Doch mit nur wenigen Gästen konnte Montagné kein Vermögen anhäufen. Finanzielle Schwierigkeiten zwangen ihn zur Schließung des Lokals. Mit 65 Jahren schrieb er die erste Zeile seines *opus magnum* – es ist der schon erwähnte *Larousse Gastronomique*. Escoffier soll ihm später vorgeworfen haben, allzu großzügig Rezepte aus seinem *Guide Culinaire* ausgeborgt zu haben. Freunde halfen ihm, während der jahrelangen Arbeit am *Larousse* finanziell über die Runden zu kommen. Einer bot ihm eine Stelle als kulinarischer Berater eines erfolgreichen Pariser Lokals namens La Reine Pedauque an, ein anderer stellte ihm eine Wohnung zur Verfügung. Bis zu seinem Lebensende besuchte Montagné seine Freundin in Sèvres, wo er am 22. April 1948 starb.

Zwei Jahre später gründete sein Freund René Morand, der Mann, der ihm die Wohnung überließ, den kulinarischen Club Prosper Montagné. Noch heute kümmert sich der Club um gutes Essen und Trinken gemäß der Devise des Meisters: »Gutes kann nur aus sehr Gutem entstehen.« Bäcker und Fachmetzger für Wurstwaren (*charcutiers*) erhalten vom Club das Gütesiegel »Maison de qualité«, junge Köche werden in einem Wettbewerb ausgezeichnet.

Der Anti-Escoffier

Escoffier hatte die französische Küche leicht entschlackt und behutsam modernisiert. Doch nicht jeder teilte seine Küchenideen. Jungen Köchen gab Edouard Nignon (1865-1934) gegen Ende seines Lebens ein paar Leitsätze mit auf den Weg:

»Geht nicht den ausgeschlagenen Pfad [...] studiert, sucht [...] seid kreativ.« Und: »Reist, wie ich gereist bin, und ich hätte noch mehr reisen wollen.«

Trotz seines uneingeschränkten Ja zur Kreativität – im Gegensatz zu Escoffier, der seine Küche im *Guide Culinaire* katalogisierte – wollte Nignon keine Kreativität um jeden Preis. Er mochte keine »brutalen Saucen« und »wütende Gewürze«, keine Marinaden und keine Aperitifs, die seiner Meinung nach Gift waren. Auch das einfachste Gericht, ein Pot au Feu oder ein Hammelragout, konnte ein Kunstwerk sein.

Nignon war stets ein aufmerksamer Beobachter: »Wir nehmen uns nicht mehr die Zeit zu essen [...] Wir leben mit der Uhr in der Hand: Die Mahlzeit ist kein Moment des Vergnügens mehr [...] sondern eine Verpflichtung, die wir mit flüchtiger Hatz auf uns nehmen.« Gegen Ende seines Lebens sah er aufgrund dieses Zeitmangels einen Verfall der kulinarischen Kultur kommen. Nignon musste es wissen: Schon mit neun Jahren lernte er im Restaurant Cambronne in Nantes, dann, ein Jahr später, bei Chez Monnier, dem besten Lokal der Stadt. Sein Vater war Tagelöhner, seine Mutter übte den Beruf der *Lingère* aus. Sie wechselte die Wäsche an öffentlichen Orten. Acht Kinder hatte das Paar. Gut also, dass der junge Edouard schon einem Beruf nachging. Mit Fünfzehn öffnete ein Empfehlungsschreiben seines Lehrherren ihm die Tür des heute noch existierenden Traiteurs Potel & Chabot. In der Maison

Dorée, einem der besten Lokale der französischen Hauptstadt, eignete er sich den letzten Schliff an, bevor er weiterzog:
Nignon kochte im Château de Chantilly, im Café de la Paix
und im Marivaux. Nach Wien zog es ihn 1892, ins Trianon.
Dann wieder Paris, wo er im Paillard kochte. Acht Jahre später
ging er nach Moskau, befehligte im Hotel Ermitage eine Brigade von 120 Köchen, bevor er die Direktion der Küchen des Hotel Metropole übernahm. Die russische Oktoberrevolution 1917
setzte den luxuriösen Diners der Adligen ein Ende. Viele flohen
vor der »Diktatur des Proletariats« nach Paris. Auch Nignon
kehrte nach Frankreich zurück, eröffnete das Hotel Majestic
und kaufte dann, im Alter von 43 Jahren, das Larue in Paris.
Das Lokal besaß einen guten Ruf, war aber in den vergangenen
Jahren ein wenig heruntergekommen. Doch Nignon brachte
den verlorenen Glanz zurück. Sacha Guitry, Edmond Rostand
und Marcel Proust waren seine Stammgäste. Zudem kochte er
gelegentlich im Elysée-Palast, bewirtete Minister und, während
des Ersten Weltkrieges, den amerikanischen Präsidenten Woo-
drow Wilson. Das Larue machte 1,6 Millionen Francs Umsatz
pro Jahr – eine kolossale Summe.

1919 veröffentlichte der große Koch das *Heptaméron des Gourmets* mit einem Beitrag des Poeten Guillaume Apollinaire. Ein
Sammlerstück, gedruckt in einer Auflage von 1500 Exemplaren,
wovon jedes einzelne 1000 Francs kostete. Im Jahr 1921 zog sich
Nignon in sein Schloss westlich von Rennes zurück. Das Restaurant verkaufte er an seinen Partner Célestin Duplat.

Edouard Nignon widmete sich von jetzt an dem Schreiben.
Zwei Kochbücher, *Plaisirs de la table* (1926) und *Éloges de la
cuisine française* (1933), stammen aus seiner Feder. Anders als
seine Zeitgenossen scheinen ihn dabei besonders die Bit0ertö-
ne zu faszinieren: Enzian, Kamille und Chicorée wandern in

die Gerichte. Er sah diese Zutaten als appetitanregend und ver-
dauungsfördernd, sofern sie nicht für sich allein standen, sondern sinnvoll in ein Gericht »eingewoben« waren.

Es sind solche vermeintlichen Details, die ihn von Escoffier
unterscheiden. Spezialitäten wie Hummerschwänze Villemain,
Lachsforelle à la Villars oder Rehnüsschen Comtesse folgten
der damaligen Gewohnheit, Gerichte nach hochwohlgeborenen
Herrschaften oder bedeutenden Plätzen zu benennen.

Doch noch ein Punkt unterscheidet Nignon von Escoffier.
Ersterer war Unternehmer, Letzterer Angestellter in Luxushotels.
Viele große Köche waren damals Angestellte, das Lokal gehörte
dem Restaurateur, der in Kontakt mit den Gästen stand.

Knapp 40 Jahre nach Nignon würden die Protagonisten der
Nouvelle Cuisine vorgeben, sie selbst hätten den Berufsstand
der Köche aus dem Angestelltendasein befreit. Nignon jedoch
hatte ihre Ideale, von der Selbstständigkeit bis zum Bekenntnis
zur Kreativität, bereits gelebt.

7. Die martialische Avantgarde

»Die Kunst der französischen Küche klebt leider an zehn Rezepten, die immer gleichen Gerichte, hundertfach umbenannt [...] Seit drei Jahrhunderten haben wir wenige wirklich neue Gerichte [...] Öl gemischt mit Essig ergibt eine klassische Sauce, aber Rum mit Schweinsjus ist ein häretischer Gedanke. Warum? Auch bei der Würzung sind wir unheimlich begrenzt: Wir nutzen Lorbeer, Thymian, Schnittlauch, Petersilie und Schalotten, während der Fortschritt der Chemie es uns erlauben würde, Rosen, Lilien und Maiglöckchen zu nutzen [...]«

Der Franzose Jules Maincave, der zu Beginn des 20. Jahrhunderts im Pariser Stadtteil Saint-Germain kochte, war ein Avantgardist. Er war sogar ein Avantgardist im heutigen Sinne, schließlich wollte er schon vor gut hundert Jahren die chemische Industrie zum Küchenhelfer ernennen, was wahrlich früh war angesichts dieser recht neuen Entwicklung.

Die Zeitung *L'Echo du Tiaret* lobte am Sonntag, den 15. Februar 1914, seine »Menüs von angenehmer Fantasie« und zitierte den Koch: »Nichts ist delikater als Hammelfilet in Krebsjus, Austernomelett, Kalbsnüsschen mit Absinth, Rind mit Kümmel, begleitet von mit Gruyère-Käse gefüllten Bananen, ein Heringspüree mit Himbeergelee, ein Sardinenpüree mit Camembert, eine Tomatensahne.«

Zumindest einer seiner Gäste war davon nicht überzeugt: »Wahrscheinlich haben der bescheidene Eintopf und das klassische Hammelragout noch viele Tage vor sich«, meinte der Autor des Beitrages.

Neben diesen Gerichten und seiner Zuneigung zur chemischen Industrie wissen wir wenig über Jules Maincave. Er war Feldkoch im Ersten Weltkrieg, würzte an der Front Hacksteaks mit Schnaps und Käsepüree mit Wein. Maincave starb am 20. Dezember 1916 während der Schlacht an der Somme.

Der Avantgardist machte keine Schule, seine Ideen gerieten schnell in Vergessenheit. *Le Figaro* und die *New York Times* widmeten ihm einen kleinen Nachruf – im Jahr 1921, fünf Jahre nach seinem Tod.

Die Namen seiner Rezepte wurden auch mehr als ein Jahrzehnt noch als Kuriosum publiziert, etwa in der Wochenzeitung *L'Afrique du Nord illustrée* vom 18 Juni 1927. Maincave habe »Rezepte, die ein leichtes Frösteln verursachen«, heißt es da. Der Text ist im Präsens gehalten, die Leser werden geglaubt haben, Maincave weile noch unter den Lebenden.

Maincave war ein französisches Äquivalent des Italieners Filippo Tommaso Marinetti (1876-1944). Marinetti hingegen übte nicht den Beruf des Kochs aus, er war Dichter, Autor und Politiker. Er glaubte, dass die Vergangenheit nicht beim Aufbau der Zukunft helfen könne, zumal er schon einen Mann kannte, der diese Zukunft symbolisierte: Benito Mussolini.

Der Wegbereiter der Avantgardeküche gehört zu den 119 Menschen, die am Tag der Gründung der *Fasci Italiani di Combattimento* (»Bünde der Italienischen Kämpfer«) präsent waren, unterstützte das faschistische Regime nach Kräften, kämpfte im Ersten Weltkrieg und meldete sich 1942, im Alter von 66 Jahren, nochmals freiwillig zum Kampfeinsatz. Sein bekanntestes Werk bleibt das *Futuristische Manifest*, das im Jahr 1909 in *Le Figaro* veröffentlicht wurde. Dessen Wortwahl ist martialisch:

»7. Schönheit gibt es nur noch im Kampf. Ein Werk ohne aggressiven Charakter kann kein Meisterwerk sein. Die Dichtung muss aufgefasst werden als ein heftiger Angriff auf die unbekannten Kräfte, um sie zu zwingen, sich vor dem Menschen zu beugen.

8. Wir stehen auf dem äußersten Vorgebirge der Jahrhunderte! [...] Warum sollten wir zurückblicken, wenn wir die geheimnisvollen Tore des Unmöglichen aufbrechen wollen? Zeit und Raum sind gestern gestorben. Wir leben bereits im Absoluten, denn wir haben schon die ewige, allgegenwärtige Geschwindigkeit erschaffen.

9. Wir wollen den Krieg verherrlichen – diese einzige Hygiene der Welt –, den Militarismus, den Patriotismus, die Vernichtungstat der Anarchisten, die schönen Ideen, für die man stirbt, und die Verachtung des Weibes.

10. Wir wollen die Museen, die Bibliotheken und die Akademien jeder Art zerstören und gegen den Moralismus, den Feminismus und gegen jede Feigheit kämpfen, die auf Zweckmäßigkeit und Eigennutz beruht.«

Nach diesem Lob auf den Krieg plante Marinetti im November 1930 auch die Zerstörung italienischer Esskultur und verkündete sie per Radio:

»Ich kündige euch die nächste Manifestation der futuristischen Küche zur völligen Erneuerung des italienischen Ernährungssystems an; damit soll so schnell wie möglich die Notwendigkeit ausgedrückt werden, der Rasse neue heroische und dynamische Kräfte einzuflößen. Die futuristische Küche wird von der alten Besessenheit durch Volumen und Gewicht befreit sein; einer ihrer Grundsätze wird die Abschaffung der Pasta asciutta sein. Die Pasta asciutta, so angenehm sie auch für den

Gaumen sein mag, ist ein passatistisches Gericht, weil sie schwer macht, vertiert, über ihren Nährwert täuscht, weil sie skeptisch, langsam, pessimistisch stimmt. Der Patriot bevorzugt stattdessen den Reis.«

Es war die Zeit der Weltwirtschaftskrise. Die Industrieproduktion in Italien war um ein Drittel zurückgegangen, Hunger und Entbehrungen gehörten für viele Menschen in der gesamten westlichen Welt zum Alltag. Hochkonjunktur verzeichneten nur Suppenküchen.

Am 28. Dezember 1930 veröffentlichte Marinetti in der Turiner *Gazzetta del Popolo* sein »Manifest der futuristischen Küche«. Der Tonfall erscheint vertraut:

»Der italienische Futurismus, der Vater zahlreicher Futurismen und Avantgardismen im Ausland, bleibt kein Gefangener der weltweiten Siege, die er ›in zwanzig Jahren großer künstlerisch-politischer und oft mit Blut geheiligter Schlachten‹ errungen hat, wie Benito Mussolini es formuliert hat. Mit einem Programm zur totalen Erneuerung der Küche setzt sich der italienische Futurismus erneut der Unpopularität aus [...] Wir sind überzeugt, dass in dem zu erwartenden künftigen Weltkrieg das agilste und sprungbereiteste Volk siegen wird; nachdem wir Futuristen die Weltliteratur mit den befreiten Worten und dem Simultanstil entschlackt [...] haben, setzen wir nun die Nahrung fest, die einem immer luftigeren und schnelleren Leben entspricht.«

Der Begriff Avantgarde kommt aus dem Militär und bezeichnet die Vorhut. Als authentischer Küchen-Avantgardist war Marinetti davon überzeugt, die Zukunft befände sich dort, wo er momentan stand. Daraus folgerte nicht nur er, sondern auch jeder andere Avantgardist, dass der Fortschritt quasi von einer Handvoll Menschen generiert werde, während das »gemeine Volk« diesen hinterherzutrotten habe wie eine Schafherde dem Hirten.

Marinetti sprach sich für »die Erfindung plastischer Geschmackskomplexe, deren originelle Harmonie in Form und Farbe die Augen laben und die Fantasie anregen möge«, aus, er intendierte »die Kreation von simultanen und veränderlichen Bissen, die zehn, zwanzig verschiedene Geschmacksmomente enthalten und in wenigen Augenblicken gekostet werden können«. Solche Bissen würden eine Funktion wie die »Bilder der Literatur« haben und Geschichten erzählen können.

Ähnlich wie Maincave forderte Marinetti eine Allianz zwischen Küche und chemischer Industrie: »Nehmen wir die Chemie in die Pflicht: Sie soll dem Körper schnell die notwendigen Kalorien durch Nahrungsäquivalente zuführen, unentgeltlich vom Staat verteilt, in Pulver- oder Pillenform, die eiweißartige Stoffe, synthetische Fette und Vitamine enthalten […] In allen Schichten werden die Mahlzeiten weniger werden, aber vollkommen durch die täglichen Nahrungsäquivalente. Die vollkommene Mahlzeit erfordert: 1. Eine originelle Harmonie der Tafel (Kristall, Geschirr, Dekoration) mit dem Geschmack und den Farben der Speisen. 2. Die unbedingte Originalität der Speisen.«

In Küchen sollte ein »Ozongenerator« stehen, um »Flüssigkeiten und Speisen Ozongeruch zu geben«, dazu Lampen mit ultraviolettem Licht, »um Nahrungsmittelsubstanzen aktiver« zu machen. »Elektrolyseure« sollten »Säfte und Extrakte zersetzen«, »Kolloidmühlen« Mehle, Trockenfrüchte und Gewürze »mit einem sehr hohen Verteilungsgrad« pulverisieren. »Der Einsatz dieser Geräte muss wissenschaftlich sein […] Messgeräte werden Säuren beziehungsweise Basen von Saucen aufnehmen und dazu dienen, Fehler zu korrigieren.«

Und es blieb nicht bei der Theorie. In Turin servierte die Taverna del Santo Palato, die »Taverne zum Heiligen Gaumen«, den Gästen ab 1931 Avantgardeküche nach Marinettis Grundsätzen: Die Gerichte hießen jetzt »Sonnenbrühe«, »Luftspeise«, »Fleischplastik« und »Nahrungslandschaft«. Es gab ein »Fiat Huhn«, gefüllt mit Stahlkugeln, »exaltiertes Schwein«, also Scheiben von Salami in einer heißen Espresso-Sauce mit Kölnischwasser, sowie eine »Luftspeise«. Der Esser knabberte Oliven und Fenchel mit seiner rechten Hand, während seine linke Hand verschiedene Stoffteile berührte. Zwischendurch beduftete ihn der Kellner mit Nelkenparfüm, wurden die Ohren des Gastes mit einer Mischung aus Flugzeugmotorengeräuschen und Melodien von Johann Sebastian Bach »bearbeitet«.

Der Kolumnist Jean-Claude Ribaut beschreibt die Avantgardisten der damaligen Zeit. Da wäre einmal der Schriftsteller Paul Reboux, der die Küche durch eine »Theorie der Kontraste« revolutionieren wollte. Kontrast der Temperaturen, Kontrast der Konsistenzen und Kontrast der Naturen. Konkret bedeutete das, zum Beispiel heiße Kastanien mit kaltem Fleisch zu servieren. Oder Knackiges mit Weichem aufzutischen. Oder – und das soll den »Kontrast der Naturen« darstellen – wässriges Gemüse mit mehligem Gemüse, etwa ein Maronenpüree mit rohem Sellerie.

In seinem Buch *Les Plats nouveaux* (1927) schrieb Reboux stolz, dass durch seine Neuerungen »das Prestige der Kunst unsere Gerichte verschönern wird«. Seine Innovationen wie Makrele mit Stachelbeeren, Austern mit Spinat oder Erdnuss-Soufflé waren im Vergleich zu Maincave und Marinetti geradezu konservativ, doch auch bei Reboux herrschte der Anspruch vor, die Kunst in die Küche einziehen zu lassen. Besonders hatte es ihm ein Huhn mit Karamell und Minze angetan.

Maurice des Ombiaux, ein belgischer Autor, lehnte sich 1936 stärker an die extremen Vorbilder an und lobte die »Intrasauce« aus »Apotheke und Laboratorium«, die man direkt ins Fleisch spritzte. Dagegen wurden Kritiker von den Avantgardisten stets rau abgebürstet. »Die Opposition von Handwerkern kann die Kraft von Künstlern nicht besiegen«, erklärte Marinetti.

Vielleicht waren es nicht die Handwerker, die Marinettis kulinarische Visionen letztlich in die Schranken wiesen. Die Weltwirtschaftskrise und der Zweite Weltkrieg durften das Ihrige beigetragen haben. Nach Jahren der Entbehrung wollten sich nur wenige Menschen mit magerer, rationierter Kost und Kölnischwasser abspeisen lassen.

Doch Marinettis zentrale Ideen, wie die »unbedingte Originalität«, die »zehn, zwanzig verschiedenen Geschmacksmomente«, die »originellen Farben«, das »Geschichten Erzählen«, feierten quasi in Tateinheit mit der schon von ihm und Maincave geforderten Allianz mit der Chemieindustrie einige Jahrzehnte später ein triumphales Comeback.

8. Die Mütter von Lyon

Während die Avantgardisten von der Allianz mit der allmächtigen Chemieindustrie träumten, hatte sich in der französischen Stadt Lyon ein kleines Feinschmeckerparadies gebildet: Im Norden lagen das Elsass und Lothringen mit ihrer Küche, im Süden die Provence mit Frühgemüse und Olivenöl. In der nahen Umgebung scharrte das Bresse-Geflügel und grasten Charolais-Rinder. Krebse, Hechte, Zander, Karpfen und Frösche lebten in den Seen der Umgebung.

Den kulinarischen Ruhm von Lyon begründeten eine Reihe von Köchinnen, die stets nur »Mütter« genannt wurden.

Die erste war Mère Guy, die 1759 eine Schankwirtschaft an den Ufern der Rhône eröffnete und deftiges Aalragout servierte.

Gut 100 Jahre später gab es wieder eine Mutter Guy, die Enkelin der ursprünglichen Besitzerin. Sie wurde »das Genie« gerufen, hielt von 1936 bis 1939 drei *Michelin*-Sterne und war berühmt für ihr Gratin von Krebsschwänzen, Poularde à la villageoise oder gefüllte Forelle.

Etwa gleichzeitig servierte Mutter Brigousse ihr Huhn in Essig.

Bei Mutter Bizolon (1871-1940) speisten Soldaten stets gratis. Ihr Sohn war 1915 im Ersten Weltkrieg gefallen. Edouard Herriot, der Bürgermeister von Lyon, verlieh ihr deswegen das Kreuz der Ehrenlegion.

Mutter Fillioux (1865-1925) war Hausköchin bei Gaston

Eymard, dem Direktor einer Versicherungsgesellschaft, bevor sie mit ihrem Mann ein Bistro eröffnete. Die Karte änderte sich selten, auf die Tische kamen Suppe mit Trüffeln, Hechtklöße mit Krebsbutter, Artischocken mit Foie gras und Poularde in Halbtrauer, also mit Trüffeln unter der Haut.

Elsia Blanc, genannt Mutter Blanc, wurde in den 1930er-Jahren mit zwei Sternen im *Michelin* für ihr Restaurant in Vonnas nördlich von Lyon ausgezeichnet. Ihre Gerichte wie Poularde mit Morcheln und Kalbskotelett in Sauerampfer waren berühmt. Sie ist die Großmutter des großen Kochs Georges Blanc, der natürlich immer noch in Vonnas auftischt.

Mutter Jean und Mutter Vittet widmeten sich dem rustikalen Repertoire, wie Andouillettes (Kuttelwürste) aus der Pfanne oder Schneckenpfännchen, während andere *Mères* sich der Haute Cuisine verschrieben: Marie-Louise Auteli arbeitete einst als Spülerin bei Mère Pompom. Jahrzehnte später leitete sie die Küche, servierte Ente à l'Orange oder Kalbsnieren in Madeira und war unter dem Namen Tante Paulette bekannt.

Mutter Bourgeois, Vorname Marie, hielt ebenfalls drei Sterne im *Michelin*, der Aga Khan schaute regelmäßig bei ihr vorbei, um ihre warme Pastete zu kosten.

Eine jedoch war die »Mutter aller Mütter«.

Die Frau mit der goldenen Küche

Wer der Frage nachgeht, welcher Koch denn wohl der größte des 20. Jahrhunderts war, der kommt irgendwann zu Fernand Point, der die Nouvelle-Cuisine-Elite ausbildete. Oder zu Alain Ducasse, der in Frankreich gleich zwei Restaurants mit Höchstwertungen in allen Guides betreibt. Und ein weiteres in London noch dazu. Nur eine Cuisinière wird stets übersehen: Eugénie Brazier aus Lyon (1895-1976). Zwei Top-Restaurants hat auch sie gehabt, eines in der Rue Royale 12 in Lyon, berühmt für Hechtklöße, Poularde Demi-Deuil (mit Trüffeln) und Artischocken mit Foie gras, das andere 21 Kilometer weiter auf dem Col de la Luère beim Vorort Vaugneray. Hechtklöße gab es dort ebenfalls, dazu Languste Belle Aurore, die Poularde mit Trüffeln hieß »nach Art von Mutter Brazier«. Selbst ein Lokal in New York hätte sie haben können: 1953 bot ihr die Direktion des Waldorf Astoria an, die Küchen des Hauses zu übernehmen, angeblich zum damals geradezu unvorstellbaren (und heute immer noch sehr stattlichen) Jahresgehalt von 150 000 Dollar.

Eugénie lehnte ab und blieb in Lyon, selbst als ihr ein paar Wochen später ein indischer Maharadschah eine Küche mit Töpfen aus purem Gold bot, wenn sie nur seine Privatköchin würde. So zumindest erzählt man es in Lyon.

Ihr Schüler Bernard Pacaud, heute im L'Ambroisie in Paris, schwärmt im Interview: »Bei Mutter Brazier verließ man sich stets nur auf beste Produkte, da wurde nichts gekünstelt und verfremdet.« Für Pacaud, damals ein 14-jähriges Waisenkind aus der Bretagne, war die Lehre bei Eugénie Brazier »eine tolle Zeit. Damals grillten wir noch Drosseln und Schnepfen und fertigten aus den heute in Frankreich fast ausgestorbenen *Écrevisses à pattes rouges* (Flusskrebsen) Gratins und Klöße – so viele, dass wir die Krustenpanzer an die anderen Restaurans von Lyon verkauften, damit sie Krebsbutter machen konnten. Damals haben wir noch nach Herkunft eingekauft. Poularden aus der Bresse, Tomaten aus Marmont […] Und auf dem Teller wurde nicht gemalt. Der Bluff auf dem Teller, das ganze Wortgeklingel auf der Speisekarte ist wirklich simpel. So pur wie möglich zu kochen kann schwer sein.«

Dabei begann die Karriere von Eugénie Brazier alles andere als glorreich. Lehre in einem großen Restaurant? Einem *grand chef* in die Töpfe gucken? Das gab es für Madame nicht. Eugénies Mutter starb, als sie gerade mal zehn Jahre alt war. Der Vater gab sie an eine Gastfamilie, in der das Kind kochen lernte. Wieder zehn Jahre später saß sie auf der Straße: Ihr uneheliches Kind, ein Junge namens Gaston, war den Gasteltern ein zu großer Fleck auf der bourgeoisen Reputation. Trotzdem fand Eugénie Arbeit, kochte für die Familie Milliat, die mit Nudelherstellung ein kleines Vermögen gemacht hatte. Die alte Hausköchin brachte ihr allerlei Tricks und Kniffe bei. Erst der nächste Job führte Eugénie in ein echtes Restaurant: La Mère Fillioux in der Rue Duquesne 73, wo regelmäßig der Aga Khan und reiche amerikanische Touristen einkehrten. Und Mutter Fillioux merkte schnell, dass die »Neue« ihr mindestens ebenbürtig war, es kam zu Rivalitäten, Eugénie Brazier zog weiter in die Brasserie du Dragon, dann endlich eröffnete sie ihr erstes Lokal: 15 Plätze, ein Menü mit kleinen Langusten und Mayonnaise, gebratener Taube und Erbsen nebst Karotten zu fünf Francs. Mutter Brazier war vom ersten Tag an ausgebucht, der Motorölhersteller Spidoléine verpflichtete sie für Bankette im fernen Paris. 1928 eröffnete sie ein zweites Restaurant auf dem Col, einer Bergstraße hoch über Lyon. Dort gab es zunächst kein fließend Wasser, kein Gas, keine Elektrizität. Mutter Brazier wollte, dass alles »hausgemacht« ist: Im Keller stand ein Generator, nebenan gab es eine eigene Schweinezucht. Einer ihrer Schüler trägt den später weltbekannten Namen Paul Bocuse. Bis zum 78. Lebensjahr stand Eugénie Brazier am Herd. Aus dem stämmigen Mädchen vom Lande war die Grande Dame der großen Küche geworden.

Nicht nur der Michelin, auch der größte Kritiker seiner Zeit schwärmte von den kochenden Damen.

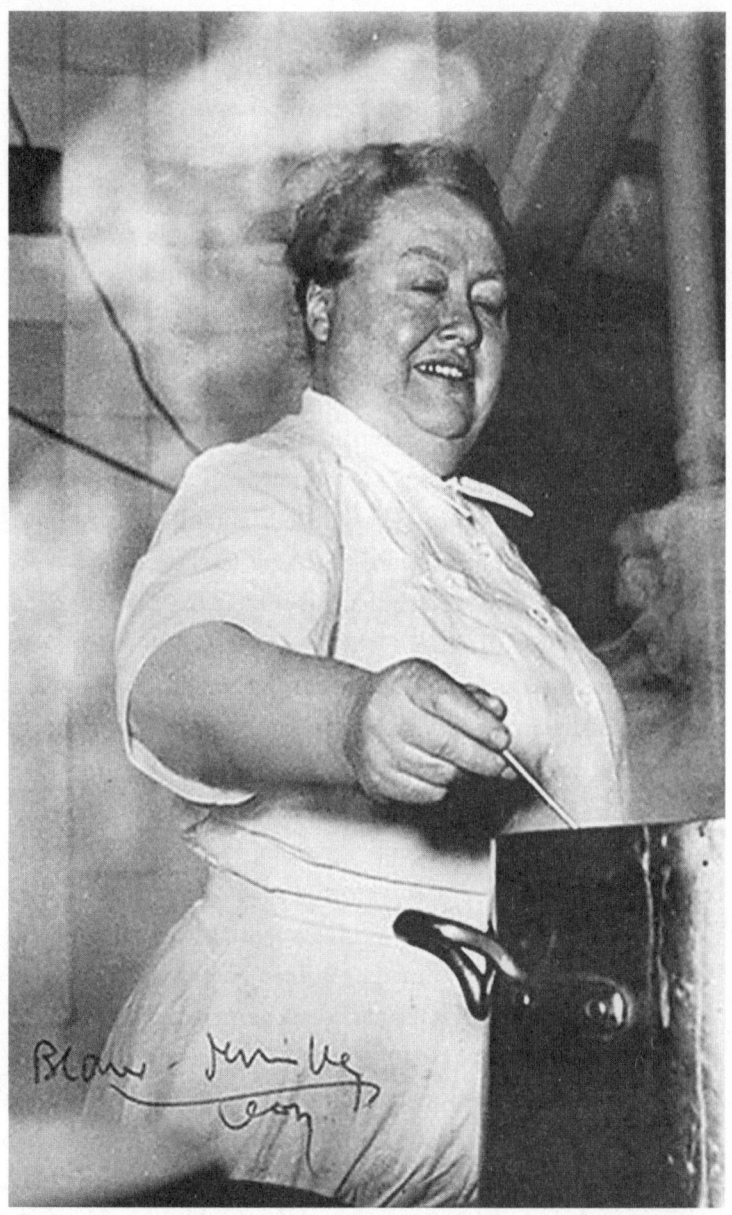

Nein, hier gibt es keine Hausmannskost. Mutter Brazier war die bedeutendste Köchin Frankreichs in der Zeit zwischen den Weltkriegen.

Der Prinz der Gastrosophen

Sein Name: Maurice-Edmond Sailland. Sein Pseudonym: Curnonsky. Sein Status: Legende. Der französische Restaurantkritiker (1872-1956) wirkte wie das reale Vorbild für das knuffige Michelinmännchen »Bibendum«. Der Satz vom »Kochen, wie der Vogel singt« stammt ebenso von ihm wie die Prinzipien der modernen Küche: »Gute Küche beruht auf guten Zutaten. Gute Zutaten bewahren ihren Eigengeschmack.« Er gründete ein Magazin zum Thema Essen und Trinken, den Vorläufer aller heutigen Formate, und schrieb die Küchenbibel *Cuisine et Vins de France* (1953).

Abseits der Gastronomie war er Theaterkritiker und Ghostwriter des Ehemanns der Schriftstellerin Colette. Curnonsky stellte Fragen wie: »Ist Kochen Kunst?« Oder: »Ist das Schreiben über Kochen Literatur?«

Der 120-Kilo-Mann war im Nebenberuf außerdem Humorist und hinterließ eine Reihe von Aphorismen: »Das Geheimnis der Gesundheit ist maßvolles Praktizieren aller Exzesse und nonchalanter Boykott jeden Sports.« Auch Köche fürchteten seine scharfe Zunge, was folgender Eintrag in einem Gästebuch beweist: »Wäre die Suppe so warm gewesen wie der Wein, der Wein so alt wie die Poularde und die Poularde so fett wie die Frau des Hauses – dann wäre dies fast ein gutes Essen gewesen.«

Ein sinnenfreudiger, aber nachdenklicher Mann, der heute noch in Frankreich und Japan einen Ruf wie Donnerhall besitzt. In Bordeaux und Paris verfügen Restaurants wie Le Grand Véfour heute noch über *Prince Cur*-Tische mit Namensplakette. *Prince Cur* ist gewissermaßen das Pseudonym des Pseudonyms.

Curnonsky stand für einfache, gute Küche, seinen sprichwörtlichen Satz vom »Kochen, wie der Vogel singt« hatte er über die Köchin Marie Chevalier geschrieben. Das Lyon der Mütter war für ihn 1934 die »kulinarische Hauptstadt der Welt«.

Den Zweiten Weltkrieg verbrachte er bei der bretonischen Köchin Mélanie Rouet, die eine Auberge bei Riec-sur-Belon in der Bretagne bekochte. Courtine, ein Schüler von Curnonsky, half später bei der Gründung der *Association des Cuisinières Restauratrices*, der »Vereinigung der Köchinnen und Restaurantbesitzerinnen«.

Die Zeit der »kochenden Mütter« endete nicht mit Mère Brazier.

Da gab es das Bistro der Grande Marcelle mit Lyoner Salat, Kalbsleber, Wurst, Kutteln und regionalen Spezialitäten ebenso wie das Chez Léa von Léa Bidaut, berühmt für Makkaroni-Gratin, Ente in Blutsauce und eine Lammkeule, die 24 Stunden in einer Mixtur aus Senf, zerdrückten Anchovis, Salbei, Basilikum und Knoblauch ruhte, bevor sie in den Ofen wanderte.

Die letzte Mutter von Lyon war Paulette Castaing, geboren am 14. März 1911 in Nîmes. Eigentlich stand ihr Restaurant in Condrieu, aber das kommt in der Region fast auf dasselbe heraus. 1946, nur ein Jahr nach dem Zweiten Weltkrieg, hatte sie mit ihrem Mann ein altes Fischerhaus mit Garten und Terrasse gekauft. Das wurde mit der Zeit immer besser, die Lyoner liebten ihre Spezialitäten auf Basis der lokalen Süßwasserfische. Forelle blau und Matrosengericht vom Aal machten sie bekannt. Die Aale stammten aus der nahen Rhône und wurden lebend eingekauft. Krebse und frittierte Seezungenstreifen dekorierten das Gericht. Ihre beiden *Michelin*-Sterne hielt Mutter Paulette von 1963 bis 1988.

Zu ihrem 100. Geburtstag 2011 kamen prominente Gäste, so auch ihr Nachbar Paul Bocuse und ihr Schüler Alain Alexanian, der sie wirklich wie eine Mutter behandelte: »Wenn man bei ihr gelernt hatte, dann konnte einem nichts mehr passieren.« Gleichzeitig bedauerte er, dass die Klassik von Mutter Paulette heute nicht mehr existierte.

Sicher, das Repertoire der »Mütter« war beschränkt. Keine fühlte sich gezwungen, jeden Tag ein neues Gericht zu kreieren. Alle Köchinnen kamen aus bescheidenen Verhältnissen, alle hatten eine harte Lehrzeit hinter sich. Doch nach Ansicht von Zeitzeugen waren ihre schlichten Restaurants die besten, die es damals gab.

Die Architektur-Küche, gelobt von Carême und vereinfacht von Escoffier, kam zumindest in Lyon aus der Mode. Zwischen den Weltkriegen wandten sich die dortigen Feinschmecker einer natürlicheren, produktbewussteren Küche zu. Das war die Stunde der Frauen.

Die Dreißigerjahre schufen, zumindest in Lyon, ein Matriarchat der Cuisine, dessen Ruf noch heute nachklingt.

Frauen raus!

Leider war dies das »letzte Aufgebot« der Spitzenköchinnen der Grande Nation.

Die Position der Frauen am Herd hatte sich während des 19. Jahrhunderts kontinuierlich verschlechtert. Laut dem Pariser Historiker Alain Drouard gab es damals zwar wesentlich mehr Frauen als Männer am Herd. Sie gehörten jedoch zum Hauspersonal, auch wenn sie teilweise hervorragend kochten. Schließlich hatten sie das Wissen ihrer Mütter geerbt. Das 19. Jahrhundert war die Epoche der *Cordon bleus*, der exzellenten Köchinnen. Und ein *Cordon bleu* ist im Französischen kein Käseschnitzel, sondern ein »blaues Band«. Noch heute lautet ein französisches Kompliment für eine gute Köchin: »Sie sind ein richtiger Cordon bleu.«

Die Köchinnen arbeiteten in Haushalten, die Männer in Restaurants. Carême, einer der allergrößten Köche, war wie die Frauen Hauskoch bei den Rothschilds. Erst in der zweiten Hälfte des 19. Jahrhunderts organisierten sich die Köche, wollten eine wirkliche Ausbildung entwickeln. Sie bezeichneten sich als »Mediziner des Magens« und praktizierten eine gewisse Frauenfeindlichkeit. Schon 1883 hieß es in der Revue *Art Culinaire*, dass Frauen keine Haute Cuisine kochen könnten. Aber Haute Cuisine war damals eine fast architekturartige Kochkunst, eher zum Anschauen als zum Essen gedacht. Kurz: Die Männer hielten sich für Künstler, die Frauen kochten rustikal.

Geschlechterübergreifend gesehen waren die ersten Schritte in der Kochausbildung nicht sehr erfolgreich. Im Jahr 1892 musste die École professionnelle de cuisine et des sciences alimentaires nach nur einem Unterrichtsjahr schließen. Die Köche weigerten sich, ihre Lehrlinge dort hinzuschicken, weil sie die günstigen Arbeitskräfte nicht verlieren wollten. Für Frauen stand laut Alain Drouard eine simple Küche mit »unseren Nationalgerichten« auf dem Lehrplan. Und das Nationalgericht *par excellence* war das Pot au Feu. Ausdrücklich war den Damen die »Hausfrauenküche« vorbehalten, die man als simplifizierte Kochkunst ansah.

Einer der größten Frauenfeinde am Herd war Philéas Gilbert (1857-1942), ein Schüler Bonvalets, der mit Escoffier am *Guide Culinaire* arbeitete.

»Einige haben gesagt, dass die Küche eine Domäne der Frauen sei«, erklärte er. »Ich gebe das zu einem gewissen Grad zu [...] denn es gibt Küche und Küche und wir sollten den Hausfrauen nicht das Pot au Feu und den traditionellen Hammeleintopf

aberkennen. Dort sollte die Mehrzahl der Köchinnen bleiben
und sich nicht anmaßen, sich in unsere Arbeit einzumischen,
die zu anstrengend für die Konstitution der Frauen und zu weit-
reichend für ihr Wissen ist und die sie nur, egal was sie tun,
sehr unvollkommen, ich würde sogar sagen schlecht imitieren
können.«

So klang Gilbert an seinen frauenfreundlichen Tagen. An
anderen empfahl er dem Gesetzgeber, den Frauen mit drakoni-
schen Gesetzen für immer den Zugang zu »unseren öffentlichen
Institutionen, den Restaurants« zu verwehren.

Mit Argumenten, die man teilweise heute noch vernehmen
kann, wurde Frauen der Zugang zur Haute Cuisine verschlos-
sen: »Das Metier ist hart, das Feuer der Öfen zu heiß. Frauen
können nicht kreieren und verstehen nichts vom Wein.« Er-
schwerend kam hinzu, dass es angeblich im Französischen keine
weibliche Form des Worts *gourmet* gibt, was allerdings nicht
ganz zutreffend ist: 1929 kreierte Madame Ettlinger, die Frau
eines *Centiste* (eines Mitglieds des Feinschmeckervereins Club
des Cent), den *Cercle des gourmettes*, nicht ohne sich über die
Frauenfeindlichkeit der Gastronomen zu beschweren.

Laut Historiker Alain Drouard verbarg sich hinter der offen-
kundigen Frauenfeindlichkeit von Gilbert und Konsorten ein
konkreter Grund: die Angst vor der Konkurrenz auf dem Ar-
beitsmarkt. Denn es gab, wie gesagt, viel mehr Köchinnen als
Köche in den bourgeoisen Haushalten.

In gewisser Weise bauten die Herren der Schöpfung die
Haute Cuisine zu ihrer Bastion aus, um sich vor weiblicher Konkurrenz zu schützen, denn wie zeitgenössische Quellen behaup-
teten, konnten Frauen niemals die hohe Kochkunst erlernen.

Dass es durchaus unter den Frauen Küchengenies gab, verrät uns die Literatur: Curnonsky schwärmte von der Küche der

Marie Chevalier. Marcel Proust setzte der Köchin Françoise und ihrem kalten Rindfleisch mit Karotten in *Auf der Suche nach der verlorenen Zeit* ein literarisches Denkmal, bezeichnete sie gar als »Michelangelo unserer Küche«.

Das Lyon der Dreißigerjahre repräsentierte einen Zustand der Gleichberechtigung, dem ausgerechnet die Nouvelle Cuisine ein Ende setzte. Diese fiel zwar mehr oder minder zeitgleich mit der Emanzipationsbewegung in Frankreich zusammen, war jedoch nicht nur eine Küchenentwicklung, sondern auch – und vielleicht vor allem – ein soziologisches Phänomen. Es kam zum gesellschaftlichen Aufstieg des Kochs, die Medien entdeckten die Köche und eine Gruppe von Anführern proklamierte Kreativität über alles – das alles wurde vermarktet durch die kommerzielle Strategie des charismatischen Paul Bocuse.

Die »Helden« der Nouvelle Cuisine heißen in Frankreich auch »die Bande von Bocuse«. Trotz des Lyoner Intermezzos blieb die große Küche eben ein Männerbund. Nicht nur militärisch organisiert, sondern oft mit einer Berufsauffassung, die einer Söldnergruppe zur Ehre gereichen würde: Kein echter Mann am Herd ließe jemals »die Brigade im Stich«, mit der Folge, dass sich Köche bis heute auch schwer krank zur Arbeit schleppten und ihre Noroviren prompt an Gäste und Kollegen weitergeben.

Für Frauen gibt es in dieser martialischen Welt keinen Platz. In den meisten europäischen Ländern gibt es mehr Ministerinnen als Spitzenköchinnen. Punktsieg für Philéas Gilbert also. Kulinarisch hat er verloren: Auch feinschmeckerisch gebildete Franzosen können heute kein Gericht des misogynen Küchenmeisters nennen. Von Mutter Brazier kennen sie dagegen mindestens zwei: die Artischockenböden mit Foie gras und das Geflügel mit Trüffeln unter der Haut.

Artischockenböden mit Foie gras

4 frische Artischocken
20 g ganze Trüffel
50 g Walnüsse
150 g Foie gras (mi-cuit)
1 Zitrone
2 Zweige Petersilie
4 Esslöffel Öl
2 Esslöffel Essig
Mesclun (Salatmischung) für 4 Personen

Stiele der Artischocken an der Tischkante mit einer
festen Kreisbewegung abreißen. Blätter abschneiden
und für andere Rezepte verwenden. Heu (Fasern) entfernen. Artischockenböden in Zitronenwasser geben.
In einen Topf mit kaltem, gesalzenem Wasser geben
und bei schwacher Hitze zehn Minuten garen. Im
Kochwasser abkühlen lassen. Trüffel in dünne Streifen
schneiden, Walnüsse und Petersilie grob hacken.
Vinaigrette aus Olivenöl, Essig, Salz und Pfeffer zubereiten. Artischockenherzen abtropfen lassen und
trocken tupfen. Mit der Vinaigrette in einer Salatschüssel mischen.
Eine Artischocke auf jedem Teller auf ein Salatbett
legen. Mit Walnüssen und Trüffelstreifen garnieren.
Mit gehackter Petersilie bestreuen. Ein kleines Stück
von der Gänsestopfleber auf den Artischockenboden
setzen und servieren.

9. KRIEGE UND WIRTSCHAFTSKRISEN

Nach dem *Gourmet's Guide to Europe* und dem *Michelin* erschien 1937 in Deutschland ein Restaurantführer, der sich an die politische Sachlage anpasste: *Gastlichkeit im neuen Deutschland* hieß das Druckwerk aus dem Düsseldorfer Droste Verlag. »Willkommen in Deutschland! Das ruft ein jedes Gasthaus in unserm herrlichen Vaterland allen Fremden und Freunden zu«, heißt es darin. Ab Seite 93 werden dann mit deutlichen Worten die »Gaststätten der Bewegung« gelobt: »Was ließ doch die Kämpfer Adolf Hitlers von Anbeginn an unüberwindlich werden? Es war der Glaube, der da Berge versetzen kann, und die Kameradschaft, geboren aus dem Geist des Schützengrabens.« Dieser Geist wurde auch in den Gaststätten gepflegt, etwa dem »Gasthof zum Blutgericht« in Königsberg. Trotz der politischen Botschaft verriet der Band in seiner Bildsprache die Diskrepanz zwischen Stammtischen und Weinstuben des Volkes und den Grandhotels einer Berliner Elite.

Die Grüße aus dem Gasthaus entfielen wenig später mit Beginn des Zweiten Weltkrieges. Gern verweist man im Hause *Michelin* darauf, dass die Alliierten ihren Weg gegen Ende des Krieges dank der Karten des Hauses fanden. Wesentlich seltener wird erwähnt, dass auch die Nazis beim Überfall auf Frankreich *Michelin*-Karten und ihre Imitationen nutzten.

Im Zuge der Kriegsvorbereitung pries die Presse die vielseitige Verwendbarkeit bodenständiger Lebensmittel: »Sie glauben gar nicht, was für neue und leckere Gerichte man gerade aus Kartoffeln machen kann«, jubelte das *Interessante Blatt* im Januar 1939. Bücher wie *Die Kartoffel in der Ernährung* lehrten, dass »die Verwendungsmöglichkeiten im Haus sehr vielseitig« seien und »dadurch der billige Preis und der hohe Nährwert in noch größerem Rahmen nutzbar gemacht werden können, ohne dass andererseits die Kost dadurch geschmacklich zu einseitig wird [...] Namentlich sollten die Hausfrauen dazu übergehen, mehr als bisher auch abends warme Kartoffelgerichte zu reichen.« Der Ruf der deutschen Gastronomie als Hort von K.u.K. (Kartoffeln und Kohl) hat im Zweiten Weltkrieg seinen Ursprung. Früher nämlich gab es, besonders in Metropolen wie München, Hamburg und Berlin, eine reichhaltige gastronomische Kultur, von der auch Chronisten aus dem Ausland berichten – siehe Nathaniel Newnham-Davis und Algernon Bastard.

Die Zeit der Ersatzprodukte

Günstige Massenverpflegung für Kriegstage war der Anfang der industriellen Ernährung unserer Zeit. Schon Napoleon III. schrieb einen Preis für den besten Butterersatz aus, den der Apotheker Hippolyte Mège-Mouriès aus Draguignan mit seiner Margarine auslöste.

Dafür gibt es einen einfachen Grund: Nicht nur Soldaten brauchen Nahrung. Fehlt es an der Heimatfront an Lebensmitteln, zum Beispiel weil die Felder nicht mehr bestellt und abgeerntet werden und die Lebensmittelindustrie unter Arbeitskräftemangel leidet, können Aufstände ausbrechen, das Volk kann sich von den Herrschenden abwenden. Das wussten selbstverständlich auch die Nazis, als sie am 27. August 1939,

vier Tage vor Kriegsbeginn, vorsorglich erstmals Lebensmittelkarten ausgaben. Im Laufe des Krieges spezialisierten sich die
Bezugsscheine, es gab zum Beispiel Reichsfett- und Reichsbrot-
karten und verschiedene Berechtigte wie werdende Mütter oder
Schwerarbeiter, denn die Versorgungslage verschärfte sich. So
erhielt ein Erwachsener 1945 pro Woche etwa 125 Gramm Fett,
250 Gramm Fleisch, 1700 Gramm Brot. Zu Kriegsanfang waren
es noch mehr als doppelt so viel Fleisch und Fett sowie 2400
Gramm Brot.

Hermann Göring versprach früh »Kanonen statt Butter« –
und hielt Wort. »Eine ein wenig unpopuläre Maßnahme, so
scheint es auf den ersten Blick«, hieß es dazu im *Völkischen
Beobachter* am 21. März 1939. »Aber nur auf den ersten [...] Ganz
abgesehen davon ist diese Maßnahme, die zur Kontingentierung
des Fettverbrauches führt, durchaus nicht unpopulär, sondern
sozialistisch im reinsten Sinne des Wortes und daher volkstüm-
lich wie kaum eine andere Regierungsanordnung sonst!«

Die allgemeine Bezugsscheinpflicht folgte am 28. August
1939 und galt für viele Lebensmittel, Seife, Kohle, Textilien
und Schuhwaren. Folgende Mengen durften pro Kopf bezogen
werden:

Fleisch und Fleischwaren: 700 Gramm pro Woche
Milcherzeugnisse, Öle, Fette: 60 Gramm pro Tag
Zucker: 280 Gramm pro Woche
Marmelade: 110 Gramm pro Woche
Graupen, Grütze, Grieß, Sago,
sonstige Nährmittel: 150 Gramm pro Woche
Kaffee und Kaffeeersatz: 63 Gramm pro Woche
Tee: 20 Gramm pro Monat
Milch: 0,2 Liter pro Tag

An fester Nahrung, also ohne Tee, Kaffee und Milch, entspricht das einer Tagesration von weniger als 240 Gramm. Damals war dies eine halbe Friedensration, nach heutigen Maßstäben ist es nicht einmal ein reichliches Mittagessen.

Brot, Roggen- und Weizenmehl konnten weiterhin frei verkauft werden. Vorsorglich waren jedoch auch die frühen Bezugsscheine bereits mit Abschnitten für Brot, Kartoffeln, Mehl und anderen Lebensmitteln bedruckt.

Die »Seite der Hausfrau« der *Wiener Illustrierten* empfahl daraufhin »dicke Kartoffelsuppe« und »heißes Käsebrötchen«. Offiziell gepriesen wurden Kartoffeln, Quark, Sauermilchkäse, Trockenmilch, Nordseefisch und Sago, notfalls auch in Rüttelreimen:

> »Frau Garnichtfaul weiß ganz genau:
> Der Mensch braucht Eiweiß zum Gedeihn.
> Drum kauft sie als vernunft'ge Frau
> Stets Quark und Sauerkäse ein.
> Auch Trockenmilch benutzt sie viel.
> Herr Roderich strahlt vor Vergnügen,
> so spart sie und kommt doch zum Ziel.
> (Würd' sowas nicht auch Ihnen liegen?)«

Frau Garnichtfaul und Herr Roderich waren Werkzeuge der Propaganda, die moralisierend und belehrend die Bevölkerung zu Brot und Wasser erzog. Doch auch solche Propagandamaßnahmen konnten spätestens seit 1942 die Versorgungslage nicht mehr verbessern.

Eigentlich hätten Sojabohnen für halb volle Mägen sorgen sollen: Fleischersatz-Produkte aus Soja wurden im Ersten Weltkrieg entwickelt. Schätzungen berichten von 11 000 verschiedenen Erzeugnissen. Die Ersatzstoffe waren nicht sonderlich populär, was Hersteller durch pathetische Namen auszugleichen versuchten, indem zum Beispiel die Hensel-Werke ihr Sojamehl unter der Marke »Vaterland« verkauften. Die Nazis förderten den Soja-Anbau systematisch. »Die Deutsche Sojabohne marschiert« titelte die *Nationalsozialistische Landpost* im Jahr 1937. Nach Kriegsbeginn wurden zuerst Soldaten und dann auch Zivilisten gegen ihren Willen zu Sojakonsumenten.

Hilfe suchte die Führung außerdem in Chemiefabriken, die Ersatzstoffe lieferten. Diese waren billig und allzeit verfügbar. Etwa Vanillin, ein Abfallprodukt der Papierherstellung. Oder Maggi-Würze »zur Geschmacksverbesserung schwacher Suppen, Saucen, Gemüse, Salate, Ragouts«. Oder Malzkaffee und Bohnenkaffee-Extrakt. »Atlantis-Limonadenpulver« sollte »anstelle von Zitronen« genutzt werden. Der Aufdruck gleicht dem heutigen Werbejargon: »Enthält reine Fruchtsäure und Aromastoffe der natürlichen Zitrone. Entspricht der Säure von ca. 4,5 Zitronen.«

In England mussten währenddessen Präsident Roosevelt und der verstorbene französische Spitzenkoch Escoffier als Kronzeugen für Eipulver herhalten.

Otto Horcher

Doch nicht jeder musste sich mit Ersatzprodukten begnügen: Ein guter Bekannter von Hermann Göring war der Berliner Gastronom Otto Horcher. Die beiden kannten sich noch aus Zeiten, als Göring gerade erst bei den Nationalsozialisten um einen Listenplatz für die Wahl buhlte. Horchers Restaurant war unter anderem berühmt für Wildgerichte.

Horcher machte Göring mit der großen Gesellschaft Berlins bekannt, der revanchierte sich in Kriegszeiten. Das Pariser Maxim's konnte Horcher noch auf Wunsch der Besitzerfamilie Vaudable verwalten.

Das Lokal Zu den drei Husaren wurde hingegen arisiert, von der gesamten Nazi-Führung frequentiert und vom Berliner Gastronomen Horcher betrieben. Ungeachtet der Versorgungslage tischte Horcher bis 1944 Delikatessen auf.

Doch die Kriegswirtschaft forderte auch hier ihren Tribut. Zwischen Goebbels und Göring entwickelte sich Streit bezüglich der Luxusrestaurants, den Göring listig führte: Horchers Restaurants wurden zu »Luftwaffenclubs« umgewidmet, und von denen gab es viele, etwa in Oslo, Belgrad und Riga.

Als Horcher 1944 bemerkte, dass dem »Tausendjährigen Reich« nur noch eine bescheidene Lebensdauer bevorstand, setzte er sich nach Madrid ab, wo er zur Franco-Zeit ein weiteres erfolgreiches Lokal betrieb und für den Diktator höchstpersönlich 1964 ein rauschendes Bankett im Retiro-Park ausrichtete. Die alte Stammkundschaft ließ Horcher auch in Madrid nicht im Stich: Einer seiner treuesten Gäste war Obersturmbannführer Otto Skorzeny, der 1943 mit der »Operation Eiche« Benito Mussolini aus seinem Gefängnis befreite und später angeblich die »Organisation der ehemaligen SS-Angehörigen« gründete, deren Existenz freilich nie bewiesen wurde. Bereits im August 1952 wurde die Nazi-Diaspora in Madrid vom amerikanischen *Time Magazine* aufgedeckt.

Gleichwohl wurden Horchers Kochkünste bis in die Siebzigerjahre hinein in deutschen Medien gelobt. Zitat: »Dies ist eigentlich ein Berliner Restaurant auf spanischem Boden […] hier spürt man den deutschen Einschlag« (aus: *Die 100 besten Restaurants in Europa* von Klaus Besser, 1976 im Ullstein Verlag erschienen).

Während Skorzeny schlemmte, herrschte für die Mehrheit der Menschen nach wie vor Lebensmittelmangel: Rationen an Brot, Fleisch, Fett, Zucker, Kartoffeln, Salz, Bohnenkaffee, Kaffee-Ersatz und echtem Tee wurden von den Alliierten festgelegt. Der Kölner Erzbischof Josef Kardinal Frings thematisierte das Entwenden von Gemüse vom Acker und das Stehlen von Briketts für den eigenen Ofen 1946 in seiner Silvesterpredigt:

»Wir leben in Zeiten, da in der Not auch der Einzelne das wird nehmen dürfen, was er zur Erhaltung seines Lebens und seiner Gesundheit notwendig hat, wenn er es auf andere Weise, durch seine Arbeit oder durch Bitten, nicht erlangen kann. Aber ich glaube, dass in vielen Fällen weit darüber hinausgegangen worden ist. Und da gibt es nur einen Weg: Unverzüglich unrechtes Gut zurückzugeben.«

Bei der Bevölkerung kam nur der erste Satz an, fortan hießen kleine Diebstähle im Rheinland »fringsen«.

In der Bundesrepublik Deutschland wurden die Lebensmittelkarten 1950 abgeschafft, in der DDR galten sie bis 1958.

Doch die Sieger lebten ebenfalls nicht auf der Sonnenseite: Auch in Frankreich waren viele Produkte bis 1949 rationiert, und die Schwarzhändler wurden reich.

10. Fresswelle und Nachkriegszeit

»Wenn ich an einem unbekannten Restaurant haltmache, schüttele ich vor der Mahlzeit immer die Hand des Küchenchefs«, pflegte Fernand Point (1897-1955) zu sagen. »Denn ich weiß, dass ich schlecht essen werde, wenn seine Hand mager ist. Und ist der Koch mager und trist, liegt das einzige Heil in der Flucht.« Bei ihm gab es einen kräftigen Händedruck. Point war buchstäblich ein großer Koch: Seine 165 Kilogramm verteilten sich auf 1,90 Meter, sein Bauchumfang soll 169 Zentimeter betragen haben. »Magnum« nannte man ihn nicht wegen seines imposanten Formats, sondern wegen seiner Angewohnheit, zum Frühstück regelmäßig eine Magnumflasche Champagner zu öffnen.

Point stammte aus der Bresse, dem Land von Flusskrebsen, Fröschen und bestens genährten Hühnern. Seinem Vater Auguste gehörte das Buffet de la Gare in Louhans, das Bahnhofsrestaurant, wo Mutter und Großmutter kochten. Ein Bahnhofsrestaurant – das klingt für Feinschmecker von heute fast schon furchterregend. Auguste freilich betrieb sein Lokal vor dem Siegeszug des Automobils. Die wohlhabende Klientel reiste per Zug, etwa an die Côte d'Azur, und stellte an ihre Bahnhofslokale hohe Ansprüche.

Point lernte solides Handwerk im Kreis der Familie, bevor er es in Paris perfektionierte, zuerst bei Foyot in Paris, dann im Hotel Bristol. Stationen im Majestic in Cannes und im Royal in Évian-les-Bains folgten. Doch während der Sohn in der Ferne

lernte, erlitt Vater Auguste einen beruflichen Fehlschlag: Die
Kette »Buffets de France« lehnte seinen Antrag auf Mitgliedschaft ab. Auguste wollte sich neu orientieren, doch ein Lokal
im nahen Lyon lag außerhalb seines finanziellen Spielraums. Die
Stadt zwischen Saône und Rhône war damals die Metropole der
Seidenweber, Gäste und Wirte verfügten über Geld in Hülle
und Fülle. Vater Point kaufte schließlich das durchaus reputierte
Restaurant von Léon Guieu in Vienne südlich von Lyon. Am
10. September 1923, dem Tag des Verkaufs, soll Guieu seiner
Familie die gute Nachricht mit folgenden Worten verkündet
haben: »Auguste Point hat das Restaurant für seinen Sohn erworben, ein junges A***, das ›neue Küche‹ machen will.«

Zwei Jahre später starb Auguste, sein Sohn benannte das Lokal in La Pyramide um, nach einer antiken Ruine in der Nähe.
Gekocht wurden Regionalgerichte. Point hatte einen guten Ruf
in der Umgebung, doch er musste erst seine Frau treffen, um
in ganz Frankreich bekannt zu werden. Marie-Louise, genannt
Mado, hatte es ihm angetan, eine Friseuse aus der Nachbarschaft. Die Hochzeitsglocken läuteten 1930. Madame Point hatte
Erfahrung im Umgang mit Kunden und einen Sinn für Stil,
Gäste beschrieben sie als charismatische Wirtin. Monsieur Point
baute um: Das Haus bekam eine Terrasse, die Küche entfernte
sich vom regionalen Repertoire. Große Küche war für Fernand
Point die hohe Kunst des Weglassens. Er selbst beschrieb das
stets in prägnanten Sätzen, von denen einige zu geflügelten
Worten wurden: »Butter, Butter, gebt mir Butter« ist wohl sein
bekanntester Ausspruch.

»Die beste Küche beruht auf den Produkten der Saison«, sagte er – heute klingt das banal, wird jedoch bei Weitem nicht
mehr überall am Herd gelebt. »Wenn der Schöpfer sich die
Mühe gemacht hat, uns diese köstlichen Dinge zu schenken,

so deshalb, dass wir sie mit Sorgfalt bereiten und in schöner Form darbieten«, erklärte er. Oder: »Die Küche ist nicht unantastbar wie ein Gesetzestext. Aber man muss sich davor hüten, die tragenden Fundamente anzugreifen.« Point schlemmte zu Hause Sauerkraut und servierte den Gästen Foie gras im Briocheteig, überbackene Flusskrebse oder Poularde »Pyramide«. Der britische Journalist Quentin Crewe besuchte Mado Point 1977 und resümierte Points Beitrag zur Küche in *Great Chefs of France* (1978) trefflich: »Was Point erstrebte, war im Grunde nichts anderes als eine Rückkehr zum Kern der Dinge. Ihm lag vor allen anderen daran, dass ein Hühnchen auf dem Teller des Gastes nach Hühnchen schmecken sollte, und zwar nach dem besten, gesündesten und vollkommensten, dem am sorgfältigst gezüchteten Hühnchen, das im besten Alter geschlachtet wurde, danach vier bis fünf Tage in den Kühlschrank wanderte und schließlich mit unendlicher Sorgfalt zubereitet wurde, wobei nichts von seinem essenziellen Geschmack verloren gegangen sein durfte […] Nichts sollte auch nur eine Minute früher geschehen als nötig. Eine von Points strengen Regeln lautete, dass ›jeden Morgen aus dem Nichts vor einem leeren Herd begonnen werden musste. Das ist cuisine!‹«

Points Eignungstest für Jungköche war die Zubereitung eines Spiegeleis. Wer den Test bestehen wollte, musste cremiges Eiweiß und ein heißes Eigelb vorweisen.

Bekannt war er für seine Art, die Gäste zu erziehen: Die große Küche wartet nicht auf den Gast, erklärte er »Zuspätkommern« zuweilen. Als ein verspäteter Gast ihn bat, ihm »irgendetwas« zu servieren, meinte Point laut Crewe nur: »Wenn es Ihnen egal ist, was Sie essen, dann ist es Ihnen auch egal, wo Sie essen.«

Rauchern pflegte er einen Kaffee und die Rechnung servieren zu lassen. Der Griff zur Zigarette zeigte ja, dass sie sich jetzt für andere Geschmacksnoten als denjenigen in Points Menüs interessierten.

Nur was die dünnen Köche betraf, warnte der Meister vor Verallgemeinerungen: »Bevor man einen mageren Mann schlecht beurteilt, muss man recherchieren: Vielleicht ist es ja ein ehemaliger Dicker?«

Neben Madame Brazier konnte noch jemand im Frankreich der Nachkriegszeit mit dem Können des großen Point mithalten: Alexandre Dumaine (1895-1974), der in der Côte d'Or in Saulieu in Burgund berühmt wurde. Gelernt hatte er im legendären Café de Paris, bevor er sich mit seiner Frau Jeanne, einer ehemaligen Journalistin von *Harper's Bazaar*, am eigenen Herd niederließ. Die Großen seiner Zeit pilgerten ins Burgund, um kalten Hasenrücken mit Sauce Poivrade, Pastete in der Teigkruste, Krebsschwänze in Blätterteig oder gegrillte Bresse-Poularde zu genießen. Dumaine bot mehr als viele seiner Kollegen, und das trifft nicht nur auf die Qualität der Gerichte zu. Neben dem Tagesgericht und der gewöhnlichen Karte gab es eine Sonderkarte für spezielle Gerichte, die Vorbereitung benötigten und vom Kunden verbindlich vorbestellt werden mussten. (Eine schöne Tradition, die sich bis in die Achtzigerjahre im Brüsseler Comme chez Soi erhalten hat).

Points Pyramide war letztendlich die Keimzelle für die Küche der kommenden Jahrzehnte. La Pyramide machte Schule – nicht nur Point selbst, sondern auch sein Mitarbeiter, Stellvertreter und Nachfolger Paul Mercier. Köche wie Alain Chapel, Paul Bocuse, Louis Outhier, Jean und Pierre Troisgros lernten bei ihm, wurden in der Pyramide Freunde und Kollegen.

Pariser Köche schafften problemlos den Sprung in die Nachkriegszeit. Schon 1952 schwärmten die amerikanischen Autoren James Beard und Alexander Watt in *Paris Cuisine* von den »Trüffeln in der Serviette« im L'Escargot, den gegrillten Sardinen im Grand Comptoir, Froschschenkeln im L'Ami Louis, flambiertem Seewolf im Relais de Porquerolles, dem Gratin vom Kaisergranat im La Pérouse und den Gerichten von immerhin 55 weiteren Restaurants. Doch Points Prominenz erreichte damals keiner der Pariser Küchenmeister.

„Um gut in Frankreich zu essen, ein Punkt, das ist alles", sagte Sacha Guitry. Punkt heißt im Französischen „Point" – gemeint war Koch Fernand Point.

Die deutsche Pute marschiert

In Sachen Bauchumfang hätten sich Ludwig Erhard und etliche Nachkriegsdeutsche mit »Magnum« Point messen können. Nach den Hungerjahren des Krieges gab es diesseits des Rheins Nachholbedarf. Die Bezugsscheine für Lebensmittel wurden erst 1950 abgeschafft. Als dann die Lebensmittelpreise fielen und die Löhne stiegen, konnte fast jeder wieder kräftig zugreifen. Noch dazu gab es nie gekannte Delikatessen, etwa Ananas aus der Dose. Exotisches schmeckte besonders gut: Verspeiste ein deutscher Vier-Personen-Haushalt im Jahr 1937 noch 314 Gramm frische Südfrüchte pro Monat, waren es 1955 beachtliche 3252 Gramm.

Seit 1955 hieß es zudem: »Heute bleibt die Küche kalt, wir gehen in den Wienerwald.« Man pilgerte in die Geflügelrestaurantkette des Friedrich Jahn. Bauch und Speckrollen brauchte niemand zu verstecken oder wegzutrainieren. Man war wieder wer – und das zeigte man auch gern.

Der Fernsehkoch Clemens Wilmenrod schaffte es 1955, die Sehnsucht nach Exotik und Kalorien in einem Rezept zu verbinden: gebutterter Toast, gekochter Schinken, Ananas aus der Dose, eine Cocktailkirsche, Schmelzkäse. Fertig war der Toast Hawaii! Kurios war er nach damaligen Verhältnissen nicht wegen der Ananas, die kannte jeder, sondern aufgrund der süßsauren Mischung. Unbekümmert griff man zur Dosenware, machte aus Tomatenmark, Dosensahne, Heringsbrocken und Banane einen »Heringssalat nach Art der bretonischen Fischer«. Die wussten ebenswo wenig von ihrer Spezialität wie die Libanesen, die Wilmenrod als Urheber des »arabischen Reiterfleisches«, eines Hackfleischgerichts, nannte. »Obwohl nur 200 Kilometer lang und 20 Kilometer breit […] leben dort mehr Spitzbuben als auf der gesamten Nordhalbkugel zusammengenommen!« So soll er vor versammeltem Publikum das angebliche Ursprungsland seiner Rezepte erklärt haben.

Wilmenrod war seiner Zeit voraus, wenn auch nicht unbedingt mit seinen Rezepten. Denn er war gar kein Koch, sondern Schauspieler, der vor seiner berühmten Kochsendung noch Carl Clemens Hahn hieß und erst dann sein Pseudonym annahm. Aber wer weiß heute noch, ob in den zahllosen Kochsendungen gerade ein Schauspieler kocht oder ein Koch schauspielert?

Das Nachrichtenmagazin *Der Spiegel* deckte 1959 mit der Titelgeschichte »Der Doppelkopf« schließlich Schockierendes auf: Wilmenrod ließ sich von Lebensmittelherstellern bezahlen! Pott Rum aus Flensburg hatte als Erster die Geldbörse geöffnet. »Während er mit Pott Werbegeschäfte machte, pries Wilmenrod den Rumtopf siebenmal in seinen Sendungen, und auch in seinen Büchern besang er ihn als Hausfreund: ›Der Rumtopf verbreitet etwas von Wärme und Treue im Hause. Wenn man mal gelegentlich in den Keller kommt, um irgendetwas höchst Profanes zu erledigen, so steht er in der Ecke, der bunte irdene Topf, als ein lieber Freund [...] Wie könnte man das dunkle Gelass verschließen, ohne ihn, den Guten, Stillen in der Ecke, begrüßt zu haben.‹«

Dann folgte ein Geflügelzüchter namens Pölts, der mit Wilmenrods Hilfe den Puter in deutsche Küchen drückte. »Der deutsche Puter marschiert« hieß es da. Auch beim Gemüse gab es kuriose Geschäfte: »Die Absatzgenossenschaften sitzen auf Bergen von Tomaten. Wilmenrod kommt gerade von einer Italienreise zurück – versehen mit vorzüglichen Tomatenrezepten – und macht nun eine entsprechende Sendung.« Für diese Kollektivwerbung habe Wilmenrod kein Honorar erhalten, dafür jedoch einen lukrativen Zusatzauftrag, indem er gegen Geld Reklamefeuilletons über Gemüserohkost schrieb.

Rezepte gegen Geld? Das war damals schockierend. Wenn sich heute »Spitzenköche« von der Zusatzstoff- und der Aromenindustrie bezahlen lassen, wird daraus keine Titelgeschichte. Hätte Clemens Wilmenrod nur die Ausrede aller Ausreden gekannt, ihm wäre etlicher Ärger erspart geblieben, vielleicht hätte er es gar zum anerkannten »Künstler« gebracht. Die Zauberworte heißen: »Alles, von der Finanzierung bis zur Dosenkost, dient allein der Steigerung meiner kulinarischen Kreativität.«

11. Die Nouvelle Cuisine

»Du wirst untergehen!«, prophezeite der etablierte Spitzenkoch Jean Delaveyne vom Camélia in Bougival seinem jungen Gesprächspartner. »Also stirb in Schönheit und koche, was dir gefällt.« Der junge Mann hieß Michel Guérard, hatte 1965, ein Jahr vor seinem Wortwechsel mit Delaveyne, ein winziges Bistro im nicht gerade schicken Pariser Vorort Asnières für 20 000 Francs auf einer Versteigerung erworben. Kaum einer der zahlungskräftigen Gäste aus der Hauptstadt fand seinen Weg ins Pot au Feu.

Der Schlankheitskoch

Überhaupt war Guérard eigentlich Patissier. Sogar ein M.O.F. – *Meilleur Ouvrier de France* (»bester Handwerker Frankreichs«) – in der Disziplin der süßen Sachen, mit guten Jobs, zuerst als Chef der Patisserie des Hôtel de Crillon, dann des Lido-Cabarets, mit sahnigen Törtchen zwischen halb nackten Damen. Mediziner hatte er werden wollen, aber die Eltern rieten ihm ab. Zum eigenen Lokal im Vorort hatten ihm auch die Eltern geraten. Jetzt schob Guérard einen stattlichen Berg Schulden vor sich her und der väterliche Freund Delaveyne sah die Pleite am Horizont.

Wäre Guérards Leben eine Hollywood-Produktion, dann wären wir jetzt schon im dritten Akt. Im ersten werden die

Charaktere eingeführt, das Geschehen eingeleitet, im zweiten kommt eine überraschende Wendung, im dritten Akt schließlich steckt unser Held in seiner tiefsten Krise. Im vierten dann muss unser Protagonist einen Weg aus dem Schlamassel finden: Natürlich hörte Guérard auf seinen Kumpel Delaveyne und begann zu kreieren. Kritiker begeisterten sich für die Salade folle mit Bohnen, Spargel und Foie gras oder simple gebratene Jakobsmuscheln. Die Pariser entdeckten das Lokal und fanden den Weg in den verruchten Vorort auf einmal *très chic*. *Nouvelle* war die *Cuisine* damals noch nicht, denn bei Guérard gab es auch schwere Kutteln in Sancerre oder Salat mit Speck und Roquefort. Die Sängerin und Nightclub-Besitzerin Regine war von der Küche derart begeistert, dass sie dem jungen Michel ihre Clubs in New York und Paris anvertraute.

Irgendwann fand eine elegante Dame mit wallendem braunem Haar ihren Weg in die Küchen, dankte Monsieur Guérard dafür, einen Lehrling aus einem ihrer Kurhotels zu unterrichten.

Wie es sich für Hollywood gehört, verliebte sich unser Held Hals über Kopf.

Christine Barthélémy und Michel Guérard wurden ein Paar. Der französische Staat baute an Ort und Stelle des Pot au Feu eine Straße und unsere Jungvermählten verließen die Hauptstadt, um im fernen Südwesten ihr Glück zu versuchen. »Mein Schwiegervater hat mir Anfang der Siebzigerjahre ein traditionsreiches Kurhotel in Eugénie-les-Bains anvertraut – unser heutiges Les Prés d'Eugénie. Seit Jahrzehnten zog es die Leute in den winzigen Ort, um dort ein paar Pfunde zu verlieren oder eine Kur zu machen. Mit dieser Tradition wollte ich nicht brechen, also habe ich angefangen, in meiner Küche mit kalorienarmer Kost zu experimentieren. Und natürlich hatte ich auch selbst ein paar Pfunde angesetzt und wollte Christine gefallen. Da hieß es abnehmen.« Butter und Sahne wurden verbannt, frischeste Produkte bestimmten die Karte, erzählt Guérard im Interview. »Genau wie ein guter Musiker auch eine Symphonie komponieren kann, wenn er auf bestimmte Noten verzichten muss, kann ein guter Koch seine Gäste auch ohne diese Zutaten glücklich machen.« Zwischen der Küche der Kurgäste und der Grande Cuisine im Restaurant entdeckte Guérard immer wieder neue Synergieeffekte. Die Nouvelle Cuisine war geboren, der vierte Akt seiner Karriere erfolgreich abgeschlossen, unser Protagonist landete als erster Koch auf dem Cover des *Time Magazine*, sein Lokal war permanent ausgebucht und überhaupt lebte er fortan glücklich, zufrieden und schlank.

Doch wenn es ein Erfolgsrezept in Leben und Küche von Michel Guérard gab, dann bestand es darin, dass er gerade in dem Moment, wo andere Kollegen die Füße hochlegten und sich in verdientem Ruhm sonnten, in sich ging, kräftig nachdachte, das Erreichte infrage stellte – und dann einen weiteren Akt schrieb. Guérard eröffnete als einer der ersten Top-Köche ein Bistro, leitete mit seiner Ferme thermale 1996 die Spa-Welle ein, die inzwischen Hotels in ganz Europa erfasst hat, eröffnete ein diskretes Zweithotel am Atlantik – und erfand ganz nebenbei seine Schlankheitsküche noch einmal:

»Seit 1976 berate ich die Firma Nestlé. Dabei habe ich nicht nur Rat erteilt, sondern in den Labors auch viel über Nahrungsmittel und Nährstoffe gelernt. Die neue Form ›Cuisine Minceur active‹ ist ausgewogener und trägt den Kenntnissen der Ernährungswissenschaftler Rechnung. Früher habe ich nur gekocht, jetzt setze ich mich mit Begriffen wie ›Ballaststoffen‹ und ‹Kalziumgehalt‹ auseinander. Es gibt jetzt mehr vegetarische Gerichte, dazu proteinreiche Saucen, die ich mit einer speziellen kalziumhaltigen Milch aufpeppe, damit meine Gäste nicht zu viel Muskelmasse verlieren. Lachs, Thunfisch, Sardinen und Makrelen sorgen für Omega-3-Fettsäuren. Nur gekocht wird nach wie vor mit dem guten Thermalwasser aus Eugénie-les-Bains.«

Selbst als die Küchenhelden der Nouvelle-Cuisine-Zeit ihre Töpfe und Kasserollen an den Nachwuchs abgegeben hatten, blieb Guérard aktiv. Bei Troisgros kochen Sohn und Enkel, bei Pic die Tochter, beim (früh verstorbenen) Alain Chapel wirkte ein Musterschüler, Louis Outhier mit seinem Restaurant L'Oasis ging in Rente – und Bocuse grüßt als Wachsfigur am Entrée.

Doch Michel Guérard weigerte sich meist, mehr als zwei seiner Klassiker auf die Karte zu setzen.

· ·

Rezept von Michel Guérard

Entenhalicot mit Endivien und Orangen
Für 10 Personen

Endivien	10
Entenfleisch	300 g
Frischer Ingwer, gerieben	3 g
Wasserkastanien (Würfel)	15 g
Schalotten	2
Olivenöl	1 Esslöffel
Weißwein	2 Esslöffel
Austernsauce	1 Esslöffel
Sojasauce	1 Esslöffel
Confierte Zitrone (gewürfelt)	10 g
Frischer, gehackter Koriander	10 g
Gekochter Bulgur	600 g
Zuckerschoten	120 g

(oder gleiche Menge grüner Bohnen)
Viertel von geschälter Orange 5
Fruktose 1 Teelöffel Sauce
Orangensaft 120 g
Fruktose 6 g
Hühnerbouillon 30 cl
(mit einem halben Teelöffel Kartoffelstärke eindicken)

1. Bulgur in leicht gesalzenem Wasser einer Thermalquelle kochen (etwa 1 Stunde und 30 Minuten).
2. Während ungefähr einer Stunde die Endivien in Salzwasser mit etwas Zitronensaft und einem Teelöffel Fruktose kochen. Auf einem Gitter abtropfen lassen.
3. Im Wok mit etwas Olivenöl das gehackte Entenfleisch etwa eine Minute garen. Mit Holzspachtel umrühren.
4. Ingwer, Wasserkastanien, Schalotten und confierte Zitrone hinzufügen. Eine weitere Minute erhitzen, Koriander hinzufügen, Weißwein, Sojasauce und Austernsauce hinzugeben. Bulgur hinzufügen, abschmecken.
5. Die Endivien der Länge nach teilen, mit der Mischung von Bulgur und Entenhackfleisch füllen und mit einer Endivienhälfte bedecken. Warm stellen.
6. In einer Kasserolle den Orangensaft und die Fruktose aufkochen, bis die Mischung sirupartig und kastanienbraun wird, dann die Hühnerbouillon hinzufügen. Abschmecken.
7. Ins Zentrum des Tellers eine gefüllte Endivie legen. Etwas Sauce hinzufügen. Mit Zuckerschoten, Orangen und rosa Linsen dekorieren.

Mit leichter Küche wurde er bekannt und war später auch als Winzer mit dem Tursan Château de Bachen erfolgreich.

Als Gault Millau traf

Guérard war der »nouvellste« Koch der Nouvelle Cuisine, doch das Konzept an und für sich stammte von den Journalisten Henri Gault und Christian Millau: Die beiden Kollegen von *Paris Presse* hatten sich zunächst mit den *Guides Julliard* einen Namen erschrieben, die im selben Verlag wie die Bücher von Françoise Sagan erschienen:

Dieser Restaurantführer war frisch, wortgewaltig, benotete Köche wie französische Schüler mit Noten zwischen 0 und 20 und schreckte vor teils harter Kritik nicht zurück. Hier wurde nicht mehr »gekocht, wie der Vogel singt«, hier hagelte es Schelte, Wortspiele und manchmal Häme.

In der Ausgabe von 1970 heißt es zum Lokal Au Mouton de Panurge: »Gehässiges Lachen, Gardegesänge und unnachahmliche Obszönitäten gehören zu unserem Kulturerbe. Schon deshalb ist es wichtig, dass Ihre Kinder diesen Ort kennenlernen.«

Und zur Rôtisserie Périgourdine: »Wir werden über dieses Lokal nie wieder schlecht reden: Dies ist das schlechteste Restaurant von Paris, dies ist das schlechteste Restaurant von Paris […] Dies ist das schlechteste […] Dies ist […] dies ist das beste Lokal von Paris, dies ist das beste Lokal von Paris […]«

Das Lokal bekam die Note: 4/20.

Nicht wirklich gut gegessen hatten die Autoren auch im La Méditerranée in der Pariser Place de l'Odéon: »Die Teppiche sind immer noch verdreckt, der Fisch im Kühlschrank vergessen, Schokoladenmousse wird mit Stärkemehl vollgestopft.«

Mit dem eigenen Guide kam dann der große Erfolg, der Gault und Millau bis ins ferne Amerika auf die Titelseiten der Wochenzeitungen katapultierte. Der *Michelin*, so hieß es, sei das »alte Testament«, der *Gault-Millau* das neue. Nebenbei soll dieses alte kulinarische Testament sogar einem Koch das Leben gekostet haben: Alain Zick vom Relais de Porquerolles in der Rue Eperon 12 in Paris hatte zwei Sterne und verübte nach einer Abwertung im Jahr 1966 Selbstmord. Sein Bruder Remy nannte gegenüber den Journalisten des *New Yorker* ausdrücklich den Sterneverlust als Ursache.

Im Jahr 1973 gelang Gault und Millau ein weiterer großer Wurf. In ihrem Magazin veröffentlichten sie die »zehn Gebote der Nouvelle Cuisine«, als da wären:

Du sollst nicht zu stark garen.
Du nutzt gute, frische Zutaten.
Du kürzt deine Karte.

Du seist nicht systematisch Modernist.

Du suchst dennoch danach, was dir neue Techniken
bringen können.

Du vermeidest das Marinieren, das Abhängen und die
Gärung.

Du entsorgst reichhaltige Saucen.

Du ignorierst die Ernährungslehre nicht.

Du verfälschst die Präsentation (der Gerichte) nicht.

Du seist erfinderisch.

Wahrscheinlich war die Nouvelle Cuisine eine Hommage an
die Nouvelle Vague der französischen Cineasten der Fünfzigerjahre. So zumindest erzählt es Paul Bocuse und lästert, die beiden Autoren hätten sich erst ein paar Jahre zuvor bei ihm mit
grünen Bohnen al dente, Olivenöl und Zwiebeln »kulinarisch
entjungfern« lassen.

Ein Teil der Gebote wurde von den Köchen eher wie ein
Menü aufgefasst. Man kann sie auswählen, muss sie aber nicht
alle haben. Ernährungslehre? Man speist doch im Restaurant,
um zu feiern, leichtere Gerichte lassen sich im Übrigen auch
durch kleinere Portionen erreichen, die ja auch Geld sparen.
Präsentationen nicht verfälschen? Die Saucenmaler und Zucker-
drechsler, die noch einen Schnittlauchhalm himmelwärts
drapieren konnten, verfälschten die Präsentation zweimal am
Tag.

Das Gebot, erfinderisch (*inventif* in der Originalfassung,
nicht *créatif*) sein zu müssen, wurde zur Ausrede, jedes neue
Gericht zur einmaligen Schöpfung zu (v-)erklären.

Und dennoch: Kritiker und Köche hatten sich – wieder einmal – der Strategie von Menon und Marin bemächtigt, um
sich gegenseitig ins Gespräch zu bringen: Es gibt eine neue

Küche, diese neue Küche ist der alten überlegen, kreativer, auf der Ernährungslehre aufgebaut und, dank des Verbots der Verfälschung, dieses Mal sogar ehrlicher.

Die Lehre von der Nouvelle Cuisine traf auf ein Publikum, das die alte nie erlebt hatte. In Frankreich herrschten die *Trente Glorieuses*, die dreißig glorreichen Jahre, mit scheinbar nicht zu bremsendem Wirtschaftswachstum. Das eigene Auto, der Urlaub im Süden, der Besuch im Spitzenrestaurant, alles schien möglich. Die neuen Kunden holten sich ihre Restauranttipps bei Gault und Millau, zwei Leuten im selben Alter wie die neuen Gäste, kulinarisch erfahren und, besonders im Falle von Millau, charismatisch und eloquent.

Außerdem hatte die »neue Küche« potente Fürsprecher. Der wortgewaltigste von allen war natürlich Paul Bocuse (*1926).

Monsieur Paul

Er hat das Bild der Köche geprägt. Die Pose des *Grand Chef* mit den verschränkten Armen und der hohen Kochmütze? Das ist er. Der Koch als Unternehmer, der seine Ideen bis nach Amerika und Tokio exportiert? Wieder er: Paul Bocuse. 85 Jahre wurde *le Chef* am 11. Februar 2011. Mehr als 40 davon hat er die Titelseiten der Welt geschmückt, hat uns mit seinem unnachahmlichen Humor begleitet: Ob Paul und Georges Duboeuf, wie sie im Weinberg Cola trinken, oder das täuschend echt nachgestellte Abendmahl mit Chapel, Vergé, Guérard als Apostel und Bocuse selbst als Erlöser. Oder Paul während einer Überschwemmung mit dem Surfbrett vor seinem Restaurant. Alles erreicht hat er ohnehin: Drei Sterne im *Michelin*, etliche Zweitlokale in Form diverser Bistros, ein Kochwettbewerb, der schon zu

Lebzeiten »goldener Bocuse« heißt, Kochbücher mit Bestseller-auflagen. Außerdem war er einer der Gründungsmitglieder der Köche-Organisation Euro-Toques.

Kein Zweifel, Paul Bocuse ist eine Legende, ein Phänomen, nein: eine Ikone, die Inkarnation der *cuisine française*. Urgestein. Einer, der selbst am Anfang noch mit Kohleöfen kochte und über die letzten 65 Jahre Fortschritt staunt. »Du willst 180 Grad – bitte sehr, auf das Grad präzise.«

Er war der erste Rockstar unter den Küchenchefs. Einer, der in seiner Biografie *Le feu sacré* unumwunden zugibt, permanent mit mindestens drei Frauen zusammengelebt zu haben, und dabei die Gelegenheit nutzt, uns seinen unehelichen Sohn Jérôme vorzustellen.

In Lyon gibt es sogar Gerüchte, er hätte sieben Mätressen gehabt, zumindest erzählt das der Inhaber eines Schlüsseldienstes jedem, der es nicht unbedingt wissen möchte. Monsieur Paul hätte für alle sieben Damen Apartments gemietet und verfügte über einen Generalschlüssel, der natürlich rein zufällig auch seine eigene Wohnungstür öffnete. In Frankreich gelten solche Gerüchte normalerweise eher als Kompliment denn als üble Nachrede.

Übervater der Berufsgruppe der Köche war er auch. Mit seinem Sinn für Kommunikation hat Paul Bocuse dazu beigetragen, dass die Gäste heute die Namen der Köche kennen, nicht die der Restaurantbesitzer und der Maître d'Hôtels. »Ich nehme nichts für mich in Anspruch, außer, den Köchen ihren Namen und ihre Restaurants wiedergegeben zu haben«, sagt Bocuse selbst und scherzt: »Natürlich habe ich dazu beigetragen, dass die Köche die Küche verlassen. Jetzt kommt es darauf an, dass sie auch mal drinbleiben« (zitiert nach Anthony Blake, Quentin Crewe: *Great Chefs of France*, 1978).

Ein wenig scheint er sich heute noch über den eigenen Erfolg zu wundern: »Verglichen mit Michel Guérard oder Roger Vergé ist Paul Bocuse nicht am besten platziert, um die französische Küche zu inkarnieren«, heißt es in seiner Biografie. Doch Paul sprach immer – und ganz natürlich – im Namen aller und war schon ein Meister der PR, als »Public Relations« höchstens bei Waschmittelkonzernen, nicht aber bei Köchen existierte. Mal ließ er in einer Lokalzeitung Rezepte wie »Lammkeule nach Straßenarbeiterart« publizieren: Lamm 35 Minuten in den heißen Teer hängen und bei Tisch aus der Kruste befreien. Mal benannte er eine Straße in Lyon nach einem Restaurant, lud sämtliche Journalisten ein und hielt dann selbst die Festrede. Der Bürgermeister, der in keiner Weise über die neue »Rue Leon de Lyon« unterrichtet war, hatte sich angeblich verspätet.

Doch die »Marke Bocuse« wurde nicht nur auf solchen Späßen gebaut. *Le Chef* verstand es stets, sich in Szene zu setzen: 1977 etwa wurde ihm vom Unternehmen Bragard eine Kochjacke aus ägyptischer Baumwolle buchstäblich auf den Leib geschneidert, komplett mit Namenszug auf der Brust. Letzterer hat sich inzwischen grenzübergreifend durchgesetzt. Seine Kochmützen waren größer als die anderen damaligen Modelle und ließen ihn um fast einen halben Meter »wachsen«.

Seine erste Reise nach Amerika war noch eine Herausforderung: Damals, Mitte der Sechzigerjahre, reisten er und sein Team jeweils mit einer halben Tonne Material durch Amerika. Gut 15 Jahre später eröffneten sie gar ein Restaurant in Disneyland.

Da war der Name Bocuse längst eine Marke in den »Daimaru«-Shoppingtempeln in Japan, die seit 1976 mit »Bocuse Weinen«, Marmeladen und Essigen handelten.

Mit den Multi-Aktivitäten kam die Frage auf, wer bei Bocuse eigentlich koche. »Dieselben, die kochen, wenn ich da bin«, pflegte er zu sagen. Die vollständige Abnabelung eines Chefs von seinem Restaurant war damals neu, für einige Gäste auch schockierend. In gewisser Weise hat er damit anderen Köchen wie Alain Ducasse den Weg bereitet. Glorie, Grandeur und Größenwahn lagen bei Monsieur Paul immer nahe beieinander: Seine »Auberge« ist in den Signalfarben Rot und Grün gehalten, über und über mit Kitsch und Tralala in Trompe-l'œil »verschönert«. Eine gemalte Ahnengalerie der französischen Küche – Fernand Point, Mère Brazier und viele andere – wird von Literaturkritiker Bernard Pivot erläutert. Innen gibt es eine überbordende Bilderkollektion mit allen Großen dieser Welt. All das war sorgfältig geplant, denn Bocuse vertraute auf die Macht der Bilder: Seine Freunde Dominique und Alain Vavro, Grafiker und Künstler, statteten sein Restaurant Mitte der Achtzigerjahre mit einer visuellen Identität aus.

Paul war der *Grand Chef* für Frankreichs Gesellschaft, aber immer auch der gute Kumpel. François Mitterrand meinte einmal zu ihm, mit Anspielung auf die Trüffelsuppe »Giscard d'Estaing«: »Bitte servieren Sie mir nie Wachteln ›große Koalition‹.«

Am 30. Oktober 2000 bekamen auch sämtliche deutschen Köche der Extraklasse Post vom Mann aus Lyon. Sie wurden nach Paris gebeten, zum Abschied von *Michelin*-Direktor Bernard Naegellen. Bocuses Idee: Die Köche Europas sollten ihrem ehemaligen Tester eine Kochjacke mit ihren Autogrammen schenken. Dies sei eine Geste der »Dankbarkeit und Freundschaft«.

Nur eines ist Bocuse entgegen eines weitverbreiteten Missverständnisses nicht und will es auch gar nicht sein: der Prophet der Nouvelle Cuisine.

Paul war im Grunde stets konservativ: Sein Großvater Joseph war Koch. Weil Großmutter Maria, so erzählte man in Lyon, den Gästen wohl ein wenig zu gut gefiel, wurde Joseph eifersüchtig und verkaufte nicht nur das Lokal, sondern sogar den Familiennamen an einen Monsieur Borisoff aus Russland. Auch Vater Georges war Koch, seine Mutter stammte aus einer Gastronomenfamilie. Geboren wurde Paul über der Gaststube, dieses Zimmer nutzt er noch heute. Auf die Frage eines Restaurantkritikers, was er im Laufe der Jahrzehnte hier verändert hätte, antwortete Bocuse lakonisch, er hätte die Bettwäsche neu bezogen.

Die ersten Versuche in der Küche unternimmt er 1942 in einem Lyoner Restaurant. Es herrschte Krieg, eingekauft wurde auf dem Schwarzmarkt. Zwei Jahre später kämpfte er selbst im Elsass, wurde von einer deutschen Kugel schwer verwundet. In einem amerikanischen Lazarett retteten die Ärzte sein Leben mit Transfusionen. »In meinen Adern fließt amerikanisches Blut«, kommentierte er. Kurz nach dem Krieg machte er in Paris auf dem Schwarzmarkt Geschäfte, frequentierte das Nachtleben der Hauptstadt und ließ sich einen gallischen Hahn auf die Schulter tätowieren.

Mit 23 Jahren fand er den Weg zurück in die Küche, arbeitete bei Mutter Brazier in Lyon, bei Fernand Point in Vienne und schließlich im Luxuslokal Lucas Carton in Paris. Bei Mutter Brazier waren die Tage lang: Von fünf Uhr morgens bis 23 Uhr wurde gearbeitet – nicht nur gekocht, das wäre zu wenig. Bei Muttern gab es Kühe zu melken, einen Gemüsegarten zu bestellen und natürlich mussten die jungen Köche auch die Wäsche waschen. Bocuse verehrte seinen Lehrmeister Point, sagt, er sei sein Mentor, sein Pygmalion, ein wahrhaft großer Mann gewesen. Im Lucas Carton spielten er und seine Küchenkumpels dem Chef diverse Streiche. Einmal, heißt es, hätte er Schädel aus den Pariser Katakomben stibitzt, die der dortige Chefkoch Gaston Richard später im Saucentopf wiederfand.

Von 1956 bis 1959 arbeitete Paul Bocuse Seite an Seite mit seinem Vater in der familiären Auberge, dem Lokal des Schwiegervaters. Den Weg zu den Sternen schlug er nach dem Ableben von Georges ein. Das Lokal, dessen Toiletten sich damals noch im Hinterhof befanden, renovierte er mit seiner Frau Raymonde. Aus dem Wettbewerb *Meilleur Ouvrier de France* geht er als Sieger und »bester Handwerker Frankreichs« hervor. Die drei Sterne des *Guide Michelin* gewann er 1965, mit 36 Jahren, dank Gerichten wie Schinken, im Heu gegart, Forellenmousse, Seewolf in Teigkruste oder gegrillter Poularde.

Paul Bocuse, der Mann, der den Köchen ihre Namen gab, kaufte auch seinen zurück: den Namen, den Großvater Joseph an Borisoff abgetreten hatte.

Sein Ausflug in die Nouvelle Cuisine, wie sie von den Restaurantkritikern Henri Gault und Christan Millau gepredigt wurde, erschöpfte sich auf einige PR-Veranstaltungen und eine Fernsehsendung, in der Paul die Mikrowelle lobte. Im deutschen Sprachraum wurde das Missverständnis, das ihn zum Propheten der neuen Küche erklärte, durch seinen damaligen Verlag verschärft. Der taufte sein Werk *La Cuisine du marché* einfach zur »neuen« statt zur »marktfrischen Küche« um.

Gerade Bocuse hat später immer wieder mit »nichts auf dem Teller, alles auf der Rechnung« gegen diesen Slogan der Journalisten Henri Gault und Christian Millau geschimpft. Die zehn Gebote der Kritiker Gault und Millau kommentierte er laut Nicolas Chatenier in *Mémoires de chefs* noch 2012 mit klaren Worten: Sie »waren Scheiße«. Und über die Küche seines Kollegen Michel Guérard sagte er einmal laut Quentin Crewe, das Leben sei zu kurz für Diätmenüs.

»Paul ist der direkte Erbe der Küche von Fernand Point«, meint etwa sein Freund Pierre Troisgros. Die Cuisine des größ-

Zwei wie Pech und Schwefel: Paul Bocuse und der gallische Hahn. Das Federvieh prangt als Tattoo sogar auf seiner Schulter.

ten Chefs der Fünfzigerjahre war üppig, aber produktbezogen. Einige Gerichte wie die Seezunge mit Nudeln standen schon auf Points Karte. Seit Juli 2005 jedoch wurde er nachdenklich: Eine dreifache Bypass-Operation rettete den Chef in letzter Minute. »Ich bin im letzten Juli gestorben«, sagte er selbst mit gebrochener Stimme. Daher die Memoiren von 2005, daher auch eine nachdenklichere Sicht auf die Küche: »Es gibt Klassik und es gibt Rap. Ich verteidige die Klassik [...] Die wissenschaftlichen Methoden übersteigen meinen Intellekt [...] Ich weiß lieber, wie die Henne ernährt wurde, statt zu erfahren, auf wie viel Kubikmeter ich ein Eiweiß strecken kann.« Besonders der Brüsseler Hygienewahn irritiert ihn: »Wir Köche werden eines Tages nur noch vorgekochte Produkte zusammensetzen [...] Schon heute haben wir aus Hygienegründen nicht mehr das Recht, einen

Saucenfond anzurühren. Es sei denn, wir schmeißen ihn abends weg.« Er hätte auch sagen können: Es sei denn, wir benutzen Suppenwürfel. Oder Zusatzstoffe. Das ist inzwischen erlaubt, nein, erwünscht.

Zum Erfolg des jungen Paul Bocuse trug entscheidend bei, dass er nicht nur ein Koch mit einem Lokal war, sondern der Anführer der »Bande von Bocuse«. Deren Keimzelle bildete sich zuerst in Lyon und bestand aus Köchen, die nicht viel mehr gemeinsam hatten als ihre Herkunft – und vielleicht die Lehrzeit bei Point.

Küche ist mehr als nur Rezepte

Einer der profiliertesten war Alain Chapel (1937-1990). Der Mann aus Mionnay bei Lyon, dessen bekanntestes Kochbuch *La cuisine c'est beaucoup plus que des recettes (Küche ist mehr als nur Rezepte)* hieß, galt vielen Genießern als besserer Koch als Bocuse, ein souveräner Feinarbeiter am Herd. Und weil gute Küche in seinen Augen eben mehr als nur Rezepte war, lobte er schon in den Siebzigerjahren bei jeder Gelegenheit seine Lieferanten aus der Region: Marinette vom Bauernhof Ferme de Montfalcon mit ihrer Geflügelzucht, Monsieur Lancelot, der Blumen und Kräuter lieferte, Walderdbeeren und Himbeeren kamen von einem Herrn Jasserand. Auch wenn er in den Medien als Protagonist der Nouvelle Cuisine dargestellt wurde, blieb der Schüler von Jean Vignard und Paul Mercier, der La Pyramide nach dem Ableben von Fernand Point fortführte, tief in seiner Region verwurzelt. Chapel machte keinen Hehl aus seiner Bewunderung für bäuerliche Gerichte einfacher Auberges wie die Crêpes von Madame Trenel oder die Sanguette, ein Fladen mit Hühnerblut.

Beides servierte er nicht. Stattdessen gab es Krebse mit Kerbel und Waldpilzen, Leber vom Seeteufel mit Mangoldragout, warme Pastete von der Ente mit Sauce Rouennaise und Artischocken oder junges Bresse-Huhn, in der Schweinsblase gegart, mit Sauce Albufera. Chapel verbot dem Servicepersonal, Salzstreuer auf den Tischen zu platzieren, hatte aber überhaupt nichts gegen Gäste, die nichts vom Essen verstanden. Sie können doch noch lernen, pflegte er zu sagen. Sein Restaurant war ein idealer Ort für die erste Lektion.

In frühen Interviews erklärte Chapel stets, dass er am Herd nach *la verité*, nach der »Wahrheit«, suche. Seine persönliche Gralssuche ging mit 53 Jahren zu Ende und wurde fortan von seinen Schülern fortgeführt. Philippe Jousse kochte in Chapels Restaurant. Alain Ducasse sah in Chapel auch dann noch sein großes Vorbild, als er längst erfolgreicher als der ehemalige Lehrmeister war.

Wie visionär – und desillusioniert – Chapel über den Zustand des eigenen Berufsstands war, zeigt das Kapitel »Die Zeit der Imitation« aus seinem Buch:

»So viel Lidschatten, so viel Make-up, neue Schminke: Die Küche verliert das Vertrauen in sich selbst. Sie entflüchtet sich in eine Art Maskerade [...] Heute will man simplifizieren, verschlanken, den Genuss des Rohen neu entdecken [...] Mehr als je zuvor konsumieren die Esser des 20. Jahrhunderts Symbole, gleichzeitig mit ihren Grilladen und rosa an der Gräte gebratenen Fischen. Die Zutaten interessieren einige Köche weniger als die kulinarische Verpackung [...] Die Küche wird [...] eine Art *prêt-à-porter*, das der Mode gehorcht.«

Das Restaurant Alain Chapel, fortgeführt von seiner Witwe, Philippe Jousse und Sohn Romain, schloss 2012 seine Pforten, trotz guter Kritiken und zweier Sterne im *Guide Michelin*. Zwei

Sterne hießen: »sind einen Umweg wert«. Der Umweg von 23 Kilometern von Lyon nach Mionnay war den Feinschmeckern dennoch zu viel.

Alain Chapel war einer der profiliertesten französischen Köche, der seiner Region und ihren Lieferanten tief verbunden blieb.

Das Duo aus Roanne

Zu den «Bandenmitgliedern» der ersten Stunde gehörten auch die Brüder Pierre (*1926) und Jean (1926-1983) Troisgros.

Jean-Baptiste und Marie Troisgros mochten es eher einfach: Nach ein paar Jahren in ihrem Café des Négociants in Chalon-sur-Saône zogen sie 1930 nach Roanne und erwarben das Hôtel des Platanes nahe dem Bahnhof. Gesäumt wurde es damals von der Nationale 7, der Straße von Paris nach Süden, was regelmäßige Durchreisende versprach. Marie kochte einfach und gut, Jean-Baptiste begrüßte die Gäste und pflegte den Weinkeller. Doch mit seinen Söhnen hatte Jean-Baptiste Großes vor: Er speiste selbst gern hervorragend, der Nachwuchs sollte zu großen Köchen reifen. Pierre, eher rundlich mit Schnäuzer, und Jean, schlank und mit schon bald grau meliertem Vollbart, lernten im Lucas Carton in Paris, wo sie sich mit Paul Bocuse anfreunden, sowie – natürlich, möchte man fast sagen – in der Pyramide in Vienne.

Als die beiden nach Roanne zurückkehrten, übertrug Vater Jean-Baptiste ihnen schnell das Restaurant und riet ihnen, Schulden zu machen, um es schnell auszubauen. Damals waren Kredite in Frankreich extrem günstig, es war ein guter Rat.

»Ich habe das beste Restaurant der Welt gefunden«, beschrieb Kritiker Christian Millau sein Ess-Erlebnis bei den Brüdern Troisgros. 1968 fielen drei Sterne auf das Haus im Bahnhofsviertel, die Pierre nach der Rückkehr von einer Reise nach Japan lakonisch kommentierte: »Der Anfang der Schwierigkeiten – *le début des emmerdes*« (zitiert nach: Nicolas Chatenier: *Mémoires de chefs*).

Ja, die Reise nach Tokio. Pierre Troisgros erzählte 2012 dem französischen Autor Nicolas Chatenier, der die Erinnerungen der Nouvelle-Cuisine-Köche protokollierte, die Ästhetik der japanischen Küche, ihre Raffinesse sowie der Sinn der Köche für Garzeiten hätten ihn schwer beeindruckt. Als französischer Bonvivant meinte er jedoch, dass es ein bisschen einfach sei, ein Schälchen mit Sashimi zu füllen oder Reis auf Algen zu drapieren. »Ein Irrtum«, wie er heute zugibt, wenn auch einer ohne tragische Folgen. Etliche andere Köche reisten, ließen sich inspirieren und versuchten meist vergebens, ein Stück japanische Ästhetik nach Europa zu bringen, was Gäste und Kritiker zur Verwunderung trieb. Lag dort etwa »Ikebana auf dem Teller«?

Pierre und Jean schützten das Haus vor solchen Moden. Der britische Autor Quentin Crewe, der Frankreichs große Köche in den Siebzigern bereiste, erklärte in *Great Chefs of France*, bei Troisgros bekäme man alles, was man möchte. Deren Restaurant sei »das einzige Drei-Sterne-Restaurant, in dem man das Gefühl hat, es könnte ein unmittelbarer Zusammenhang zwischen Essen und Sattwerden bestehen«. Gebratene Entenleber mit Spinat, Jakobsmuscheln unter Blätterteig, Rinderkoteletts in Fleurie-Wein und natürlich das legendäre Lachsschnitzel in Sauerampfer gehörten zu den Spezialitäten von damals. Letzteres war so erfolgreich, dass sein Rezept mit der Zeit immer weiterentwickelt wurde. Bei Troisgros muss es Dutzende von Versionen gegeben haben.

Pierre Troisgros erinnert sich, so Nicolas Chatenier, wie neue Möglichkeiten die Küche veränderten: »In den Sechzigerjahren erlaubte die Dampfgarung, die Hitze zu regeln [...] Die Ankunft des Teflon war ein Segen, genau wie die Sous-Vide-Garung, gegen 1977.«

Tatsächlich wurde diese Gartechnik, die viele Köche heute als besonders »modern« empfinden, zuerst hier in Roanne eingesetzt. Georges Pralus, ein Küchenchef aus einem Nachbarort, hatte die amerikanische Technik der Vakuumverpackung mit der französischen Garmethode in einer Verpackung (*en papillotte* oder *en vessie*, »in der Schweinsblase«) kombiniert. Den Brüdern Troisgros zeigte er, wie man Foie gras mit minimalem Gewichtsverlust bei niedrigen Temperaturen gart.

So gab es bei den Troisgros wirklich eine »neue Küche«, nämlich einen vollkommen neuen, funktionell gestalteten Arbeitsplatz mit den damals modernsten Geräten, der 1976 eine beträchtliche Investition darstellte.

Im Jahr 1983 starb Jean Troisgros nach einer Partie Tennis. Pierre führte das Haus erfolgreich weiter, gefolgt von seinem

Sohn Michel, der die Küche modernisierte. Inzwischen steht Enkel César am Herd.

Etliche heute berühmte Köche haben bei Jean und Pierre Troisgros gelernt, ihre wohl bekanntesten Schüler waren Bernard Loiseau, Marc Haeberlin, Guy Savoy, Jean-Michel Lorain und Gérald Passédat.

Die Brüder Troisgros kochten nicht nur gerne, sie aßen auch gern die eigenen Gerichte. Heute ist das nicht mehr selbstverständlich.

Fluchen, bis der Stern kommt

Und wie die Nationale 7 Paris mit der Côte d'Azur verband, so fanden sich auch im Süden zwei Helden der Nouvelle Cuisine:

Zunächst einmal Louis Outhier (*1930), ein Mitglied der Brigade der Pyramide. Der Sohn eines Müllers der Region Franche-Comté lernte im Tonneau d'Or in Belfort, dessen Küchenchef

Denis Michaland schon für das britische Königshaus gearbeitet hatte. Nach dem Ableben Michalands wechselte er zu Fernand Point, dem Lehrmeister der »Generation Nouvelle Cuisine«. »Point [...] hatte verstanden, dass die Küche am Ende eines Zyklus angekommen war«, erläuterte er 2012 gegenüber Nicolas Chatenier. »Die Küche von Escoffier war konzipiert, um die ›Reise der Gerichte aus den Küchen der Palasthotels‹, die oft im Keller lagen, in den Speisesaal zu vertragen.« Mindestens 250 Meter wären das gewesen, die »klebrigen Saucen« hätten die Tellergebilde zusammengehalten. Points Küche hingegen lag hinter dem Speisesaal. Das war der Unterschied: »Je ehrlicher man mit den [...] hervorragenden Zutaten ist – Fisch, Wild, Trüffeln –, desto mehr holt man aus ihnen heraus.«

Man könnte jetzt einwenden, dass Mutter Brazier, bei der Outhier freilich nicht gelernt hatte, schon nach denselben Devisen kochte.

Anders als viele seiner Kollegen war Outhier kein *fils de*, kein Sohn eines Kochs, dessen Haus er einmal übernehmen konnte.

Während er als Aushilfe im Hotel Carlton in Cannes arbeitete, traf er alte Freunde aus Belfort. Die wollten ihr kleines Haus im nahen La Napoule zur Pension umbauen und suchten jemanden, der den Betrieb leitete. So fand sich Outhier nach dem Luxus von Points Pyramide in einem kleinen Hotel mit zehn Zimmern wieder, von denen nur eines davon über ein Bad verfügte. Mit einem Küchenjungen servierte er tagesfrische Menüs. Outhier lernte zu klempnern und elektrische Leitungen zu verlegen, jede freie Minute wurde in die Verschönerung der »Oasis« gesteckt. Zwei Jahre später kaufte er das Haus. Sieben Jahre Mundpropaganda waren nötig, damit der *Guide Michelin* sein Haus auszeichnete. Der Stern sorgte für eine gewisse Panik, Outhier renovierte nochmals und bekam zwei Jahre später einen weiteren Stern. Worauf er wiederum renovierte, die Küche vergrößerte, die Gästezimmer aufgab. Laut dem britischen Autor Quentin Crewe kommentierte Outhier die Auszeichnung mit einem dritten Stern mit einem einzigen Wort: »Scheiße.« Noch einmal musste der Koch tief in die Tasche greifen, die Einrichtung verbessern, den Weinkeller vergrößern.

Gekocht wurde in der Oasis recht klassisch, es gab Languste Belle Aurore, Steinbutt in Champagnersauce, Seezungenfilets in Noilly Prat, dazu einen putzigen »Igel« aus Foie gras mit Mandelsplittern, Millefeuille mit pochiertem Lachs in Kerbelsauce oder Hühnerbrust in Weinsauce mit gegrillten Äpfeln, Reis und Trüffeln. Das änderte sich gründlich im Jahr 1981. Zusammen mit seinem Stellvertreter Jean-Marie Meulien, der seinen Chef mit den Worten »er war Mozart und ich war Salieri« zu beschreiben pflegt, erkundete Outhier die Küchen Thailands. Übrigens erzählte Outhier die Geschichte 2012 genau anders herum: Meulien wäre Mozart gewesen, er hingegen Salieri. Und: »Ich musste Tricks anwenden, um den genialen Chef zu spielen.«

Beide waren von den Aromen Asiens fasziniert: Languste mit Thai-Kräutern, Hummer mit Ingwer und Sauternes oder Ente orientalische Art ersetzten Millefeuille und Co. Meulien brachte sie aus Asien mit, obwohl Outhier ihm davon abgeraten hatte. Je mehr Outhier den Einsatz der Kräuter und Gewürze ablehnte, desto öfter vergrub sich Meulien in die Arbeit mit ihnen. »Darauf hatte ich gehofft«, gestand Outhier. »Am Schluss stimmte ich zu […] War das Manipulation? Sicher ein bisschen!«

Damals war Outhier schon ein erfolgreicher Berater, pardon *consulting chef*; nach einem ersten Durchbruch im Oriental in Bangkok unter Direktor Kurt Wachtveitl eröffnete er Lokale in London, Singapur, Osaka und Boston. Oder vielmehr: Er ließ sie von einem jungen Koch eröffnen, der später selbst in

New York weltberühmt werden sollte: der Elsässer Jean-Georges Vongerichten.

Aufhören ist für viele Köche schwerer als Anfangen: Outhier, der seine Sterne stets als Damoklesschwert empfunden hatte, wollte sicher sein, auf dem Höhepunkt seiner Form abzutreten. Im Jahr 1988 schloss er die Oasis und widmete sich nur noch dem Beratungsgeschäft.

Louis Outhier in Fischerpose. Nach Jahrzehnten klassischer Küche wandte sich Outhier asiatischen Einflüssen zu.

Der Caterer aus Nairobi

Und dann Roger Vergé (*1930). Seine Tante Celestine lehrte ihn nicht nur zu kochen, sondern auch zu speisen, pflegte Vergé zu sagen. Der Sohn eines Schmiedes aus Commentry in Zentralfrankreich wollte eigentlich Flugzeugmechaniker werden. Doch in Orten wie Commentry muss man nehmen, was man bekommt. Roger bekam eine Lehrstelle bei einem Konditor, der früher mal im Pariser Tour d'Argent gearbeitet hatte. Dieser empfahl ihn an seinen früheren Arbeitgeber. Nach seiner Lehre im Tour d'Argent und im Plaza Athénée wusste Vergé, dass ein guter Koch überall auf der Welt Arbeit finden konnte. Den Jungen, der früher von Flugzeugen träumte, packte die Abenteuerlust: Vergé arbeitete in Marokko, Sankt Moritz, Monte Carlo, Jamaika, wo ihn besonders der Umgang mit Gewürzen faszinierte. In Nairobi leitete er eine Küche, die Mahlzeiten für Fluglinien caterte.

Das Moulin de Mougins eröffnete er mit seiner zweiten Frau Denise 1969. Dort kochte er ganz anders als Bocuse, Troisgros oder Pic – die bäuerliche Küche des Südens hatte es ihm angetan. Natürlich gab es bei Vergé auch Hummer, stilecht mit Trüffeln und Artischocken serviert. Die Highlights der Karte waren jedoch Schmortöpfe vom Lamm mit Knoblauchtoast oder die charakteristischen gefüllten Gemüse. Ab und an fanden sich ein paar Reiseerinnerungen auf der Karte, ein Schweinsragout nach Art von Jamaika mit Zimt, Muskat und Banane zum Beispiel.

Fünf Jahre später hatte er sich drei Sterne erkocht und begann, seinen Namen zu vermarkten: Marmeladen oder Weine wurden als »Roger-Vergé.Produkte« unter die Leute gebracht. Mit Paul Bocuse und dem Patissier Gaston Lenôtre eröffnete er 1982 einen französischen Pavillon in Disneyland. In Florida.

Als junger Koch hatte Roger Vergé Frankreich verlassen und unter anderem in Kenia, Marokko und Jamaika gearbeitet, wo ihn besonders die Gewürze faszinierten.

Gault und Millau lästerten, Vergé sähe aus, wie Ausländer sich einen französischen Koch vorstellten: ein silbergrauer Moustache und weißes Haar, sorgsam nach hinten gekämmt. Die großen geschäftlichen Entscheidungen, erklärte später seine Frau Denise, fielen stets bei Touren durch das Luberon-Gebirge, stilecht im familieneigenen Ferrari Daytona.

Mit zunehmendem Erfolg wurde Vergé Kunstsammler. Bekannte Künstler wie César und Arman stellten in seiner Mühle aus. Für sein Zweitlokal L'Amandier hatte er sich 1979 einen jungen Koch ausgewählt, von dem man noch hören sollte: Alain Ducasse. Der war zu diesem Zeitpunkt noch schüchtern und verbarg sein Gesicht hinter einem überbordenden Bart. »Ich muss nachdenken«, erwiderte Ducasse auf das telefonische Angebot, erstmals eine eigene Küche zu leiten. »Gut, dann rufe ich in zehn Minuten noch mal an«, erwiderte Vergé. Dreißig Jahre später würde Ducasse genau wie er reagieren.

Die Dynastie von Valence

Etwas weiter südlich arbeitete Jacques Pic (1932-1992). Schon sein Vater André (1893-1984) galt als einer der ganz Großen der französischen Küche, auf einem Niveau mit Point und Dumaine. Aus einem winzigen Antiquitätenladen hatte er in der Provinzstadt Valence ein Luxuslokal geschaffen, das ebenfalls unweit von der viel besungenen Nationale 7 lag. Das Geschäft lief – doch Jacques sah schon als Jugendlicher, wie vergänglich der Ruhm großer Köche ist: Als André Pic 1946 den dritten Stern des *Michelin* verlor, ging es mit ihm gesundheitlich bergab. Er war erschöpft, konnte nicht mehr längere Zeit am Pass stehen oder die Küche überwachen. Sohn Jacques bereitete sich auf eine Laufbahn als Automechaniker vor. Erst als auch der zweite Stern fiel, entschied er sich, seinem Vater zu assistieren. Bei Point und Dumaine bewarb er sich vergebens. Schließlich lernte er in Genf, Beaulieu, Deauville und leistete seinen Militärdienst in Algerien ab.

Die Anfänge in Valence waren holprig: Vater und Sohn als Küchenchef? Zwei Chefs sind einer zu viel.

Erst nach seiner Hochzeit mit Suzanne 1957 übernahm er das Lokal wirklich und kochte zunächst die Spezialitäten des Vaters wie Krebsschwanzgratin oder in der Schweinsblase gegarte Poularde. Jacques Pics Küche blieb großzügig und bukolisch – *nouvelle* war sie nur in der Presse, und dort auch nur gelegentlich. Pic glaubte nicht an die Nouvelle Cuisine, doch seine Freundschaft zu Bocuse riss ihn mit. Bei ihm gab es Trüffel in Blätterteig, einen großzügigen Fischersalat mit Hummer, Krabben, Jakobsmuscheln, Krebsen und Trüffeln sowie ein Filet vom pochierten Seewolf, in einer weißen Sahnesauce, über und über bedeckt mit feinstem Kaviar. Es gab – und gibt – Gäste, die nur wegen dieses Gerichts nach Valence pilgern. Wie seine Kollegen erhielt er Angebote aus der halben Welt. Als er 1970 die »Charles-Jourdan«-Boutique in New York eröffnete, ließ er Flusskrebse einfliegen. Die Schweinsblasen für das Poulardenrezept hätten dem Zoll verdächtig vorkommen können, Pic schnallte sie sich kurzerhand unter sein Hemd.

Jacques gewann die *Michelin*-Sterne zurück, doch der permanente Stress und Druck könnten zu viel für ihn gewesen sein. Im Alter von nur 59 Jahren erlitt er in der Küche einen Herzinfarkt.

Sohn Alain übernahm die Küche, schaffte es jedoch nicht, den Schatten des großen Vaters zu verlassen. Schließlich übernahm Jacques Tochter Anne-Sophie die Küche. Madame hatte eine Handelsschule besucht und nie selbst am Herd gestanden – heute gilt sie als beste Köchin Frankreichs. Und das Seewolffilet mit der satten Portion Kaviar ziert noch immer die Karte.

Wo die Deutschen essen lernten

»Ehrenbandenmitglieder« der Nouvelle Cuisine wurden neben Pic zwei weitere Köche, die sich der Tradition näher fühlten als den Neuerungen um jeden Preis. Raymond Thuilier (1897-1993), ein ehemaliger Versicherungsmanager, setzte 1945 das Dörfchen Les Baux auf die kulinarische Landkarte. Kulinarische Erfahrungen hatte er bisher nur als Gast gesammelt. Doch Thuilier entwickelte sich zum Könner. Die Welt pilgerte zum Speisen nach Les Baux: Bogart und Bocuse kamen ebenso wie Churchill und Cocteau, Edith Piaf und Picasso, bestellten Spargel der Provence in Sauce Mousseline, Rotbarben mit Basilikum, Lammkeule in der Teigkruste oder soufflierte Crêpes.

Paul Haeberlin (1923-2008) von der Elsässer Auberge de l'Ill hingegen war der Mann, der den Deutschen nach dem Krieg das Schlemmen wieder nahebrachte. Zu Bocuse oder Guérard war es weit, die Auberge de l'Ill lag direkt vor der Grenze. Dort genossen Franzosen und Deutsche soufflierten Lachs oder Brioche mit Foie gras. Fast nebenbei lernte er dann auch noch Eckart Witzigmann an, über den Haeberlin neidlos sagte, dass »der Schüler den Meister übertroffen« habe. So jedenfalls steht es im Vorwort zu Witzigmanns Buch *La nouvelle cuisine allemande et autrichienne*.

Und ein Meister, das war er: Als kleiner Junge half Paul Haeberlin seiner Tante Henriette beim Zubereiten der Fischsuppe. Die Lehre absolvierte er bei Edouard Weber, dem ehemaligen Leibkoch des Zaren. Sein Bruder Jean-Pierre gab die Arbeit in einem Architekturbüro auf, um mit ihm aus der alten Familienauberge eines der schönsten Restaurants des Landes zu machen. *Voilà, les Frères Haeberlin!*

Nie schloss sich Paul irgendwelchen Küchenmoden an, nie tischte er effektheischende Endlos-Menüs auf. Paul Haeberlin kochte einfach nur das, was schmeckte. So hat er einige großartige Rezepte geschaffen und einige weitere in die Gegenwart gerettet: Trüffel in der Asche, Froschschenkel-Mousseline oder Hummer Prinz Vladimir, der von Paul auf diesen Namen getauft wurde.

Die »Trüffelsuppe VGE«, die Paul Bocuse bekannt machte, beruhte auf einer Idee von Paul Haeberlin, der sich wiederum von seinem Lehrmeister Edouard Weber inspirieren ließ. »Wenn ich die Notizen meines Vaters durchsehe«, erklärt Pauls Sohn Marc, »dann gibt es da viele Anmerkungen wie »Rezept von Louis Outhier, Biskuitteig Weber, Waffeln Bocuse [...] Ein Rezept ist nur eine Partitur. Dann bleibt die Interpretation, das Holz der Instrumente.«

Ein großer Teil des gastronomischen Renommees des Elsass gründet sich auf Haeberlins tägliche Arbeit am Herd. Auch als der Parkplatz vor dem Haus schon einer Automobilausstellung glich und die Weinkarte in das Leder eines Pariser Modehauses gebunden wurde, blieb Paul Haeberlin im Grunde seines Herzens *aubergiste*: bescheiden, großzügig und mit beiden Beinen auf dem Elsässer Boden der Tatsachen.

Paul Haeberlin, der große Koch des Elsass.

Den Platz am Herd trat er schon lange vor seinem Ableben an seinen Sohn Marc ab, doch ganz verlassen hat er die Küche nie. Einige Kritiker haben ihn im Laufe der Jahrzehnte nach seinem Lebensmotto gefragt: »*Bien faire et disparaître*«, antwortete er stets. »Gut arbeiten und abtreten.« Gut gearbeitet hat er stets, und dem *disparaître* entgeht niemand.

Nun reichte es auch damals nicht, erstklassig zu kochen, um von dem Hype um die Nouvelle Cuisine zu profitieren. Anders als früher mussten sich die »neuen« Köche in einem veränderten Medienumfeld mit Radio und Fernsehen behaupten. Besonders in den frühen Jahren öffentlich-rechtlichen Fernsehens war ja eigentlich jeder ein Star, der seinen Kopf vor eine Kamera halten durfte – siehe den menjoubärtigen Clemens Wilmenrod, der deutsche Hausfrauen hordenweise zum Kauf von Puter und Kabeljau motivierte. Mit diesen neuen Medien mussten die Köche zu spielen lernen. Bocuse war diese Fähigkeit quasi ange-

*Gruppenbild mit Zutaten. Zu Nouvelle Cuisine-Zeiten zeigten die Köche gern,
was sie zu bieten hatten.*

boren, Vergé behauptete sich nicht schlecht, seinen »Look« (graues, sorgsam nach hinten gekämmtes Haar, buschiger, doch wohl gestutzter Schnauzbart) hatte er ja – bewusst oder unbewusst –, soweit im Rahmen der Physis möglich, an Escoffier angelehnt. Pierre Troisgros und Paul Haeberlin wirkten wie joviale Bonvivants, die jeder Franzose gern zu seinen Freunden zählen würde.

Andererseits: Man sollte im richtigen Alter sein, um Innovationen am Herd für die breite Masse glaubhaft preisen zu können. Und wenn man halbwegs gut aussieht, dann ist das auch kein Nachteil.

Wer zu früh kommt, den bestraft das Leben

In seiner kleinen Auberge du Vieux Marly zählte André Guillot (1908-1993) zu den eher bescheidenen Erneuerern. Berühmt war der schmale Mann mit der zu groß geratenen Brille für sein besonders luftiges Blätterteigrezept mit nicht weniger als 4000 Blättern. Der Legende nach erfand er auch die Sauce ohne Mehlschwitze, damals 1934, als er in der Küche des Herzogs von Auerstaedt arbeitete. Irgendetwas hatte ihn beim Kochen unterbrochen, die Mehlschwitze war vergessen, doch die Sauce mit ein wenig Crème fraîche dickte perfekt ein.

Guillots Karriere begann in der Küche der Italienischen Botschaft in Paris, bevor er 1926 in den Dienst des Schriftstellers Raymond Roussel eintrat. Als Autor war Letzterer nur mäßig erfolgreich, doch das Vermögen seiner Eltern befreite Roussel von allen materiellen Sorgen und Zwängen. Der Exzentriker schickte täglich einen Rolls-Royce an die Côte d'Azur, um frisches Obst und Gemüse zu holen. Roussel speiste einmal am Tag und ließ sich stets ganz allein 16 bis 22 Gänge servieren. Noch Jahre später schwärmte Guillot von der Lehrzeit in dem »außergewöhnlichen Haus«, lobte die vielfältigen Zubereitungen, die außergewöhnliche Qualität und den Sinn für Details. Getroffen hat er seinen Arbeitgeber nie. Köche gehörten zum Hauspersonal.

»Genau garen und nur so viel wie nötig würzen« – das war für ihn das ganze Geheimnis seiner Küche. Einer Küche, die Frankreichs Klassik respektierte, doch hier und da neu interpretierte. Natürlich servierte er seinen berühmten Blätterteig, oft als salzige Variante mit Austern, Spargel, Trüffeln, danach Hechtklöße in Hummersauce, Ente mit Kirschen, Rehnüsschen mit Trauben und vieles mehr.

Restaurant, Küche und Speisekarte des Vieux Marly waren klein, was Guillot zwang, seine Arbeit anders zu organisieren. Deshalb erlegte der Koch den Gästen die Pflicht zur Pünktlichkeit auf. Brigitte Bardot kam 15 Minuten zu spät und wurde von

Guillot abgewiesen. Jean-Paul Belmondo konnte sich, so heißt es im *Gault Millau Magazin*, mit einem flotten Spruch gerade eben noch herausreden: »Salut, Guillot, entschuldigen Sie meine Verspätung, aber mein Taxifahrer ist so blöd wie ich. Er wusste nicht, wo sich Marly befindet.«

Seit Gorbatschow heißt es, das Leben bestrafe die »Zuspätkommer«. Wesentlich härter trifft es jedoch Menschen, die ihre guten Ideen zu früh lancieren. Sie werden nicht nur bestraft, »das Leben« haut ihnen sozusagen mit seiner ganzen Kraft voll in die Magengrube und tritt dann 20 Zentimeter tiefer feste nach.

Vom Anspruch an die Produktqualität bis zur Leichtigkeit von Millefeuille und Saucen hatte Guillot etliche Prinzipien der Nouvelle Cuisine vorweggenommen. Doch als andere Köche dafür gefeiert wurden, war der Meister bereits im Rentenalter. »Neue Küchen« sind stets auch junge Küchen, die zumindest in den Medien nicht von Protagonisten jenseits der 60 verkörpert werden können, egal wie gut sie kochen.

In Kochkursen, die Guillot nach Schließung seines Lokals gab, vertrat er deutliche Meinungen, verurteilte zum Beispiel die Gleichsetzung von Küche mit Wissenschaft. Ein Rezept war für ihn keine Bedienungsanleitung, sondern ein Schema, das an die Gegebenheiten des Marktes und andere nicht unbedeutende »Unwägbarkeiten« angepasst werden musste. Die Einfachheit war für ihn »ein Luxus, den die Opulenz nicht immer verschaffen kann«.

Echten Ruhm erntete Guillot selten, auch wenn ihn der *Gault Millau* zum »Magier von Marly« ernannte. Zum »Küchenchef des Jahrhunderts« wurde er für *Le Figaro* erst nach seinem Ableben. Im Jahr 2001 schließlich wurde die Straße vor seinem Restaurant in *Allée André Guillot* umbenannt.

Ähnlich erging es Denis Lahana, den ganz Paris nur unter seinem Vornamen kannte. In den Sechzigerjahren betrieb er das vom *Gault Millau* am besten bewertete Restaurant der Hauptstadt, die beiden Kritiker wanden ihm Lobeskränze für Hummer Bordeleser Art, Seezungen, Kalbsbries in Gelee oder Lammrücken mit jungen Gemüsen. Überregionalen Ruhm hatte Lahana 1975 erreicht, als er Craig Claiborne, dem einflussreichen Kritiker der *New York Times*, 4000 Dollar für ein Menü der Superlative für zwei Personen fakturierte – diese Rechnung wurde von American Express im Rahmen einer Werbeaktion beglichen. Nicht weniger als 31 Gänge gab es, darunter Parfait vom Kalbsbries, Tarte von Wachtelmousse, Hummer in Rotweinsauce mit Trüffeln, Fettammern am Spieß, Rebhuhn in Kohl, Filets von der Wildente in Artischockenpüree. Und ja, Foie gras und Kaviar gab es auch, wenn auch nicht in dieser Reihenfolge. Claiborne kritisierte übrigens später, das Dinner sei nicht perfekt gewesen, der Hummer etwa sei ihm zu zäh gewesen, und überhaupt waren ihm die Gerichte nicht ästhetisch genug präsentiert. Angetan hatten es ihm jedoch die inzwischen verbotenen Fettammern, die mit ihren Knochen verzehrt werden und später auch die letzte Mahlzeit von François Mitterrand bildeten.

Als Henri Gault und Christian Millau jedoch den von ihnen geprägten Begriff der Nouvelle Cuisine vermarkteten, musste Denis als Vertreter der älteren Generation aus dem Rampenlicht getreten werden. 1976 kam es während einer Fernsehsendung mit dem Titel *Gibt es eine neue Küche in Frankreich* (*Existe-t-il une nouvelle cuisine française?*, ausgestrahlt am 26. März 1976) zum Showdown zwischen Kritikern und Koch. Während die Gäste, darunter Paul Bocuse und der Patissier Gaston Lenôtre, der Frage nachgingen, was denn wohl die neue Küche sei, blieben die Autoren des Restaurantführers eine konkrete Antwort zuerst schuldig. Nach einigem Hin und Her einigte man sich auf eine Reduktion der Garzeiten als eines der Kennzeichen der Neuheit. Darauf Denis Lahana: »Wenn Sie schreiben, dass ich ein schwieriger Mensch war, dann, weil ich schon vor zehn Jahren die Fische, die grünen Bohnen, die Karotten, die Wildenten nicht zu sehr garen wollte. Und wenn dieser Stil heute in Mode ist, dann vielleicht, weil ich meiner Zeit voraus war.«

Leichte Saucen, weniger gegarte Gemüse, roh servierter Fisch: »Das gab es schon immer«, erinnerte sich Lahana. Die Exzesse, die von *Gault Millau* denunziert wurden, darunter das Würzen ein und derselben Sauce mit verschiedenen Kräutern, habe es in der großen Küche nie gegeben, wohl aber in schlechten Restaurants.

Selbst Bocuse bekam sein Fett ab, als Lahana erklärte, neue Küche würde vielleicht auch neue »Hardware« benötigen. Der Gaumenkaiser aus Lyon verwies auf die Existenz der Mikrowelle. Lahana rollte mit den Augen und erklärte, er würde dann auf die neue Küche auf Mikrowellenbasis warten.

Auch andere prominente Köche verweigerten sich der Nouvelle Cuisine. Raymond Oliver (1909-1990), Frankreichs damals prominentester Fernsehkoch, Küchenchef des Grand Véfour und Autor des ersten Multimedia-Kochbuchs *Cuisinorama* (mit eingelegten Schallplatten aus biegsamem Plastik), blieb der Tradition treu, servierte Fischterrinen, Neunauge Bordeleser Art oder Taube Prinz Rainier III. Sein wohl prominentester Schüler Claude Deligne (1932-2013), der von 1971 bis 1990 die Küchen des legendären Pariser Lokals Taillevent regierte, lehnte die neue Küche nicht ab und servierte die leichteren Saucen gern, wurde jedoch für seine behutsam modernisierte klassische Küche mit Gerichten wie warme Austern auf Lauch, Cervelatwurst von

Meeresfrüchten mit Pistazien oder Bresse-Poularde mit Krebsen bekannt. Beide waren als Köche erfolgreich, zur Zeit der Nouvelle Cuisine in den Medien jedoch kaum präsent.

Gab es wirklich eine neue Küche in Frankreich? Das einzige gemeinsame Merkmal der Köche, die als »neu« vermarktet wurden, war die vorübergehende Präsenz von Salaten aus al dente gegarten grünen Bohnen mit wechselndem Dekorum auf der Karte. Das konnte Foie gras oder kross gebratenes Kalbsbries sein. Ansonsten kochte jeder nach seinem eigenen Stil. Bocuse, Chapel, Troisgros, Outhier, Pic, Haeberlin, Outhier, Vergé, das waren die Namen, die in den Siebzigerjahren jedem Feinschmecker auf der Zunge lagen. Sie waren Freunde, doch ihre Küchen blieben zutiefst unterschiedlich.

Was aber war dann neu an der Nouvelle Cuisine? Die klassische Küche in der Tradition von Escoffier wurde zwar gelehrt, aber seit Jahrzehnten eher in Grandhotels oder besonders konservativen Restaurants wie dem Pariser Tour d'Argent praktiziert. Sowohl die Mütter von Lyon als auch Point oder Dumaine waren mit einer vergleichsweise simplen, frischen Küche auf Basis bester Zutaten erfolgreich. Bocuse, der angebliche Herold der Nouvelle Cuisine, setzte die Tradition Points fort, genau wie Thuilier in seiner Oustau de Baumanière.

Chapel, Troisgros und Haeberlin fühlten sich den guten Zutaten verpflichtet; bei Paul Haeberlin wurden (und werden) Gerichte wie Hummer Prinz Vladimir, Froschschenkel-Mousseline oder Rebhuhnkotelett Romanoff serviert, die noch an seinen Lehrmeister Edouard Weber erinnern. Auch Pic und Outhier kochten in den Siebzigern durchaus konservativ.

Andererseits klang »Nouvelle Cuisine« einfach gut in den Ohren der Feinschmecker und Restaurantkritiker, ähnlich wie die »Nouvelle Vague« in den Ohren der Künstler und Intellektuellen. Auch die Botschaft der schlanken Küche passte zum damaligen Lebensgefühl. Etwa zur selben Zeit verfasste ein gewisser William Bowerman 1966 ein Buch mit dem Titel *Jogging*. Mehr oder minder gleichzeitig gründete dieser Bowerman mit einem Partner und 500 Dollar Startkapital ein Unternehmen namens Blue Ribbon Sports, kurz BRS. Nur wenige Jahre hieß die Firma einfach Nike, nach der griechischen Siegesgöttin.

Die Speckfalten, in der Fresswelle der unmittelbaren Nachkriegszeit offensiv zur Schau getragen, waren in Gefahr. Zum Beispiel als die sehr schlanke, androgyne Britin Twiggy die Titelseiten der Magazine in »Hot Pants« zierte. Überhaupt passten überzählige Kilos nicht wirklich in die Mode aus dem »Swinging London«. Kritiker Henri Gault, der zusammen mit Christian Millau den Begriff »Nouvelle Cuisine« prägte, erläuterte Jahre später (1986) en détail, wie er Restaurants begutachtet. Wahrscheinlich ging es ihm darum, Kritik als exakte Wissenschaft darzustellen. Seitenlang erläutert er, wie jedes Gericht nach acht Kriterien begutachtet wird: Präsentation, Temperatur, Großzügigkeit, Qualität der Zutaten, Konzept, Garstufe, Realisierung, generelle Annehmlichkeit. Deren Noten werden aus rein subjektiv gewählten Prozentsätzen, die wiederum mit Koeffizienten multipliziert werden, mühsam ermittelt. Letztere stehen laut Gault für die Wichtigkeit des Kriteriums. Ganz oben steht also die »generelle Annehmlichkeit«, die auch mit komplexen Formeln nie objektiv genannt werden kann. Unten auf der Skala hingegen lümmelt die »Großzügigkeit«, womit seine Vision der »neuen Küche« hinreichend umrissen ist.

Und dann gab es noch jene jungen Leute im Jahr 1968, die trotz permanentem Wirtschaftsaufschwung auf die Straße drängten und irgendwie alles wollten: sexuelle Freiheiten, Bruch mit dem Alten, den Autoritäten, mit Präsident Charles de Gaulle, mit dem Kapitalismus, der Konsumgesellschaft, den Universitäten. Untermalt wurde das Ganze von utopischen bis witzigen Sprüchen wie: »Seid realistisch, verlangt nach dem Unmöglichen«. Auf einmal war es verboten, zu verbieten, und unter dem Pflasterstein verbarg sich angeblich der Strand.

Die »neue Küche« passte zu einer Gesellschaft, die kurzfristig das Alte verachtete. Dabei sind sich die beteiligten Köche keinesfalls einig, ob die Nouvelle Cuisine sich wirklich auf dem Teller auswirkte: Michel Guérard, der wohl »nouvelleste« der Küchenchefs, sagte in *La Libre Belgique*, die Küche sei im System von Escoffier gefangen gewesen. »Da erklärte der Küchenchef morgens, wir machen heute Seezunge Joinville und alle hatten die Nase voll.« Sein Salat mit grünen Bohnen, Spargelspitzen, Trüffel und Foie gras sei damals wegen einiger Spritzer Essig auf der Gänseleber als Majestätsbeleidigung aufgefasst worden. Das »Neue« an der Nouvelle Cuisine, das war seine Küche, die das Bekenntnis zum leichteren Essen und leichteren Saucen ohne Verzicht auf Wohlgeschmack ernst nahm. Andererseits hatte schon Edouard Nignon den Berufsstand der Köche zur Kreativität aufgefordert, und Michel Guérard selbst servierte noch zu Beginn der Nouvelle Cuisine konservative, rustikale Kost wie gebratene Kuttelwurst.

Sein Vater hätte zwar nicht an die Nouvelle Cuisine geglaubt, erinnert Marc Haeberlin, wohl aber an die »Verschlankung« der Rezepte. Bocuse hätte die Familie mit seiner Energie mitgerissen. Anne-Sophie Pic sagt, ihr Vater sei gegen die Nouvelle Cuisine gewesen. Er hätte sie, schon wegen der aufgeräumten Portionen, als »Verlust an Großzügigkeit« betrachtet. Louis Outhier schließlich war skeptisch: »Wir haben dieses Ding schief angesehen. Was sollte das heißen, die ›Nouvelle Cuisine‹? Henri Gault hat sie eines Tages *urbi et orbi* dekretiert.« Seiner Ansicht nach hätte die Bewegung immerhin die Hochstapler aus den Küchen vertrieben und die Denker unter den Köchen begünstigt. Pierre Troisgros scherzte, er hätte Gault und Millau für »nicht ganz dicht« gehalten, als er 1972 in ihrem Magazin las, er betreibe das beste Restaurant der Welt. Feinsinnig fügte er hinzu, die beiden hätten einen »neuen Journalismus, getrüffelt mit Metaphern«, geschaffen, der den alten Gastronomiejournalismus lächerlich machte. Etliche neue Wörter hätten sich so in die Gastronomie geschlichen, vom *éclat* (»Splitter«) zu den *copeaux* (»Spänen«). Auch die Brüder Troisgros spielten mit, nannten ihr Lachsfilet jetzt »Schnitzel« (*escalope*), obwohl bis dahin der Begriff eigentlich dem Fleisch vorbehalten war. Aus Hummer wurde ein *navarin*. Das Wort stand zuvor für »Lammragout«.

Sogar Paul Bocuse widerspricht der Legende, die Nouvelle Cuisine sei eine Küchenrevolution gewesen: Er hielt sie für eine Farce, und selbst Henri Gault hätte ihm anvertraut, er und Millau seien *Salauds* (»Dreckskerle«), weil sie die französische Küche in einen Irrweg geführt hätten:

»In der Nouvelle Cuisine ging es nie um Gerichte. Es ist eine Geschichte von jungen Leuten der Nachkriegszeit, die drei Sterne erkochten.« Auch die Tatsache, dass die Haute Cuisine plötzlich von Journalisten statt von Köchen geordnet wurde, behagte ihm damals wie heute nicht: »So wie die Dinge liefen, hätten wir nicht mehr lange in die Mikrophone gesprochen.« Bocuse reagierte, kreierte mit seinen Freunden Troisgros, Haeberlin, Outhier, Vergé, Laporte, Lasserre und Oliver einen exklusiven Club namens Grande Cuisine française. Zügig bekamen die Herdgrößen Verträge von Air France und dem Caterer Servair. Die Köche standen wieder im Vordergrund, der Einfluss der Branchenfremden war gehemmt. Darauf scheint er bis heute ein wenig stolz.

André Guillot aus dem Vieux Marly vertrat sowohl in seinem Werk *La Grande Cuisine Bourgeoise* (1976) als auch in Schulungskursen, die er nach Schließung seines Lokals gab, eine andere Meinung, die sehr plausibel klingt, unter Küchenchefs jedoch nicht für spontane Begeisterung sorgte. Die Nouvelle Cuisine war für ihn eine Simplifizierung der großen Küche. Vereinfacht ausgedrückt: Zwei dünne Fischfilets sind schneller gebraten als ein ganzer Fisch. Für Guillot hatte diese Simplifizierung wirtschaftliche Gründe, was er an Saucenfonds verdeutlicht: »Die Waren haben derart hohe Preise erreicht, dass es in unserer Zeit nicht mehr möglich ist, Fonds, wie ich sie [...] beschrieben habe, zuzubereiten.« Er, der noch Trüffelessenz aus 500 Gramm *tuber melanosporum* (schwarze Trüffel), ¼ Liter altem Sherry und einer halben Flasche alten Portweins reduzierte, schlug den jungen Köchen »Fonds aus günstigen Zutaten« vor.

Gleichzeitig betrachtete er die »neue Küche« durchaus mit Wohlwollen, freute sich über den Enthusiasmus der jungen Kollegen, die Saucen ohne Fett und Mehl (die er selbst schon zubereitete, als sie nicht in Mode waren) und das generelle Interesse, das die Küche fortan weckte.

Was wäre, wenn alle auf ihre Art recht hätten? Im Schatten von Guérard begannen Köche zu experimentieren. Claude Peyrot etwa servierte damals Austern in Curry, was als revolutionär galt, jedoch auch Klassiker wie Rindskotelett mit Schalotten und Feuilleté von Kalbsbries, Krebsen und Morcheln. Man durfte alles, doch man musste nichts mehr. Das Pflichtprogramm (Trüffel, Foie gras, Seezunge) wurde gekürzt, die Kür erweitert.

Dank des Wirtschaftsaufschwungs verjüngte sich die Klientel: »Die Leser von Gault und Millaus Monatsblatt sind zur Hälfte unter 34, davon 26 Prozent leitende Angestellte und

20 Prozent Facharbeiter«, berichtete *Der Spiegel* 1974. Junge Alt-Achtundsechziger, die, zu Kaufkraft gekommen, revolutionäres Gedankengut in Speisesälen auslebten, wo Hummergerichte wie Lammragout heißen durften.

Durch den allgemeinen Enthusiasmus für die »neue Küche« wurden immer mehr Küchenchefs zu Unternehmern. Die waren, wie Guillot anmerkt, natürlich wirtschaftlichen Zwängen ausgesetzt. Sparmaßnahmen lassen sich leicht rechtfertigen, wenn man sie als große Kreation ausgibt. Zügig entwickelten die »neuen« Küchenchefs zudem einen Sinn für Selbstvermarktung an allen Fronten: Bocuse zog schon Ende der Siebzigerjahre mit Dosenkost in französische Supermärkte ein, der geniale Michel Guérard arbeitete für Nestlé und stapelte Dosen mit seinen Gerichten in den *comptoirs gourmands*. Weinflaschen wurden von den Namen großer Köche geziert, Konfitüren und Saucen ohnehin. Deren Qualität war geeignet, die Rolle der Köche als Lordsiegelbewahrer des guten Geschmacks infrage zu stellen.

Die verbale Rechtfertigung für derartige kulinarische Missetaten fand Paul Bocuse: Die Dosenkost sei das *Prêt-à-porter* der großen Köche. Doch wo ein halbwegs begabter Schneider beim echten *prêt-à-porter* zumindest die Länge von Ärmeln und Hosenbeinen anpassen kann, blieb beim kulinarischen *Prêt-à-porter* der Geschmack dauerhaft industriell.

12. Nouvelle Cuisine
rund um die Welt

Schon immer zogen französische Köche in die Welt und passten ihre Küche an die dortigen Gegebenheiten an. Carême kochte beim Zaren. Viele Gerichte bei Franz Pfordte waren deutlich französisch inspiriert. Le Pavillon mit Henri Soulé war *das* französische Restaurant im New York der Vierziger- bis Sechzigerjahre.

Nun war die Nouvelle Cuisine die erste Küchenmode, die weltweit mit allen Kommunikationsmethoden vermarktet wurde. Michel Guérard prangte ebenso wie Millau und Gault auf dem Cover des *Time Magazine* in den USA. Bocuses Bild zierte die Titelseiten weltweit, der Mann aus Lyon sammelte bald Ehrungen wie »Koch des Jahrhunderts«. Hohe, weiße Mützen tauchten weltweit auf Fernsehschirmen auf.

Eine Premiere. Die Nouvelle Cuisine hatte die Köche in nie gekannter Form ins Rampenlicht befördert und weit über Frankreich hinaus Interesse an guter Küche geweckt. Auch die Köche selbst wurden durch das plötzliche öffentliche Interesse an ihrem Beruf motiviert, quer durch Europa und bis in die USA.

In Brüssel machte der junge Pierre Wynants die Kneipe seines Vaters an der Place Rouppe zum Feinschmeckerrestaurant.

Das Genie aus der Schweiz

In Crissier bei Lausanne in der Schweiz gelang Frédy Girardet (*1936) eine Karriere wie vom Tellerwäscher zum Millionär. Eigentlich sollte der junge Frédy Typograf werden. Sein Vater Benjamin, Küchenchef im Hôtel Central Bellevue in Lausanne, kannte schließlich die Entsagungen des Kochberufs: arbeiten, wenn andere feiern, kaum Freizeit, nicht einmal Zeit für die Familie. Ihre gemeinsame Zeit verbrachten Vater und Sohn auf dem Flon-Markt in der Rue Centrale. »Damals hat mir mein Vater alles beigebracht. Die Zutaten, die wir kauften, mussten die allerbesten sein«, sagte Frédy Girardet später.

Drei Monate hielt er die Lehre zum Typografen aus, aber er fühlte sich unglücklich und nicht an seinem Platz. Dann hatte der Vater ein Einsehen und ließ Frédy an seiner Seite im Restaurant arbeiten. Ein dreifacher Glücksfall: Erstens wäre ohne Girardet die kulinarische Welt beträchtlich ärmer. Zweitens hätten seine Eleven andere Lehrmeister gehabt, und wer weiß, was dann aus ihnen geworden wäre. Drittens gab es ein paar Jahrzehnte später kaum noch Typografen, der Weg in die spätere Arbeitslosigkeit wäre vorprogrammiert gewesen.

Der 15-jährige Frédy wollte kein Vatersöhnchen sein: Als in der Brasserie du Grand Chêne eine Lehrstelle frei wurde, stürzte er sich in die Arbeit. Die Küche war schnell sein Element. 1953 verließ sein Vater den komfortablen Chefposten und mietete eine simple Kneipe im Erdgeschoss des Rathauses von Crissier, ausgestattet mit Linoleumboden, Holzimitat und Plastiktaschen. In der Küche gab es nicht einmal einen Kühlschrank, dazu fehlte es an Geld. Serviert wurden simple, rustikale Tagesgerichte für 2,8 Schweizer Franken.

Als der Vater zwölf Jahre später an Kehlkopfkrebs starb,

Der junge Fredy Girardet mit seiner Frau und seiner Mutter vor dem Restaurant de l'Hôtel de Ville in Crissier bei Lausanne.

übernahm Frédy den Laden. Mit einem Winzer aus Pommard im Burgund besuchte er 1968 die Restaurants von Paul Bocuse und den Brüdern Troisgros. Dort gewann er Geschmack an der großen Küche. Ein knappes Jahr später verkaufte das Rathaus die Eckkneipe an Frédy, der, endlich sein eigener Herr, behutsam den Saal renovierte und in einem Nebenraum eine »Gourmet-Ecke« einrichtete. Mundpropaganda war die beste Werbung. Auch in Schweizer Guides wie dem *La Suisse gourmande* stieg er rasch auf. Doch einen »Michelin Schweiz«, der internationale Anerkennung hätte bringen können, gab es damals noch nicht.

André Guillot, Küchenchef des Vieux Marly bei Paris, insistierte gleich mehrfach gegenüber Großkritiker Christian Millau: In der Schweiz gäbe es einen fantastischen Jungkoch zu entdecken, da wäre es doch ideal, wenn er, Millau, als Erster über ihn berichten würde. Doch einen Pariser nach Lausanne zu bewegen, das war gar nicht so einfach. Erst kam Millau, dann 20 französische Spitzenköche, darunter Bocuse und Troisgros, denen Girardet sein Trüffelsoufflé servierte. Paul Bocuse höchstselbst lud ihn ein, auf einer Kreuzfahrt zusammen mit ein paar Freunden für 400 Gäste zu kochen.

Michel Guérard und Gaston Lenôtre staunten über den Newcomer, der bestens vorbereitet in der Kombüse eintraf. Girardet hatte nicht nur Rezeptideen mitgebracht, sondern diese sofort an die Gegebenheiten an Bord angepasst. Sein Hummerfeuilleté wurde zum Beispiel im Brotofen gegart. Nach drei Tagen auf See war »der Neue« in den Club der großen Köche aufgenommen.

Fortan regnete es Auszeichnungen für das kleine Restaurant. Die Kneipe schloss Girardet erst 1975, da war er schon ein etablierter Spitzenkoch.

Er servierte Pfännchen von Belon-Austern mit Möhren, Lauch und Knollensellerie in einer Champagner-Austern-Reduktion. Die Kalbsnieren im eigenen Fett, mit Butter übergossen, die sein Vater einst für Bolo Pacha zubereitete, schmückten seine Karte. Kanincheninnereien mit Morcheln, Trüffel-Karden-Pfännchen und Passionsfruchtsoufflé wurden zu seinen Wahrzeichen, ebenso wie die hausgemachte Kaninchenwurst mit Pistazien. Girardets Rezepte lasen sich einfach. Sie wirkten einfach. Nur bekam (und bekommt) kaum ein anderer Koch solch einen Wohlgeschmack hin. Sein Küchenkollege Joël Robuchon beschrieb es mit folgenden Worten: »Frédy Girardet ist der größte der großen Köche unseres Planeten, Autor einer intelligenten, spontanen und dennoch überlegten Küche, realisiert nahe der Perfektion, versteckt hinter scheinbarer Einfachheit.«

Im Restaurant de l'Hôtel de Ville konzentrierten sich Koch und Gäste stets auf das Essen. Das Ambiente war vergleichsweise schlicht: weiße Vorhänge, weiße Tischdecken, rötlicher Teppich. Der Service lief ohne Spektakel ab, Geflügel wurde jedoch im Saal zerteilt. Girardet beugte sich der Pflicht zur Saalrunde, begrüßte die Gäste, heischte aber nie nach Komplimenten.

Für die kulinarische Schweiz war der Aufstieg des jungen Kochs eine Wachablösung: Ernesto Schlegel vom Schweizerhof in Bern (bei dem 1971 auch der Deutsche Dieter Müller lernte) galt zuvor als bester Küchenchef des Landes.

Französische Spitzenköche wie Claude Deligne (Taillevent), Troisgros, Lorrain und Blanc schickten ihre Söhne zu ihm in die Lehre. Selbst in Japan gibt es (mit Mikuni in Tokio und Kitamura in Nagoya) Girardet-Schüler.

Über den Titel »Koch des Jahrhunderts«, 1989 vom *Gault Millau* verliehen, witzelte er noch: »Koch des Jahres hätte es auch getan.«

Eine weitere Neuerung führte Girardet gegen Ende seiner Karriere ein: Das Restaurant de l'Hôtel de Ville wurde nicht an Familienmitglieder vererbt, sondern dem verdientesten Schüler anvertraut. Entsprechend übernahm 1996 Philippe Rochat das Lokal, weil man »sich in so ein Geschäft stürzen muss, solange man noch jung ist«, wie Girardet es ausdrückte. Rochat reifte selbst zum großen Koch und wurde zum Meister in der Kunst des Weglassens: Gerade die einfachsten Gerichte, wie der grüne Spargel mit Kaviar oder die gebratene Ente, bei Tisch tranchiert, gehörten zu den Klassikern des Hauses.

Die viel beschworene Kreativität in der Küche lässt sich eben nur schwer definieren: Manch spektakulär wirkendes Gericht begeistert die Gäste ein paar Wochen lang, während die Erinnerung an etliche scheinbar simple Genüsse Genießer noch Jahre später ins Schwärmen bringt. Große Küche ist nicht, wenn es nichts mehr hinzuzufügen gibt sondern wenn es nichts gibt, was man weglassen kann. Nach dieser Devise wurde in Crissier von Girardet und Rochat gekocht. Der Rummel um ihre Person war beiden immer leicht suspekt.

»Wir haben doch einfach nur unseren Beruf mit Leidenschaft ausgeübt«, pflegten und pflegen sie zu sagen. Inzwischen hat Philippe Rochat das legendäre Lokal an Benoît Violier übergeben. Auch er war der verdienteste Schüler.

Der Lehrmeister Spaniens

Girardet war ein Ausnahmetalent. Doch allein blieb er nicht. Luis Irizar Zamora (*1930) war der Sohn eines Abenteurers. Seinen Vater verschlug es in den Zwanzigerjahren nach Havanna. Angeblich hatte er bei einer Schlägerei im Hafen zu kräftig zugelangt. Die Heimat San Sebastián im Baskenland zu verlassen, lag daher nahe, schließlich sind Basken nicht unbedingt dafür bekannt, nach solchen Zwischenfällen freudig die andere Wange hinzuhalten. Als waschechter Baske traf er in Havanna natürlich auf eine andere Baskin. So wurde der kleine Luis 1930 in Kuba geboren. Als er vier Jahre alt war, kehrten seine Eltern nach San Sebastián zurück und eröffneten dort das Hotel Buenavista.

Luis lernte das Kochen zu Hause und bei einer der ersten Adressen: dem Hotel Maria Cristina. Mit 21 brannte er darauf, die Welt jenseits des Baskenlandes kennenzulernen, arbeitete im Royal Monceau und im California in Paris sowie im Hilton in London. In seiner Freizeit paukte er Fremdsprachen. »Ich wollte lernen, immer lernen«, vertraute er 2012 der baskischen Regionalzeitung an. »Wenn man mir sagt, dass ich der Erfinder der neuen baskischen Küche bin, sage ich, dass ich nur angepasst habe, was in Donostia-San Sebastián in den Jahren 1940 bis 1960 existierte. Zu dieser Zeit gab es eine Menge sehr talentierter französischer Köche in der Stadt, wegen der Casinos. Die französische Küche war sehr berühmt. Ich lernte ihre Grundlagen und passte sie an unsere spezifischen Zutaten an.«

Seit 1967 wollte Irizar junge Köche unterrichten. Im Hotel Euromar in Zarautz, wo er damals am Herd stand, richtete er eine erste Kochschule ein, in der es eine rituelle Begrüßung für die Eleven gab: »Wenn ihr kommt, um einen Beruf zu lernen, dann seid ihr hier falsch. Kommt, weil ihr die besten sein wollt«, pflegte er zu sagen.

Pedro Subijana vom Restaurant Akelaře, sein erster Schüler, ist stolz auf seinen Lehrmeister: »Wir verdanken ihm alle eine Menge. Er versteht es, junge Leute mit dem Virus der Küche anzustecken.«

Mit 62, in einem Alter, in dem andere ihre Rente planen, eröffnete Irizar eine zweite Kochschule in San Sebastián. Heute kommen die Eleven aus Korea, Japan, den USA oder Südamerika. Alle schwärmen davon, wie der Name Irizar ihnen den Weg zum ersten Job geebnet hat.

Irizar, der über 60 Jahre Küche selbst erlebt hat, freut sich, dass der Beruf des Koches inzwischen anerkannt ist und sich die Arbeitsbedingungen kontinuierlich verbessert haben. Wie alle Mitglieder seiner Generation kannte er noch Holz- und Kohleöfen, bevor Elektrizität, Gas und schließlich Induktionsherde in den Küchen Einzug hielten.

Weniger zufrieden ist er mit der »Molekularküche«, die in Spanien seit dem Jahr 2000 stilbildend ist. Das Kochen mit Additiven, Laboraromen und Farbstoffen ist für ihn eine Mode, die gegen den generellen Trend zur Natürlichkeit geht. »Die Tradition bleibt. Man kann sie fortlaufend weiterentwickeln, aber es gibt nichts zu entdecken. Ein Gericht sollte einfach sein.«

Nordische Küche aus Schweden

Bis in den Norden reichte der Griff der Nouvelle Cuisine: Werner Vögeli (1930-2007) und Tore Wretman (1916-2003) sind die vergessenen Väter der nordischen Küche.

Wenn Tore Wretman den Hype um die nordische Küche noch erlebt hätte, der kurz nach seinem Ableben einsetzte, hätte er dann gegrinst oder sich nostalgisch erinnert? All das, was die heutige, angeblich besonders naturbelassene nordische Küche auf Basis regionaler Zutaten ausmachen soll, das gab es schon zu Zeiten der Nouvelle Cuisine. Damals, in den Siebzigerjahren, setzte Wretman in seinem Restaurant Operakällaren regelmäßig nordische Produkte auf die Karte: Saibling aus dem Vätternsee, am Spieß gegrillt, Schwedisches Schneehuhn in Cremesauce, Nüsschen vom jungen Rentier mit Genever, Parfait von Tundra-Brombeeren. Große Gerichte aus Frankreich, dazu erstklassig zubereitete Zutaten aus der Heimat – so lautete das Erfolgsrezept von Tore Wretman und seinem Chefkoch, dem Schweizer Werner Vögeli.

Bevor Wretman zum erfolgreichen Unternehmer, zum Ehrendoktor (1986) und zum Professor (2000) avancierte, war er zunächst einmal Koch.

In den frühen Dreißigerjahren lernte er im Hotel Continental in Stockholm. Ein Weinhändler vermittelte ihm einen Job im legendären Pariser Maxim's. Wretman arbeitete dort als Commis Saucier und als Poissonnier (»Fischkoch«). Nach einigen Jahren in den USA zog es ihn zurück nach Schweden. Das Problem: Es war 1941, in Europa tobte der Zweite Weltkrieg. Wretman quartierte sich auf einem Frachter aus dem neutralen Finnland ein. Der jedoch schaffte es nur bis nach England. Dort arbeitete der junge Koch als Rezeptionist im Savoy, bevor er 1943

doch noch heil nach Hause kam. Die letzten beiden Kriegs-
jahre verbrachte er als Oberkellner im Operakällaren, einem
Traditionslokal seit 1787. Mit 29 Jahren, 1945, kaufte er sein erstes Restaurant: das Riche. Es folgten das Teatergrillen und das
Stallmästaregården.

Schließlich übernahm Wretman 1955 auch den Operakällaren, wo er einst serviert hatte. Da stand er nun als erfolgreicher
Gastronom nicht mehr selbst am Herd, sondern lehrte im Radio
und später auch im Fernsehen Kochen für Anfänger.

In Paris fahndete er nach einem Küchenchef für sein Flagg-
schiff, den »Opernkeller«. Raymond Oliver aus dem Grand
Véfour empfahl ihm Werner Vögeli, seinen Schweizer Muster-
schüler. Dem war von Anfang an klar, dass er Pariser Küche in
Stockholm nicht kopieren konnte. So wanderten Schneehuhn,
Rentier und lokale Fische auf die Speisekarte.

Das deutsche Küchenwunder

Auch Deutschland wurde von der Nouvelle Cuisine erfasst.
Eigentlich galt das ganz feine Essen ja bis in die Siebzigerjahre als Zeichen von Dekadenz. Wer nach der Epoche des
Toast Hawaii Gutes wollte, der bestellte ein Pfeffersteak oder
demonstrierte seine Weltläufigkeit durch einen Besuch im Bal-
kan-Grill. Pioniere in Sachen Wohlgeschmack gab es dennoch:
den Erbprinzen in Ettlingen, Henry Levy mit seinem Berliner
Maître, Katzenbergers Adler in Rastatt, den Schwarzen Adler
in Vogtsburg, das Humplmayr in München (wo der Spitzenkoch und Autor Vincent Klink lernte). Einige waren erfolgreich, für andere war die große Küche eine eher brotlose Kunst.
Gerade der Franzose Henri Levy kämpfte in Berlin mit seinem

Spitzenrestaurant Maître um jeden Gast. Flusskrebse in Loire-
wein mit Forellenmus, Seezunge mit geschmorten Gurken, in
der Schweinsblase pochierte Ente, Perlhuhn in Sherryessig mit
Gemüsepürees und Crêpes in Mokka-Sauce gab es dort. Doch
das damalige West-Berlin verschmähte die Haute Cuisine des
Franzosen.

Hamlet am Herd

Das änderte sich mit der Ankunft eines jungen Österreichers in
München: Eckart Witzigmann (*1941).

    Der Spiegel nannte Witzigmann 1979 »Hamlet am Herd«.
»Sein oder nicht sein« war damals noch eine Frage der Sterne.
Der *Michelin* galt als unkorrumpierbarer Standard der Restau-
rantkritik. Drei Sterne gab es in Frankreich und Belgien, aber
doch nicht in Deutschland. Witzigmann holte sie 1979 in seine
Münchener Aubergine, kurz nachdem die Tester Timbale von
Gänseleber und Wildente, Königskrabbe mit Erbsenschoten-
salat und Sevruga-Kaviar, Jakobsmuscheln und Seeigel-Zungen
auf Wirsing mit Curry und Ingwer, Steinbutt auf Kartoffel-
püree mit Alba-Trüffel, Kalbsbries mit Stachys (Knollenziest),
Topinambur und Périgord-Trüffel, Rehrückenmedaillons mit
Nusskruste, Maronen und Rotkrautwickeln, dann Käse und ein
Dessert »rund um die Mandarine« genossen hatten.

    Der Sohn eines Schneidermeisters aus Bad Gastein war seit-
dem ein Fixstern am Kochhimmel. Gelernt hatte er in der Auberge de l'Ill, bei Paul Bocuse, im Operakällaren in Stockholm,
der Villa Lorraine in Brüssel, dem Jockey in Washington. Seinen
Lehrherren war schnell klar, dass »der Eckart« mal Karriere machen würde. »Vom ersten Tag an hatte ich verstanden, dass ein

außergewöhnlicher Koch an meinem Herd stand«, sagte Paul Haeberlin über ihn. »Eckart ist genial.«

In Deutschland begann seine Karriere im Tantris in München, jenem Lokal, das sich der Baulöwe Fritz Eichbauer 1971 leistete – angeblich, weil er gern gut speiste, das nächstliegende annehmbare Lokal damals jedoch im Elsass zu finden war. Zwei Sterne erkochte er sich schon dort. Zu jener Zeit war das in deutschen Landen das höchste aller *Michelin*-Gefühle.

Unvergessen, wie Wolfram Siebeck 1976 die Genese des Kalbsbries Rumohr beschrieb: Bries, Champagnersauce, gebunden mit Foie gras serviert. Trüffel und Gänseleber wurden eingehüllt in einen Mantel aus Lauch und Parmaschinken, gebacken in dünnem Strudelteig und in einer Champagnersauce serviert.«Das war einer jener Geniestreiche, deretwegen die Gourmets zu einem bestimmten Küchenchef pilgern wie Heiligsuchende nach Lourdes«, schrieb der König der deutschen Kritiker.

Wie viele andere Köche litt auch Witzigmann am Dauerstress der drei Sterne, verlangte permanente Höchstleistungen von sich selbst. Irgendwann begann er, ebenfalls wie viele andere Köche, Zuflucht im Kokain zu suchen. Anfang der Neunzigerjahre wurde er denunziert, gleich ein halbes Dutzend Polizisten filzten seine Wohnung. Deutschlands Elite-Koch erhielt eine Bewährungsstrafe, verlor aber die Konzession für die Aubergine. Ein existenzvernichtendes Urteil für einen Koch und schon deswegen erstaunlich, weil auch bei schlimmsten Kapitalverbrechen für die meisten Richter ein fester Arbeitsplatz entscheidend zur »günstigen Sozialprognose« beiträgt.

Fortan fungierte der beste Koch der Republik als Berater, schrieb erfolgreiche Kochbücher und beriet das Restaurant Ikarus im Hangar 7 des Salzburger Flughafens, ein Lokal, das wechselnde Top-Köche aus aller Welt nach Österreich einlud.

Drei Sterne, großartiger Ausbilder, Kokainaffäre – auf diese
Schlagwörter wird Witzigmann bis heute reduziert. Eines seiner
ersten Kochbücher, *La Nouvelle cuisine allemande et autrichienne,*
erschienen 1984 im Pariser Verlag Robert Laffont, der in den
Siebzigern und Achtzigern Anthologien aller großen Köche verlegte, zeigt, dass er von Anfang an viel mehr war: Ob »Blutwurst
à la Witzigmann«, Borschtsch von der Taube, geschmortes Rindfleisch im eigenen Jus, Schinken vom Milchschwein auf Linsen,
Kaninchen mit Pflaumen und Pumpernickel, Schweinemedail-
lons in Bier, Kalbskopf Bogenberger […] Schon früh verließ
Witzigmann das Vorbild Frankreich, fand seinen eigenen Stil, etablierte die deutschen und österreichischen Aspekte in der Haute
Cuisine, besann sich auf lokale Zutaten, würzte mit Bärlauch und
Knollenziest, servierte Schweinefleisch in der Spitzengastronomie, was damals eher verpönt war. Witzigmanns Arbeit war stilbildend, auch wenn sich andere Köche zuweilen seine Verdienste
an die stolzgeschwellte Brust heften und heutige Kritiker in re-
visionistischer Geschichtsschreibung behaupten, zu seinen akti-
ven Zeiten hätte man in Deutschland allein französisch gespeist.

Ohne Witzigmann wäre das kulinarische Deutschland ärmer,
schließlich bildete er etliche Köche aus, die entweder jeder kennt
(Johann Lafer, Alfons Schuhbeck) oder die jeder kennen sollte –
in erster Linie Harald Wohlfahrt aus Baiersbronn, dem wohl
besten deutschen Koch in der Zeit nach Witzigmann, der mit seiner sensiblen, perfektionistischen Küche seinerseits zum großen
Ausbilder wurde. Wie Bocuse, Robuchon und Girardet wurde er
vom *Gault Millau* zum »Koch des Jahrhunderts« ernannt.

Zum Glück für die bessere Küche der Bundesrepublik stand
Witzigmann nicht ganz allein da:

Dieter L. Kaufmann (*1937) aus Grevenbroich machte sich
im Alter von nur 24 Jahren mit seinem Lokal Zur Traube

selbstständig. Konditor hatte er gelernt, im Café Poser in seiner Heimatstadt. Es folgte eine Kochlehre im Düsseldorfer Hotel Fürstenhof, Stationen in der Schweiz, Schweden und London. Im reputierten Savoy-Hotel arbeitete Kaufmann im Service, bediente Charlie Chaplin und Winston Churchill. Dann erreichte ihn ein Anruf seiner Eltern: Das Traditionslokal von Grevenbroich, von dem er als kleiner Junge immer geschwärmt hatte, stand zum Verkauf. Hoch verschuldet und mit einer großen Portion Idealismus begannen Kaufmann und seine Frau Elvira, die er in London kennengelernt hatte, die altehrwürdige Traube zu verändern, weg von der bürgerlichen Küche, hin zum Feinschmeckerlokal. Ein riskantes Unterfangen: Im nahen Köln und Düsseldorf hätte es für so etwas vielleicht einen Markt gegeben. Aber in Grevenbroich?

Doch Kaufmann erkochte sich Sterne, Punkte, Kochmützen und einen großen Namen mit Gerichten wie Parfait vom Stör mit zweierlei Kaviar, Variationen von der Gänseleber, schottischer Wildlachs auf rheinischem Stielmus und gefüllte Wachtel mit Kalbsbries. Zum Starkoch wurde Kaufmann nie, dazu fehlte ihm allerdings nicht das Talent, sondern das Temperament. Um jeden Preis im Rampenlicht stehen, das wollte er nicht.

In Wertheim-Bettingen hatte Adalbert Schmitt, ein Kunstoffunternehmer, 1971 die Schweizer Stuben gegründet. Erster Küchenchef des Hauses war Jörg Müller, der als Verstärkung bald seinen Bruder Dieter ins Lokal holte. Dieter Müller (*1948) war schon als Wehrpflichtiger für die »beste Bundeswehrküche« ausgezeichnet worden und lernte danach im Schweizerhof in Bern, beim bekannten Cuisinier Ernesto Schlegel. Vom Schweizerhof in die Schweizer Stuben wechselnd, wurde Müller schnell erfolgreich, erkochte dem Haus alle erdenklichen Auszeichnungen (zum Beispiel »Koch des Jahres« im *Gault Millau* 1987), bevor er ins Schlosshotel Lerbach in Bergisch Gladbach wechselte. Dort sorgte er mit einem aufwendigen Amuse-Bouche-Menü für Furore, Dutzenden kleinen Häppchen, millimetergenau zubereitet, wie Gänseleberterrine im Baumkuchenmantel auf Zimtzwetschgenconfit, sautierten Jakobsmuscheln mit Sauce Poulet, Blumenkohlpüree und Imperialkaviar, Loup de Mer mit Rillette von der Königskrabbe, Pimentofumet und Artischocken-Spinatflan, Cappuccino von Curry und Zitronengras mit Gambarettispieß, Sot-l'y-laisse von der Poularde, Rücken vom Müritzlamm in der Kräuterkruste und vielem, vielem mehr. Im Jahr 2008 übergab Müller das Restaurant seinem Schüler Nils Henkel und führt seitdem eine Kochschule.

Heinz Winkler (*1949) aus Brixen in Südtirol wurde zum Nachfolger von Witzigmann im Tantris. Als jüngster von elf Geschwistern arbeitete er bereits mit 14 Jahren in der Küche. *Chef de cuisine* war er schon zehn Jahre später. Dennoch entschied er sich noch vor seinem 30. Geburtstag, ein Jahr bei Bocuse zu arbeiten, bevor er den Chefposten im Tantris annahm. Mit 32 wurde er mit drei Sternen ausgezeichnet, damals war er der jüngste derart geehrte Koch. Die Münchener hatten jetzt die Auswahl zwischen zwei exzellenten Restaurants: Tantris und Aubergine. 1991 machte sich Winkler mit seiner Residenz in Aschau selbstständig – und bürdete sich 14 Millionen DM Schulden auf. Dennoch wurde das Haus zum Erfolg, finanziell und kulinarisch. Winkler kann und will den französischen Einfluss mit Gerichten wie Variationen von der Entenleber, geräuchertem Störfilet mit Wasabi und Saiblingskaviar, Wildlachs mit Avocado, Eisenkraut und Radieschen oder geschmorten Kalbsbäckchen in Burgundersauce nicht leugnen. Er kocht geradlinig und souverän, damals wie heute.

Überraschend zügig baute sich also in der Folge von Eckart

Witzigmann in Deutschland eine kulinarische Szene auf, die von Restaurantkritikern wie Wolfram Siebeck, Gert von Paczensky und Klaus Besser begleitet wurde.

Das Magazin *Der Feinschmecker* erschien erstmals 1975. Drei Jahre darauf gründete Klaus Besser sein *Besser's Gourmet Journal*, das später zum *VIF Gourmet-Journal* wurde.

Erstklassige Zutaten waren damals nicht einfach zu besorgen, zumindest kamen sie selten von einheimischen Betrieben. Die Lösung für dieses Problem kam aus der ehemaligen Bundeshauptstadt Bonn, genauer gesagt von Karl-Heinz Wolf, seines Zeichens Koch und Inhaber des Chez Loup in der Bonner Oxfordstraße 18. Wolf, der im Negresco in Nizza gelernt hatte, war mit der deutschen Versorgungslage unzufrieden und fuhr zum Einkauf direkt auf den Großmarkt Rungis im Süden von Paris.

Dieter Kaufmann, der bescheidene Spitzenkoch aus der Grevenbroicher „Traube" wurde unter anderem durch Störparfait mit Kaviar bekannt.

Dort gab es frischen Fisch aus Mittelmeer, Atlantik und Ärmelkanal, Bresse-Huhn mit Krallen und Schnäbeln oder das damals noch rare Charolais-Rind. In Bonn wurden die frisch erworbenen Zutaten dann zu in Folie gegartem Seewolf oder geräucherter Lammkeule mit Kräutern. Auch wenn der Zoll gelegentlich stutzte – den gab es in den Siebzigerjahren an der deutsch-französischen Grenze schließlich noch –, fand Wolf bald ein paar Kollegen mit Sinn für Qualität. Aus der Einkaufsgemeinschaft wurde 1978 Rungis Express, eine Art Lieferservice für die gehobene Gastronomie. Bereits in den ersten sechs Monaten machte Wolf sechs Millionen DM Umsatz. Im Jahr 1979 waren es 24 Millionen DM und schließlich, als er 1986 Rungis Express verkaufte, 100 Millionen DM. Von einem Lkw war das Unternehmen auf eine gute Hundertschaft gewachsen. An diesen drei Zahlen kann man ablesen, wie die Nachfrage nach erstklassigen Zutaten in Deutschland regelrecht explodierte.

Und dieses Phänomen war nicht auf Deutschland, Frankreich oder die Schweiz beschränkt. Quer durch Europa und in Nordamerika wandten sich Köche in diesen Boomtagen der Haute Cuisine zu.

Neue Köche allerorten

Jean-Louis Palladin (1946-2001) galt in der französischen Region Gers als Wunderkind: Mit 14 hatte er die Lehre in der Küche angefangen, mit 28 verfügte er über beste Auszeichnungen in allen Guides. In Washington galt er als Wundertäter: 1979, als die amerikanische Küche eher für Burger und dicke Steaks stand, wurde Palladin im Jean-Louis at Watergate schnell zu einem der führenden Köche des Landes. Später erzählte er, damals habe er Bauern und Fischer teilweise »nachgeschult«, damit sie ihm Zutaten in gewünschter Qualität lieferten. Ende der Neunzigerjahre versuchte er sein Glück im New Yorker Time Hotel mit Fenchelsuppe mit Lavendel, Foie gras Cappuccino, frittierter Brandade mit Sauce Rouille und Soft-shell crabs in Safraninfusion. Als Hommage an die alte Heimat gab es ein zünftiges Entenconfit. Mit leichter Hand gelang dem Herrn am Herd eine verblüffende Union aus französischem *savoir faire*, amerikanischen Zutaten und kulinarischen Einflüssen aus der halben Welt. Durch eine lange, schwere Krankheit geschwächt, konnte Palladin sein Lokal jedoch nicht weiter zum Erfolg führen.

In Italien machte Gualtiero Marchesi (*1930) durch seine Version der italienischen Küche auf sich aufmerksam, servierte zum Beispiel kalte Spaghetti oder Safranreis unter Blattgold. Mit Witzigmann war er der einzige »Nicht-Franzose«, der einen Band zur Köche-Anthologie bei Robert Laffont beisteuerte.

Und in Spanien galt Juan Mari Arzak (*1942) aus San Sebastián als bester Koch des Landes. »Das ganze Haus ist eine Küche«, erklärte er. »Ich bin über der Gaststube geboren.« Seine Großeltern Escolástica Lete und José Maria Arzak Etxabe eröffneten 1897 eine einfache Taverne im Dorf Alza, das heute zu San Sebastián gehört. Juan Mari lernte drei Jahre bei seiner Mutter Francisca, experimentierte zunächst in einem Nebenraum mit neuen Gerichten für ausgewählte Gäste, gründete 1975 mit Pedro Subijana vom Akelaŕe, einem Schüler von Luis Irizar Zamora, die Bewegung der *Nueva Cocina Vasca*, der »neuen baskischen Küche«, bevor er von 1977 bis 1980 jeweils im Februar die damals größten Köche der Grande Nation erkundete: Bocuse, Troisgros, Senderens und Boyer. Schließlich adaptierte er mit seinen Kreationen das regionale Motto »Nicht Spanier, nicht Franzosen, Basken sind wir« für die verwöhnten Gaumen von San Sebastián und avancierte zum ersten weltbekannten Koch Spaniens.

Anfangs war die Karte noch französisch inspiriert, dann wurde sie baskisch. »Ist man Baske, erscheint sie traditionell. Reist man von außerhalb nach San Sebastián, wirkt sie hochmodern«, sagte mir Juan Mari Arzak damals. Heute hat sich seine Tochter Elena einer avantgardistischen Richtung zugewandt, bei der die regionale Identität nicht mehr im Vordergrund steht.

· ·

EIN REZEPT VON JUAN MARI UND ELENA ARZAK

Mendreska vom Thunfisch mit Mentholgräte
Zutaten (für 4 Personen)

1. 400 g Bauchfleisch vom Thunfisch
   (baskisch: *mendreska*)

2. Mojo
   25 g gegrillte Erdnüsse
   25 g getoastete Mandeln
   50 g Olivenöl 0'4°
   10 g pochierte Zwiebel
   10 g frittiertes Brot
   3 Minzblätter
   Salz
   Ingwerpuder

3. Zwiebel- und Hagebuttenbasis
   2 Zwiebeln
   1 Lauchstange
   ½ grüne Paprika
   15 g Hagebuttenmarmelade
   Salz
   schwarzer Pfeffer
   Ingwerpulver

4. Sauce von Bohnenkraut und Tapiokaperlen
   2 Lauchstangen
   1 Kartoffel

2 g Bohnenkraut (*ajedrea*)
75 g Apfelsinensaft
35 g jungfräuliches Olivenöl
15 g Tapiokaperlen
Salz
Zucker
Ingwer

5. Mentholgräte
130 g Olivenöl 0'4°
1 Tropfen Menthol
4 Seitengräten vom Thunfisch

6. außerdem: Minzeblätter

Zubereitung

1. Bonito: Das Bauchfleisch während vier Minuten leicht im Räucherofen anräuchern. Nach dem Räuchern auf der Hautseite kurz anbraten.
2. Zubereitung des Mojo: Alle Zutaten zerkleinern beziehungsweise im Mörser mahlen und durch ein Sieb streichen. Abschmecken.
3. Den Thunfisch mit Mojo und Erdnusspuder einreiben. Unter dem Salamander ruhig stellen.
4. Zwiebel und Hagebutte: Gemüse fein schneiden, garen, bis es karamellisiert ist. Nach dem Karamellisieren die Konfitüre hinzufügen und mit Salz, Pfeffer sowie Ingwerpulver abschmecken.
5. Für die Sauce von Bohnenkraut und von Tapiokaperlen: Eine Lauchbouillon mit Lauch, Kartoffel, Salz

und einem Tropfen Olivenöl zubereiten. Rund 100 g
Bouillon mit 2 g Bohnenkraut mischen. Ziehen lassen.
Apfelsinensaft und Olivenöl hinzufügen. Die Tapioka-
perlen in die homogene Sauce geben und aufkochen,
bis die Perlen transparent sind. Mit Salz, Zucker und
Ingwer abschmecken.

6. Mentholgräte: 30 g Olivenöl mit dem Menthol
   mischen. Die Gräten im restlichen Öl anbraten.
   Nach dem Braten die Gräten im letzten Moment mit
   der Mentholmischung bestreichen.

Anrichten

In die Mitte eines flachen Tellers zunächst die Basis aus
Zwiebeln und Hagebutten geben. Darauf senkrecht
den Thunfisch aufstellen. Mit der Mentholgräte durch-
stechen. Die Sauce von Tapiokaperlen hinzugeben.

13. Das Nachspiel des Neuen

Die Nouvelle Cuisine starb eines natürlichen Todes. Schon Ende der Siebziger-, Anfang der Achtzigerjahre machte der Spruch die Runde: »Nichts auf dem Teller, alles auf der Rechnung.« Angeblich wurde er von Paul Bocuse geprägt. Französische Gourmets nervte, anders als deutsche Gäste, besonders die Fixierung auf optische Effekte. *Passé.*

Der Niedergang der Nouvelle Cuisine wurde 1979 in Deutschland von den Medien begleitet. In dem Beitrag »Was zu schneiden«, erschienen im *Spiegel*, hieß es:

»Besonders den Gemüse-Pürees, die oft noch mit geschlagener Sahne aufgemöbelt werden, damit sie schön schaumig sind, gilt nun ihre [der Kritiker] Verachtung. ›Das ist was für zahnlose Greise‹, rügte der Chefredakteur der Fressfibel *Kléber* die zarten Breie. Der Tafel-Feuilleton vom *Figaro* hingegen, selber schon 78 Jahre, weist sie als ›Erstlingsnahrung‹ von sich […] Ähnlich in Verruf geraten nun auch die Gourmet-Salate, die als Vorspeise jetzt gerade in Deutschland bewundert werden […] Mit wahrem Abscheu käuen die Pariser Fress-Kritiker jetzt die seltsamen Mischungen wieder, die ihnen in teuren Restaurants vorgesetzt werden. Da hat einer in einem Zwei-Sterne-Lokal Kaninchen mit Himbeeren verzehren müssen. Ein anderer bekam Kalbsbraten mit Honig serviert und Wachteln mit Aprikosen. ›Der dümmste Koch‹, kritisierte *Le Monde*, ›bietet jetzt Seewolf mit Brombeeren und Lammkeule mit Kiwis an.‹ […]

Ihr Kontra gilt [...] der Modeerscheinung, dass jeder, der einen Kochlöffel schwingt, alles mit allem vermischt, ständig neue Gerichte erfindet und dafür happig Geld (mindestens 120 Mark) verlangt – auch manche deutschen Hochpreis-Köche sind auf solchen modischen Trips.«

À la mode waren jetzt wieder urige Bistros mit Schmorgerichten. Die gab es noch, denn die Nouvelle Cuisine hatte die klassische Küche niemals völlig vom Platz gefegt: Auch Haeberlin, Outhier, Bocuse, Thuilier und viele andere hielten ihr ja die Treue.

Selbst Christian Millau erklärte Mitte der Achtzigerjahre, er nutze die Worte »Nouvelle Cuisine« nicht mehr. Wortschöpfungen wie »Post Nouvelle Cuisine« konnten sich ebenfalls nicht durchsetzen. Die Gäste wollten zwar immer noch leichtere Saucen verkosten, der Rummel um die Winzportionen und grafisch gestalteten Tellerkonstruktionen ging ihnen jedoch auf die Nerven.

Die »Après Nouvelle Cuisine« inkarnierte sich in buttrigem Kartoffelpüree, Schweinskopf Île-de-France oder Lammrücken in Salzkruste. Serviert wurde sie von Joël Robuchon.

Der Perfektionist

Der stille Spitzenkoch scheint sein ganzes Berufsleben unter das Motto »Konsequenz und Effizienz« gestellt zu haben: Schon mit 15 verließ er das elterliche Heim, um die *Tour de France des Compagnons* zu beginnen, die härteste und schwierigste Ausbildung von ganz Frankreich: Als Wandergeselle müssen die Berufsanfänger jahrelang für einen Hungerlohn von *Compagnon* zu *Compagnon* ziehen, um ihr Metier zu erlernen. Für den

letzten Schliff sorgten einige Jahre im Berkeley, damals eine
der Top-Adressen, in der sich das vornehme Paris flambierte
Kalbsnieren, Pfeffersteak und Pistazienkuchen schmecken ließ.
Im Jahr 1970 unterschrieb Robuchon seinen ersten Vertrag als
Küchenchef auf dem Seineboot Île-de-France. Vier Jahre lang
bewirtete er dort Touristen, bevor er den Herd des Pariser Hotels Concorde La Fayette an der Porte Maillot übernahm. Die
drei Restaurants des 1000-Zimmer-Hauses und die kulinarische
Tagesarbeit vom Frühstücksservice bis zum Bankettbetrieb hielten den jungen Joël schwer in Atem. »Dabei lernt man Disziplin«, erinnerte er sich im Gespräch mit mir. Eine Qualität, die
auch sein nächster Arbeitgeber, das Hotel Nikko, zu schätzen
wusste: Hier durfte Robuchon zum ersten Mal zeigen, was
er konnte – und kochte die triste Betonburg in Rekordzeit in
die Riege der begehrten Schlemmeradressen. Gäste und Kritiker wurden auf den Mann aus Poitiers aufmerksam, das neue
Küchentalent beteiligte sich an Kochwettbewerben wie dem Prix
Taittinger und gewann. Die zwei Sterne, die ihm der *Michelin*
damals für seine Arbeit zugestand, durfte er 1981 beim Umzug
in sein eigenes Restaurant, nach dem Vorbesitzer Jamin genannt,
mitnehmen.

Anfang der Achtzigerjahre verdaute die französische Gastronomie die Folgen der Nouvelle Cuisine. Die Cuisiniers der
Grande Nation begannen gerade, die ersten Kiwi-Lieferungen
abzulehnen und sich die Frage zu stellen, was man den Gästen
außer Brokkolimousse denn sonst noch anbieten könnte. Und
dann eröffnete das Jamin, ein Lokal mit klaren, schnörkellosen
Gerichten ohne Firlefanz und störendes Beiwerk, immer bestens durchdacht, bestens realisiert und präsentiert. Als einer
der Ersten schmückte Robuchon die Karte seines neuen Restaurants mit verfeinerten Versionen klassischer und ländlicher

Gerichte, ließ Lammbraten in Salzkruste, Merlan Colbert oder den erwähnten Schweinskopf Île-de-France servieren. »Ich habe einfach das Gegenteil der anderen gemacht«, erklärte Robuchon. So wurde das Jamin zu einem der Orte der »Renaissance« der französischen Küche, fein, raffiniert und zugleich dennoch ländlich-rustikal.

»Kochen wie Robuchon« lautete schnell der Traum einer ganzen Generation junger Küchenchefs. Die wenigen Ausbildungsplätze waren heiß begehrt – obwohl über die Arbeitsbedingungen die wildesten Gerüchte kursierten. »Im Jamin gibt es nicht einmal genug Bestecke fürs Personalessen, wer nicht gut arbeitet, bleibt hungrig«, lautete eines davon. Oder: »Wer den berühmten Kartoffelbrei nicht richtig anrührt, muss die Töpfe mit dem verkorksten Püree selber auslöffeln.« Aber die Lehre im Hause Robuchon öffnete die Tür zur ganz großen Karriere.

Neue Kreationen aus den Töpfen und Pfannen des Meisters wurden unterdessen im ganzem Land kopiert: Mit seinen Ravioli von Langustinos und Kohl löste Robuchon eine regelrechte Ravioliwelle aus, die jahrelang in den Küchen der Hauptstadt tobte. Variationen seines weltberühmten Purée de pommes de terre – einem wunderbar geschmeidigen Kartoffelbrei mit jeder Menge Butter – schmückten über Jahrzehnte die Karten zahlreicher Restaurants. Die Imitatoren bissen sich an dem vermeintlich einfachen Gericht buchstäblich die Zähne aus. Nicht allein die Butter macht nämlich die pürierten Erdäpfel zum Feinschmeckergericht, sondern vor allem die richtige Kartoffelsorte. Robuchon hatte, bevor er seine Neuschöpfung lancierte, endlose Versuchsreihen mit allen erhältlichen Varianten gestartet. Seine Wahl fiel auf die »Agria« des Bauern Jean-Pierre Clot.

Ein Verfahren, das typisch für seine Küche geblieben ist: Während einige seiner Kollegen ihrer Fantasie fast ungezügelt

freien Lauf ließen, praktizierte Robuchon eine »Küche der Intel-
ligenz«, in der Zufall keinen Platz hatte. Selbstverständlich hatte
»J R« – wie ihn der Schriftzug auf seinem Kochhabit diskret
benannte – die besten Lieferanten, beschäftigte eigene Fischer
in der Bretagne und verfügte sogar über ein eigenes Kartoffelfeld
bei seinem Produzenten. Um jeden Tag dieselbe Qualität zu
gewährleisten, wurde jedes Rezept auf das Gramm genau ge-
wogen und vermessen – heute mag das selbstverständlich sein,
in den Achtzigerjahren war dies noch nicht überall verbreitet.
Neue Gerichte testete und verfeinerte Robuchon manchmal
monatelang: So entstanden zum Beispiel die Jakobsmuscheln
à la Quiberonnaise – in der Schale gekocht, um schonend den
Eigengeschmack zu bewahren, und vor dem Servieren mit einer fantastischen Sauce aus Orangensaft, Butter, Dill, Gurken,
Karotten und grüner Zitrone geschmacklich abgerundet. Oder
ein Turban von Langustinos: Tatsächlich ein Ring aus Krusten-
tierfarce, bei dem ein »Mantel« aus Spaghetti im Mund für den
richtigen Biss sorgt.

Weil Robuchon ursprünglich als Legende abtreten wollte,
hatte er im Laufe des Jahres 1994 sein gesamtes Werk noch einmal infrage gestellt: Die staatliche Wassergesellschaft Générale
des Eaux offerierte ihm ein großartiges neues Restaurant mit
drei eindrucksvollen Sälen: eine Bibliothek im Trompe-l'œil-
Stil, gestaltet vom argentinischen Künstler Alberto Bali, ein
Saal mit dem Imitat eines Renaissance-Kamins vom Anfang
des Jahrhunderts und einem weiteren »holländischen Saal« mit
viel dunklem Holz. Seine winzige Jamin-Küche hatte er durch
eine 200 Quadratmeter große Luxusausgabe ersetzen lassen, in
der 25 Köche für das Wohl von maximal 45 Gästen arbeiteten.
Eine ganze Etage des Bauwerks war der Patisserie gewidmet,
eine weitere dem Empfang.

Auch die Speisekarte wurde noch einmal gründlich überarbeitet: Die meisten Gerichte, die den Ruf des Hauses begründet hatten, suchte man nach dem Umzug vergebens. Statt »Frivolités vom Räucherlachs mit Kaviar« wurden jetzt geschmorter Schweinsfuß, Makkaroni-Gratin mit Trüffeln, Sellerie und Foie gras oder Pot au Feu vom Speck mit Kohl aufgetischt. »Heute koche ich nur noch, was ich selber mag«, erläuterte Monsieur Robuchon seine neue Karte. »Außerdem haben die *plats canaille* – die bäuerlichen Gerichte – auf meiner Karte den größten Erfolg.«

»Am 50. Geburtstag mache ich Schluss, ich möchte auf dem Höhepunkt meiner Laufbahn abtreten!«, hatte er über Jahre verkündet. »Schluss« war 1996. Joël Robuchon wurde zum Fernsehkoch und beriet den Lebensmittelkonzern Fleury Michon. Sein Porträt ziert auch heute noch etliche Fertiggerichte. In den französischen Supermarktregalen befand er sich in den Neunzigerjahren bereits in allerbester Gesellschaft: Paul Bocuse lächelte von Konserven der Marke »William Saurin« herunter, Michel Guérard grinste auf Saucen und Pasteten aus dem Hause Findus, Alain Senderens zeichnete sich für Fertiggerichte der Supermarktkette Monoprix verantwortlich, Bernard Loiseau rührte für Royco Tütensuppen und die Familie Troisgros aus Roanne präsentierte ein ganzes Sortiment von Fertigsaucen in allen modischen Geschmacksrichtungen zwischen provenzalisch und asiatisch für die Supermarktkette Casino. Laut der französischen Wirtschaftspresse wurde das Konterfei des Kochs auf Tüten und Boxen je nach Bekanntheitsgrad mit 45 000 bis 1,1 Millionen Euro honoriert.

Robuchon wagte 2003 mit dem Atelier ein spektakuläres Comeback. Das nämlich war ganz anders als seine bisherigen Lokale: kein Superluxus bei Tisch, keine Reservierungen, stattdessen offene Küchen, frische, simple Gerichte, die direkt vor den Augen der Gäste zubereitet wurden, lockerer Service. Gerade weil man nicht reservieren konnte, standen in der ersten Filiale in der Pariser Rue de Bac manchmal 50 bis 80 Pariser für einen Platz an der Bar Schlange. Inzwischen gibt es Ateliers auch in London, Hongkong, Las Vegas, Tokio und New York.

Der stille Star

Parallel zum Aufstieg Robuchons begann der von Bernard Pacaud. Mit nur 13 Jahren und sechs Monaten hatte er schon seine Lehre bei der Lyoner Kochlegende »Mutter« Brazier angefangen. Ihre Qualitätsansprüche an Zutaten aller Art definierten früh seine Küchenideen: »Nur die beste Ware verwenden. Die Gäste zahlen schließlich dafür.«

Anfang der Achtzigerjahre eröffnete Pacaud dann ein Kleinstlokal in der Pariser Rue de Bièvre: zwei Mann in der Küche, zwei im Service, eine Tageskarte. Montags gab es Pot au Feu, dienstags Kalbsragout. Das schlichte Kleinstlokal gewann in nur zwei Jahren höchste gastronomische Ehren. Bald schon stand ein Umzug ins ehemalige Atelier eines Goldschmieds an der noblen Place des Vosges an. Innen wartete jetzt das hochherrschaftliche Frankreich: Tapisserien, Schloss-Interieur, Service alter Schule. Pacaud trat so gut wie nie im Fernsehen auf, verkaufte nie Fertiggerichte unter seinem Namen. Eigentlich stand er stets am Herd des Ambroisie und kochte. Früher bat er Journalisten sogar, lieber über seine Zutaten als über ihn selbst zu sprechen. Doch Pacaud hatte ein halbes Jahrhundert Gastronomie selbst miterlebt und wollte später durchaus über seine Erfahrungen reden. Da war zum einen die Erinnerung an die Jugend, an die Lyoner Gastronomie, damals, als noch Drosseln und Schnepfen gegrillt

wurden und die *Écrevisses à pattes rouges,* die »Flusskrebse«, in
der Küche zu leckeren Gratins und Klößen verarbeitet wurden.
Heute sind die echten *pattes rouges* fast ausgestorben. »Damals, in
Lyon, da haben wir nur manikürtes Bresse-Geflügel verarbeitet.«
Manikürtes Geflügel? »Die Hühner mussten sauber sein, die
Bauern mussten sauber sein. Meine Lehrherrin, Mutter Brazier,
verlangte das so«, wusste Pacaud zu erzählen.

Auch im eigenen Lokal wählte Pacaud seine Waren selbst aus
und las den Lieferanten gelegentlich die Leviten. Dann holte
er etwa Steinpilz für Steinpilz aus der Kiste, betrachtete jeden
genau und gab die seines Erachtens zweitklassige Ware zurück.
Die Händler murrten nicht, denn ihr Kunde zahlte gut. »Wer
die Zutaten kennt, geht anders mit ihnen um. Sind Langustinos
nicht wirklich frisch, erfühle ich das förmlich. Dann habe ich
immer das Gefühl, dass mir Ammoniak an den Fingerkuppen
brennt.«

Manchmal erzählten ihm Kunden, Lieferanten, Freunde,
dass die ganze Sache mit dem Kult um gute Produkte doch im
Grunde von gestern sei. Kreativ sei das jedenfalls nicht. Pacaud
rollte dann mit den Augen: »Nach Mutter Brazier habe ich bei
Claude Peyrot im Pariser Vivarois gearbeitet. Der war damals
einer der kreativsten Köche. Die ersten Curry-Austern – die
bereitete er in Peyrots Küche zu. Aber das Produkt blieb der
Star. Wir mussten damals nicht mit Zutaten malen.« War das
Ambroisie ein Anachronismus? Die Gäste schwärmten von
Hummerfrikassee mit Kastanien und Kürbis in Teufelssauce.
Scharfes mit Cognac zu sautieren, das war das »Teuflische«.
Dazu gesellte sich das Jod des Krustentiers. Wenn Pacaud bes-
ter Laune war, bereitete er für seine Gäste eine Tourte zu, eine
große warme Pastete unter luftigem Blätterteig. Mal versteckte
er darin Jakobsmuscheln, mal Wildgeflügel. Die Tourte beein-

druckte schon beim Anschneiden. Kunstvoll hatte *le Chef* die punktgenau gebratene Entenbrust mit Entenleber zusammen gestapelt. Solche Tourtes gab es früher überall, später nirgendwo mehr. »Die Tourte macht Arbeit«, erklärte Pacaud. »Sie muss vor dem Abendservice zubereitet und nach Möglichkeit an die ersten Gäste serviert werden.« Denn, so der Meister: »Ich kreiere nicht, ich ›entschlacke‹. Wenn ich mit meinen Gerichten die Zutaten so wenig wie möglich verfremde, bin ich zufrieden.«

Als Dessert servierte Bernard Pacaud gerne einen simplen Schokoladenkuchen, von einem simplen Vanilleeis begleitet. Gab es ein Erfolgsgeheimnis für das Rezept? Einen Kniff? Einen Handgriff? Pacaud staunte über die Frage: »Sie sollten gute Schokolade verwenden.«

In späteren Jahren betrachtete er die Entwicklung des eigenen Berufsstands mit Sorge: »Schauen Sie sich nur einmal an, was aus der Gastronomie geworden ist! Die Gastronomie ist den Weg der Parfümerie, der Champagner und der Cognacs gegangen. Schöne Verpackungen, fantasievolle Formen. Aber was ist drin? Chemie ersetzt Blumenessenzen, die Zugabe von Karamell ersetzt Fasslagerung. All das gibt es jetzt auch am Herd.«

Pacaud hat das Ambroisie inzwischen an seinen Sohn Mathieu übergeben.

· ·

Ein Rezept von Bernard Pacaud

Grenobloise von geschmortem Kalbries, Petersilienpüree und Senfsamen

4 Kalbries von 150 g
300 g Petersilie

30 g Senf aus Meaux
4 Scheiben Toastbrot
30 g Kapern
1 dl Kalbsjus
4 gelbe Zitronen
100 g Butter
4 Rosmarinzweige

Am Vorabend

Kalbries blanchieren und pressen. Mit den Rosmarin-
zweigen spicken und kalt stellen.

Die Petersilie entstielen, waschen und schleudern, in
Salzwasser blanchieren und in kaltem Wasser ab-
schrecken, damit sie grün bleibt. Abtropfen, schleudern,
mixen und durch ein Spitzsieb geben. Reservieren.

Eine Zitrone schälen, die Schale in feine Streifen
(Julienne) schneiden und drei Mal blanchieren. Den
Saft der Zitrone aufbewahren.

Die drei anderen Zitronen bürsten und sie im Dampf
garen. Die gekochten Zitronen mit einer Nadel stechen.
Einmal kochen. Fruchtfleisch durch ein Sieb geben und
auf kleiner Flamme zum Püree reduzieren. Mit Butter
aufmontieren. Mit Salz und Zucker abschmecken.

Am selben Tag: Kalbries parieren, mit Salz und Pfeffer
würzen, in ein wenig Butter goldbraun anbraten, mit
Kalbsjus deglacieren. Reservieren.

Das Toastbrot in kleine Croûtons schneiden, in Butter anbraten und auf Küchenpapier legen.

Das Petersilienpüree erwärmen und im letzten Augenblick mit Senf aus Meaux aufmontieren. Nachwürzen.

Die Zitronenschalen im Zucker-Salz-Jus kandieren.

Anrichten

Kalbries ins Zentrum eines sehr warmen Tellers geben und mit Kapern, Zitronenschale und Croûtons bestreuen. Jus darübergeben. Einen Kloß Petersilienpüree dazulegen.

· ·

Individualisten am Herd

Statt eines Männerbundes aus diversen Kumpeln mit Schwerpunkt Lyon schwangen jetzt Individualisten den Schneebesen, die weder mit den Altstars der Nouvelle Cuisine noch untereinander Kontakte pflegten. Immerhin: Die Köche konnten ihren Vorgängern nicht vorwerfen, ihre Küche sei barock und schwer. Und eines hatte die Nouvelle Cuisine bewirkt: Es gab keinen »offiziellen« Stil mehr, dem es zu folgen galt. Verschiedenste Stil- und Küchenrichtungen existierten in der Oberklasse fortan nebeneinander:

Pierre Gagnaire (*1950) galt in den Achtziger- und Neunzigerjahren als einer der kreativsten Köche Frankreichs. Ursprünglich bewirtete er die Gäste in einem kleinen Lokal im Zentrum der Industriestadt Saint-Étienne.

Wäre Gagnaire damals in einem Zirkus aufgetreten, hätte er wahrscheinlich gleichzeitig jonglieren, Feuer schlucken, gelegentlich ein paar Kaninchen aus dem Hut ziehen und auf einem Hochseil spazieren können. Als Koch hingegen wagte er zweimal täglich den dreifachen Salto am Herd, ohne Netz und doppelten Boden, malte mit Aromen nie geschmeckte Spezialitäten von ungeheurer Komplexität und schreckte vor keinem Geschmacksrisiko zurück.

Bald befand Gagnaire jedoch, sein Talent brauche einen größeren Rahmen, und zog in eine pompöse Jugendstil-Villa. Ein Abenteuer, das 1996 im Konkurs endete – der ersten Pleite eines mit drei *Michelin*-Sternen ausgezeichneten Lokals. Nach einer Durststrecke, während der Gagnaire unter anderem für Whiskas warb, gelang ihm in Paris ein Comeback.

»Gute Küche – das ist nicht nur Geschmack und Duft, das sind auch Temperatur und Konsistenz«, erklärte der Meister und kombinierte (fast zähe) Seeohren, saftige Jakobsmuscheln und zarte Meerspinne, mariniert in gewürztem Pampelmusenjus, begleitet mit Gelee von kleinen Oliven mit Lauch.

Heute unterhält er Ableger in Courchevel, London, Berlin, Moskau, Seoul, Las Vegas, Hongkong und Tokio, was zeigt, dass sich auch Küchenstile, die vom Gast als »einmalig« empfunden werden, grenzübergreifend duplizieren lassen.

Alain Passard (*1956) machte sich im Pariser Arpège als Rôtisseur einen Namen, servierte puristische Gerichte wie Seezunge mit Gurken und stellte pünktlich zum Höhepunkt der BSE-Krise seine gesamte Karte auf gesundes Grünes um. Keine rein vegetarische Küche, aber mit deutlichem Schwerpunkt auf Fisch und Gemüsen. Das eher schlichte Lokal etablierte sich über die Jahre als das teuerste von Paris und wirkt an vielen Tagen wie ein exklusiver Privatclub, wo das feine Paris Avocado-

Mousse, Langustino-Tarama und französischen Kaviar, eine
halbe Stunde sanft gegarten Steinbutt in Vin jaune, Zwiebel-
ravioli mit Datteln oder Gemüse-Couscous mit marokkani-
schem Argan-Öl genießt.

Michel Bras (*1946) wurde 1978 von einem namenlosen
Gault-Millau-Mitarbeiter in Laguiole in der Auvergne entdeckt.
Damals war er ein hagerer Bursche mit viel zu großer Brille, der
das Dorflokal Lou Mazuc von seiner Mutter übernommen hatte.
Der Hype um die Nouvelle Cuisine hatte ihn inspiriert, in seiner
Küche mit Kräutern und Pilzen zu experimentieren.

Nach seiner Entdeckung durch den *Gault Millau* erlebte Bras
einen Blitzaufstieg; anders als in seinem Berufsstand üblich, weigerte er sich, nach Paris oder an die Côte d'Azur zu ziehen. Er
schwärmte von seiner Region, lief durch die Wälder, fotografier-
te Berge und Pflanzen des Aubrac.

Später zog er in eine moderne Bergfestung aus Glas und
Granit: Trotz allen Designs wirkt Bras' Auberge nicht kalt, sondern eher hell und luftig – und fügt sich auf ihre eigene Art wie
gewachsen in die raue Landschaft ein.

»So etwas kann man nur lieben oder hassen – aber das Hotel
wurde ganz nach meinen Vorstellungen gebaut. Vergessen Sie
ruhig mal die Architektur, alles im Haus ist darauf abgestimmt,
von der Landschaft des Aubrac zu profitieren. Der Weg zwischen den Gästezimmern folgt dem alten Hirtenpfad auf den
Berg, der Himmel über der Auvergne bestimmt die Farben in
den Zimmern und im Speisesaal. Vor jede Terrasse habe ich
außerdem ein paar Bergkräuter pflanzen lassen.«

Die Wiesen der großartigen französischen Landschaft der
Auvergne bestimmten auch das Geschehen auf dem Teller: Um
die 350 verschiedene Kräuter und Gewürze wurden pro Jahr in
der Küche verwendet; das beliebteste Gericht war der Gargouil-

lou, bei dem nicht weniger als 18 Gemüse dafür sorgten, dass jeder Bissen anders schmeckte.

Zur Bras'schen Küchenphilosophie gehörte es, dass seine Kreationen mit dem Laguiole, dem Hirtenmesser der Region, zerteilt werden mussten. »Bei uns in der Gegend ist das Laguiole ein Freund fürs Leben. Für unseren Gast soll es ein Freund während des Menüs sein, deshalb decken wir nicht mehrfach ein, sondern leihen ihm ein Messer. Mit diesen Tischsitten werden wir wohl nie den dritten Stern erhalten«, erläuterte Bras einmal. Den metallenen Freund soll der Gast zwischen den Gängen selbst mit einem Stück Brot reinigen. Den Stern bekam er trotzdem.

Manchmal beließ Bras – Präzision muss sein – auf der Karte seinen Kräutern und Gemüsen sogar ihre botanischen Namen: *Tricholoma terreum* und *Tricholima equestre*, zwei Arten von Ritterlingen, zur Rehterrine, *Boletus edulis* (eine Steinpilzart) mit Schinken im Dampf gegart, *Cantharellus tubaeformis* (ein Pfifferling) zur Dorade. Wie der Blick in seine Küche zeigte, war Bras eher pedantischer Handwerker als unbekümmerter Aufkocher und musste sich den Weg zu den Sternen hart erarbeiten. Ein Koch, der seinen eigenen Ideen so lange misstraut, bis sie sich in der täglichen Praxis bewährt haben. Einer, der nach dem Prinzip von Versuch und Irrtum ebenso systematisch neue Gerichte austestet, wie er im Büro an seinem Computer auch die kleinsten Details seines Hauses mit einem Tastendruck aufrufen konnte. Die Kräuter-Cuisine war für ihn alles andere als eine kreative Laune: »Das *terroir* – also die Region mit all ihren Traditionen – findet man nicht nur im Museum und in Großmutters Rezepten. *Terroir* muss man leben, das ist für mich mehr als alte Rezepte. Das kann der Duft einer Pflanze sein oder ein spezielles Licht – all das möchte ich in meiner Küche rüberbringen. Eine erdverbundene Küche, für die ich die Zutaten freilich anderswo suchen muss, denn bei uns gibt es nur Käse, Wurst und ein wenig Wein.« Dicke schwarze Kumuluswolken über dem Aubrac-Plateau inspirierten ihn zu einem Gericht mit Lotte in Olivenöl-Emulsion, der »Gargouillou« repräsentierte für ihn »Frühling und Lebensfreude in der Region«: »Das bewegt sich, das lebt.« Und natürlich ist für das Nationalgericht der Auvergne auf jeder Karte ein Ehrenplatz reserviert: Das Aligot (eine Mischung aus jungem Cantal und Kartoffelbrei) geriet dem Cuisinier aus der Auvergne so locker und leicht, dass sich alle anderen Versionen dagegen wie Wackersteine ausnehmen.

Inzwischen hat Michel Bras das Restaurant an seinen Sohn Sébastien übergeben, der einen anderen Stil der Küche favorisiert.

Der Meister des Meeres

Der beste Koch der westlichen Welt für Fische und Meeresfrüchte hieß Olivier Roellinger (*1955) und stammt aus dem bretonischen Dorf Cancale.

In der Küche wirkte der schlanke Mann in Weiß stets hoch konzentriert und zögerte nicht, selbst Hand anzulegen: Mit schwungvoller Handbewegung malte er zum Beispiel eine Spur Sherrysauce auf einen Teller mit bretonischem Hummer, rundete sein Werk mit einer Spitze Kakao ab. Dem Gast sollte es überlassen bleiben, das delikate Krustentier nach seinem Geschmack mit der sanften Würze anzureichern. »Saucen und Jus trage ich gern abschließend selbst auf«, sagte der Meister und strich sich das Haar aus der Stirn. »Das ist vielleicht nostalgisch, denn natürlich können meine Küchenchefs sie alle perfekt reproduzieren.« Nostalgisch sicher, aber vielleicht auch eine Art symbolische Signatur. Wie ein Maler, der seinen Namen unter ein Bild setzt.

Sein Lokal lag in seinem Geburtshaus im Fischerort Cancale, und das war ein klarer Standortvorteil: Keine einzige Zutat kam vom Pariser Großmarkt Rungis, die Lieferanten waren Freunde und Nachbarn. Die Gemüse stammten von Michael Robin, einem Bio-Bauern, Fische kamen von Ferrantin & Tachet, Miesmuscheln und Austern von Michel Daniel unten am Quai Kennedy im selben Dorf. Hummer zog Philippe Couapel mit seinem Fischerboot Ti'Pagaille an Land. »Leicht überspitzt kann man sagen: Weil es Philippe gibt, gibt es bei mir Hummer.« Ultrafrische Zutaten und kurze Wege waren die ersten beiden Geheimnisse von Roellingers Fischküche.

Das dritte Geheimnis war das ungeheure Wissen, das der Bretone in Sachen Meeresfrüchte gesammelt hatte. »Alle keltischen Völker hatten den Fisch von ihren Tellern verbannt, auch wir Bretonen. Die Iren zogen es sogar vor, zu verhungern, anstatt Jakobsmuscheln vom Strand aufzulesen. Warum? Wir sind hier Seefahrer – das Meer entreißt den Leuten ihre Väter und Kinder. Das Meer war unser Feind, unser Wissen über den Fisch ist neu.« Zum Ausgleich ist der Bretone ein wandelndes Fischlexikon: Woran erkennt man frischen Rochen? »Er ist von einer Art Schleimschicht überzogen und hat einen leichten Ammoniakgeruch.« Woran sieht man, dass Petersfisch zu lange gelagert wurde? »Auch er ist dann von einer Schleimschicht überzogen und riecht nach Ammoniak.« Wie kauft man Seespinnen? »Nach Saison. Von Mai bis Juli sind die Weibchen besser, von Oktober bis Dezember die Männchen. Doch vermeiden Sie stets weiße und rote Exemplare und kaufen Sie lieber ocker- bis rostfarbene Seespinnen.«

Das vierte Geheimnis ist die Geschichte der Region: »Als Kinder haben wir auf den Festungsmauern von Saint-Malo geturnt, man hat uns die Geschichte der Korsaren erzählt, der Gewürzjäger der Compagnie des Indes. Surcouf, La Bourdonnais und all die großen Familien von Saint-Malo sind mit Gewürzen reich geworden. Diesen Esprit wollte ich auf den Teller bringen.« Entsprechend setzt Roellinger für sein Leben gern Gewürze und Kräuter ein. Gewürzkoch haben Kritiker ihn genannt. Das klang, als würde er Makrelen unter Currykruste begraben. Tatsächlich gibt es in den Maisons de Bricourt keinerlei intensiven Gewürzeinsatz, dafür aber sanfte Aromenspiele: Crevetten garte Roellinger leicht an, servierte sie mit einer Spur Malz, zu warmen Austern mit Kohl und Ingwer gesellte sich gegrillter Leinsamen. Winzige Artischocken, eine Spur Oregano und ein winziger Spritzer Rum hauchten Rotbarben nie gekannten Geschmack ein. An den kleinen Hummer mit Aromen der Gewürzinsel gehören unter anderem Galgant-Wurzeln, Tamarinde und Rocou-Körner, der Petersfisch »Retour des Indes«, ein Roellinger-Klassiker, wird mit Kokosmilch, Zitronengras, Lilienblättern und einer Mischung aus 14 Gewürzen abgeschmeckt. Und doch: Der unverfälschte Geschmack des Fisches steht im Vordergrund, in den Maisons de Bricourt wird nichts maskiert.

Das letzte Geheimnis des Olivier Roellinger war seine eigene Geschichte: »Ich bin Autodidakt, eine Kochlehre im klassischen Sinn habe ich nicht absolviert. Anders als manche Kollegen besuche ich auch nie andere Restaurants, um Anregungen zu sammeln.« Ursprünglich war er Chemiestudent. Sein Leben änderte sich radikal, als er im nahen Saint-Malo von fünf Unbekannten zusammengeschlagen wurde und ins Koma fiel. »Als ich damals Jahre im Rollstuhl saß, wollte ich mit allem brechen, was wissenschaftlich und rational ist, um mich all dem zuzuwenden, was sinnlich, lebendig und sensibel ist – eben das Gegenteil von der Kälte, die ich im Studium kennengelernt hatte.«

Roellinger borgte sich 36 000 Euro, kaufte einen gebrauchten Herd, wandelte das Herrenhaus der Eltern nahe dem Marktplatz im benachbarten Cancale zum Restaurant um. Und er schwor seiner Frau Jane: »Eines Tages wird Bocuse nach Cancale kommen, um bei uns zu essen.« So weit war er damals, 1982, noch lange nicht: »Mit meinem heutigen Küchenchef Dédé stand ich allein am Herd, meine Mutter kümmerte sich um die Desserts, Jane bewirtete die Gäste.« Und die kamen ausschließlich am Samstag und Sonntag. »Von Montag bis Freitag hatte ich Zeit zum Experimentieren.«

Die neuen Ideen setzten sich schnell durch, Kritiker begannen, von »Roellingers Stil« zu sprechen. Das Restaurant avancierte zum Wallfahrtsort für Fischliebhaber. Und der Herr am Herd erweiterte sein kleines Reich: Weil die Gäste an der Küste weites Meer und malerische Sonnenuntergänge sehen wollten, kaufte er das schlicht-schöne Cottage Les Rimains, später auch das elegante Château-Richeux mit dem Bistro Le Coquillage hinzu. Wohlgerüche locken in Roellingers Bäckerei Grain de Vanille mit ihren Butterkeksen, duftigen Kakaos und hausgemachter Eiscreme. Eine eigene Backstube und 2500 Pflanzenarten bereichern den Garten des Château. Dazu gibt es noch die *Gîtes Marins*, große, familienfreundliche Ferienhäuser mit einer fast schon professionell ausgestatteten Küche und zwei Schlafzimmern für vier Personen. Alle Gäste sind zu Ausflügen auf dem Segler Étoile de Bricourt auf eine Tagestour nach Saint-Malo oder zu den Chausey-Inseln eingeladen – ein kostenloser Service. Rund um das Haus der Eltern hat Monsieur eine kleine Welt geschaffen – rund um die guten Zutaten der Bretagne, die Austern, den frischen Fisch.

Wie er so schnell so erfolgreich wurde? Roellinger zögert keine Sekunde: »Jede Zutat ist ein Geschenk der Götter. Auch der beste Koch trägt nur wenig dazu bei. Kochen ist Leben, nach einer schwierigen Phase in meiner eigenen Existenz drücke ich mich am Herd aus. Kochen ist ›den anderen ernähren‹. Eigentlich ein Akt der Liebe und der Zuwendung. Deshalb kann es keine bösen Köche geben.« Und dann nach einer kurzen Pause: »Gelegentlich trifft man dennoch böse Menschen mit weißen Kochjacken. Köche sind das für mich allerdings nicht.«

Im Jahr 2008 schloss Roellinger sein Grand Restaurant, behielt jedoch sein Bistro und seine Hotels.

Der Bretone Olivier Roellinger ist ein Virtuose der Gewürze. Auf der Suche nach Bockshornklee, Schwarzkümmel und Sumak durchquerte er die halbe Welt.

Der Koch als Unternehmer

Stilbildend war unter den damals »jungen Köchen« nur einer: Alain Ducasse. 1956 als Bauernsohn in Castel-Sarrazin im Südwesten Frankreichs geboren, lernte er als Kind den Geschmack unverfälschter Zutaten bei seiner Großmutter kennen. Frühe Fotos aus der Lehrzeit zeigen einen schlaksigen Burschen, der sein Gesicht hinter einem Rübezahl-Bart verbirgt. Stur soll er gewesen sein: Als er sich 1975 bei Michel Guérard als Lehrling anbot, wurde er zunächst abgewiesen: Schließlich hatte Ducasse die Hotelfachschule nahe Bordeaux drei Monate vor dem Abschluss geschmissen und vorher nur in einem regionalen Restaurant, Le Pavillon Landais in Soustans, gearbeitet. Aber der junge Mann ließ sich nicht abweisen, ging mitten in der Küche in den Sitzstreik. Ob so viel Motivation wurde Guérard weich. Zwei Ereignisse machten Ducasse, der den Platz am Herd aus Rebellion gegen seinen Vater wählte, nach seiner Lehrzeit bei Guérard und Vergé zum großen Koch. Einmal die Begegnung mit seinem Vorbild Alain Chapel, von dem Ducasse selbst sagt: »Er hat mir beigebracht, was Küche wirklich ist.« Zum anderen ein schwerer Flugzeugunfall im August 1984, den er dank eines gebrochenen Sicherheitsgurts als Einziger überlebte: »Da habe ich gemerkt, wie unwichtig die Probleme des Alltags sind. Seitdem bin ich strenger zu mir und kann mich auf das wirklich Wesentliche konzentrieren.«

Der Unfall trug ihm später in Küchenkreisen eine solide Reputation als »Phönix aus der Asche« ein. Seine Ernennung zum Küchenchef des Hôtel de Paris 1987, übrigens ein Haus, das *ante Ducasse* eher für pompösen Einsatz von Kaviar und Foie gras als für hohe Kochkunst bekannt war, brachte den weltweiten Durchbruch. »Dabei habe ich dort nicht anders

gekocht als früher im Hotel Juana.« Ducasse servierte bäuerliche, fast rustikale Gerichte aus Italien und Südfrankreich. Das
konnte ein Teller Pasta mit Herzmuscheln sein oder frittierte
Gemüse, eine Mischung aus Erbsen, Zwiebeln, Spargel und
Speckstreifen im Schmortopf, eine Bouillon von weißen Bohnen mit Ravioli von Pecorino-Käse, Seewolf »Müllerin Art« mit
Kartoffelbeignets oder Schweinskotelett und -fuß mit Salbeijus
und Steinpilzpolenta. Und das war damals seiner Zeit weit voraus, denn in den Grandhotels speiste man »so« nicht. Ducasses
Lokal Louis XV wurde nicht trotz, sondern wegen des Kon-
trastes aus seinem Überfluss an Blattgold und Marmorpilastern
und der vermeintlichen Bauernküche berühmt. Denn auch die
scheinbar simpelsten Gerichte ließen sich letztlich nur mit dem
entsprechenden Know-how realisieren. Dazu gehörten präzise
Garzeiten und die nicht weniger präzise Auswahl der besten
Zutaten. Jede französische Hausfrau kann beispielsweise *légumes
à la grecque* (in Olivenöl und Zitronensaft mariniertes Gemüse)
anrichten. Was dieses Gericht im Louis XV einzigartig machte,
war das richtige Olivenöl, die Kombination von weißen Rübchen mit Birnen und die Verfeinerung durch etwas Speck und
Ziegenfrischkäse. Viele Köche könnten eine Poulardencrème
mit Kastanien oder ein Risotto von Steinpilzen mit altem Parmesan auftischen. Nur schaffte es leider keiner so perfekt und
wohlschmeckend wie Alain Ducasse.

»Im Kleingedruckten meines Vertrages mit dem Hôtel de
Paris stand eindeutig, dass ich nicht innerhalb von vier Jahren drei Sterne im *Michelin* holen muss«, berichtet Ducasse. Er
benötigte dafür lediglich 33 Monate. Bald wollte halb Frankreich kochen wie er. Sonnengetrocknete Tomaten, Rotbarben,
Basilikum und Thymian hielten auf vielen, vielleicht zu vielen
Speisekarten Einzug. Altstar Paul Bocuse wetterte im französi-

schen Fernsehen, »dies sei gute, aber keine große Küche« und im Übrigen viel zu einfach, um als große Küche durchgehen zu können. Schon 1993 titelte der renommierte *Wine Spectator*: »Ducasse – World's best chef?« Damals noch mit einem Fragezeichen versehen. Drei Jahre später folgte die nächste Herausforderung: Joël Robuchon ging in Frührente, Ducasse übernahm das Pariser Haus des großen Kochs. Und kopierte nicht etwa seine monegassischen Klassiker, sondern kreierte einen eigenen Pariser Stil mit bourgeoisen und klassischen Einflüssen. Wenige Monate später wurde er mit seinen beiden Spitzenrestaurants in allen maßgebenden Guides zum höchstdekorierten Cuisinier seit Mutter Brazier aus Lyon. Das Szenelokal Spoon folgte 1998, Hoteliers rund um die Welt kauften das neue Konzept an.

Ein weiteres Top-Lokal in New York kam im Jahr 2000 hinzu. Inzwischen ist »Alain Ducasse at the Essex House« jedoch wieder geschlossen. Da kochte Ducasse schon längst nicht mehr, er hatte das System »ein Spitzenkoch – ein Lokal« sozusagen »geknackt«.

Sicher, es gab Widerstände: Gäste, die auf einen Handschlag von Alain Ducasse hofften, gehörten ebenso dazu wie der *Guide Michelin*, der bei jeder Neueröffnung zwar das neue Lokal mit drei Sternen auszeichnete, das monegassische Louis XV, ein Lokal, in dem sich absolut nichts geändert hatte, jedoch abwatschte.

Ducasse war eine lebende Marke geworden. Ein Status, hinter dem eine perfekt ausgeklügelte Organisation stand: Jeder Mitarbeiter, gleich wo er vorher arbeitete, erhält eine hauseigene Schulung. Und wenn er sich bewährt, dann kommt es vielleicht eines Tages zu einem faustischen Moment. Der große Meister höchstpersönlich wird den jungen Koch fragen, wo er denn in Zukunft gern arbeiten würde. In einer rustikalen Auberge? Im Bistro, im Szenelokal? In einem Haute-Cuisine-Lokal? Es ist die Minute, die ein Leben bestimmen kann. Wer sein Talent überschätzt oder, häufiger, seine persönliche Neigung falsch einschätzt, wird scheitern und später eher mit der eigenen Entscheidung als mit dem Lehrmeister hadern.

Als Unternehmer lautet Ducasses wichtigste Regel: »Wir beraten meist und investieren nur selten eigenes Geld.« Für die Top-Restaurants und die Spoons berechnet Ducasse Consulting-Honorare. »In die großen Häuser investieren wir nicht selbst.« Eigenes Geld steckt dagegen in Bistros, Auberges, der Kochschule, der Bäckerei sowie der Reservierungszentrale von Châteaux & Hôtels Collection, einem Hotelverband. Zum Vergleich: Ein französisches Spitzenrestaurant kann ein bis drei Prozent von seinem Umsatz als Gewinn verbuchen, ein gut gehendes Bistro zehn bis 15 Prozent.

Etabliert werden auch Partnerschaften zwischen Alain Ducasse und Qualitätsprodukten aus dem Non-Food-Bereich. So war er »Peugeot-Botschafter«, und für Miele schulte er die Außendienstler für Frankreich. Die Marke hat dort einen erstklassigen Ruf bei Waschmaschinen, ihre Herde sind aber weitaus weniger bekannt. Mieles Mitarbeiter bekamen ein Briefing mit Verkaufsargumenten aus Profi-Sicht. Fertigkost kommt nicht infrage: Ducasse nimmt im kulinarischen Bereich nur Verträge an, wenn er die Qualität des finalen Produkts bestimmen kann.

Für seine Restaurants organisiert er rigorose Qualitätskontrollen: »Jeder Beratervertrag gibt mir das Recht, das betreffende Lokal 30 bis 40 Mal pro Jahr anonym besuchen zu lassen. Kein Restaurantführer kann sich derart viele Tests leisten. Zusätzlich bewertet von Zeit zu Zeit ein Koch aus meinem engen Mitarbeiterkreis die Mitarbeiter in der Küche – einschließlich des Küchenchefs.«

Weil Kochen letztlich Handwerk ist, bildet Ducasse fortwährend selbst aus. Dazu verfügt er über eine eigene Kochschule namens AD-Formation. Finanziert wird die Schulung nicht nur vom Kunden, sondern auch vom französischen Staat, der Arbeitgebern eine Art »Fortbildungsgebühr« abverlangt. Inzwischen versorgt ein eigener Verlag die Teilnehmer mit Lehrmaterial und Kochbüchern.

Was früher der *Guide Culinaire* von Auguste Escoffier war, ist heute die Serie *Grand Livre de Cuisine d'Alain Ducasse*, die jedes Rezept der verschiedenen Häuser in bislang unerreichter Präzision und Detailfülle darstellt.

»Kochen«, sagt Ducasse, »ist Handwerk. Und Handwerk kann man lernen und planen.« Oder: »Gute Küche, das sind 95 Prozent Arbeit und vielleicht fünf Prozent Genie.« Oder wieder anders ausgedrückt: »Meine Küche sind 60 Prozent gute Zutaten und 40 Prozent Arbeit.« Die fünf Prozent Genie sind zwischen den beiden Sätzen verschwunden.

Das ist der Schlüssel zum Ducasse-Imperium: jedes Rezept, jeden Arbeitsgang im Restaurant zu wiegen, zu messen und zu vermitteln, damit er auch in Abwesenheit des großen Chefs exakt ausgeführt werden kann.

Steht der Meister tatsächlich einmal in Paris oder Monaco in der Küche, wirkt er wie ein Dirigent. Eine präzise Handbewegung, ein kurzer Befehl: »Wasser kocht«, »Temperatur kontrollieren«, »Saucenfleck am Tellerrand«. 20 kurz geschorene Gestalten in Weiß quittieren jedes Wort mit einem deutlich hörbaren *Oui, chef* – ansonsten hört man keine Dialoge. Ein wenig erinnert die Profiküche an ein Trainingscamp für Elitesoldaten. Abgeschlossen wird der Dienst von einem stundenlangen Putzgang, der auch Lüftungsroste nicht ausspart.

»Ich muss nicht am Herd stehen, ich ziehe es vor, meine Teams auszubilden und zu motivieren.« Wie ein Lektor redigiert der Meister jedes Rezept, das ihm seine Mitarbeiter vorlegen. »Wer kochen kann, erkennt schon beim Lesen, ob das alles schmeckt oder der Koch zu viel Öl in die Pfanne gibt.«

Diese Küchen-Präzision praktiziert Ducasse auch in seinem Leben. Geschäftstreffen beginnt er oft mit der Ansage, wie viel Zeit ihm zur Verfügung steht. Small Talk gibt es höchstens, wenn die Gesprächspartner unter ihrem Zeitlimit bleiben. Nie lässt er sich vom Handy unterbrechen: »Ich habe weder Zwänge noch Verpflichtungen. Aber ich muss, wenn es wirklich zählt, im richtigen Moment am richtigen Ort sein.« Wo der richtige Ort ist, in welchem seiner Lokale Ducasse tatsächlich den Abend verbringt, wissen nur seine engsten Mitarbeiter, aber nie der Gast. Kollegen haben ihn deshalb scherzhaft zum »ersten virtuellen Koch« ernannt. Er selbst zieht den Ausdruck »erster moderner Koch« vor.

. . . .

Ein Rezept von Alain Ducasse

Muscheln und Schalentiere, sautierter Felsenkrake und Kalmare mit Roquette-Pistou, Schmetterlingsnudeln und Piment

Hauptzutaten für 4 Personen
0,5 kg kleine Encornets (Tintenfischchen)
0,4 kg Tintenfisch
1 Felsenkrake von 0,8 kg
16 Teppichmuscheln (*palourdes* – schwere Exemplare)
1 Hummer oder 1 Languste
0,4 kg oder 4 große rote Riesengarnelen
2 Zitronen aus Menton, 1 für den Saft, 1 zum Trocknen

2 cl Olivenöl
2 cl Weißwein
50 g wilder Roquette

Zitronen/Piment-Teig
200 g Mehl Typ 00
30 g gekochtes Zitronenfruchtfleisch
4 g Piment
5 Eigelbe
Zitronenschnitze

Für das Zitronenfruchtfleisch
6 Zitronen
40 g Zucker

Roquette-Pistou	**Außerdem:**
1 Anchovisfilet	Zitrone, Lorbeerblatt, Salz,
5 g Pinienkerne	Pfeffer, Knoblauchzehe,
12 g wilder Roquette	Rosmarinzweig, getrock-
2 g Basilikumblätter	neter Fenchel, Piment aus
Olivenöl	Espelette, Sherryessig

1. Vorbereitung

24 oder 48 Stunden zuvor den gereinigten Kraken ins kochende Salzwasser und 45 Minuten mit einer Zitrone und einem Lorbeerblatt garen. Abkühlen und abtropfen lassen. In Stücke schneiden, mit Salz und mit Pfeffer aus der Mühle würzen. In einer Schüssel bedeckt mit Olivenöl, gemischt mit einer Knoblauchzehe, die in zwei Teile geschnitten wurde, und einem Rosmarinzweig reservieren. Im Kühlschrank aufbe-

wahren. Nach 48 Stunden erreicht er seinen optimalen
Geschmack.

Am Morgen

2. Getrocknete Zitrone

Die Zitrone in feinste Scheiben schneiden (am besten
mit dem Schinkenschneider). Die Scheiben auf einem
mit Backpapier ausgelegten Backblech auslegen. Mit
grobem Salz und Pfeffer würzen. Bei 75 °C trocknen.
Nicht wenden.

3. Vorbereitung des Teigs

Für das Zitronenfruchtfleisch: Zwei Zitronen mit dem
Saft von vier Zitronen mischen und 40 g Zucker hinzufügen. 15 Minuten kochen, auf einer Ofenecke reservieren und abkühlen lassen. 200 g Mehl mit 30 g des
gekochten Zitronenfruchtfleisches, 4 g Piment, fünf
Eigelben und geriebener Zitronenschale mischen und
kneten, um einen homogenen Teig zu erhalten. Ruhen
lassen und mit Plastikfolie einwickeln. Den Teig fein
ausbreiten, Kreise von 5 cm Durchmesser mit einer
Canelé-Form ausstechen. Mit einer weiteren Form von
3 cm die Schmetterlingsform ausstechen. Auf einem
Sieb reservieren.

4. Roquette-Pistou und Basilikum

Im Mörser das Anchovisfilet und die Pinienkerne
mahlen. Danach Basilikum und Roquette zermahlen.
Anchovispaste hinzugeben und mit Olivenöl binden.
Reservieren.

5. Vorbereitung der Muscheln und Schalentiere

Die Tintenfischchen reinigen, Kopf vom Körper trennen, aber die Haut der Mollusken bewahren. Das Krustentier im kochenden Salzwasser mit zwei Zweigen trockenem Fenchel kochen, dann in vier Teile schneiden.

Die Gamberoni ausnehmen, vier mit dem Kopf aufbewahren, die Füße mit der Küchenschere abschneiden.

Den Tintenfisch in vier Dreiecke zerschneiden, das Fleisch danach im Karomuster einschneiden.

Zubereitung

In eine warme Salatschüssel 16 Krakenstücke geben.

In eine Pfanne von 30 cm Durchmesser 5 cl Olivenöl geben. Wenn sie gut heiß ist, die Muscheln hinzugeben, mit Weißwein deglacieren, Hitze senken und bedecken. Die Muscheln herausnehmen, wenn sie sich öffnen, die Tintenfischchen hinzugeben und etwa eine Minute kochen. Abtropfen und sie in die lauwarme Salatschüssel mit dem Kraken geben. Den Jus in einer kleinen Sauteuse reservieren. Die Muscheln auslösen und sie zusammen mit dem Krustentier in die Salatschüssel geben. Die Gamberoni mit Olivenöl scharf anbraten und auf einem Gitter reservieren.

Mit Salz, Pfeffer, Piment aus Espelette und Sherryessig abschmecken.

Die lauwarme Mischung auf die Teller verteilen: Krake, Tintenfischchen, Muscheln und die Gamberoni auf die Teller geben. In der kleinen Sauteuse mit dem Jus zwei Löffel Pistou unterschlagen. Nudeln eine Minute garen und in einer Mischung aus Butter und Olivenöl kurz schwenken.

Den Jus auf die Teller geben, auf die Muscheln eine
Scheibe getrocknete Zitrone legen, mit einer Spur
Olivenöl, dem Herz des wilden Roquette-Salats und
den Nudeln dekorieren.

. . . .

Der Erfolg des Alain Du-
casse sorgte dafür, dass
in den Neunzigerjahren
die halbe Welt auf einmal
mediterran kochen wollte.
Dennoch: Unter den abso-
luten Spitzenköchen gab
es keinen dominierenden
Stil mehr. Die Tatsache,
dass man niemandem
folgen musste, hieß frei-
lich nicht, dass Köche
niemandem mehr folgen
wollten. Gute Ideen wur-
den weiterhin zügig ko-
piert, eine besonders gute
Idee schien die »Fusion«
zu sein.

Koch, Autor, Unternehmer – das ist der
Monegasse Alain Ducasse.

Die Fusionierer

»Osten ist Osten und Westen ist Westen und nie werden die
beiden zueinander finden«, schrieb Rudyard Kipling in seiner
Ballad of East and West. Im viktorianischen England war das

sicher zutreffend. Zumindest konnte Kipling nicht ahnen, dass
sich die Welt gründlich wandeln würde.

Der Schweizer André Jaeger (*1947) wurde 1971 Food and
Beverage Manager im noblen Hotel Peninsula in Hongkong.
Auch diese Stadt war damals nicht wie heute, Jaeger erinnert
sich an einen exotischen Mix von Düften und Aromen, an seinen anfänglichen Ekel vor Koriander, an »kulinarisches Heim-
weh« nach Spätzli, Wurst, Forellen – jedoch auch an seine erste vorsichtige und dann rasante Entdeckung der chinesischen
Küchen. Im Plural, weil es nicht eine, sondern acht davon gibt,
die wiederum in etliche Unterstile eingeteilt sind. Seine Reisen
führten ihn quer durch den Kontinent. Besonders faszinierte
ihn der Zusammenhang zwischen Essen und Gesundheit, der in
so gut wie allen asiatischen Küchenkulturen primordial ist. Im
damaligen Japan etwa erkannte man ein erstklassiges Tempura-
Restaurant daran, dass bestes, frisches Öl höchstens drei Mal
zum Ausbacken der Teighüllen genutzt wurde, um es danach an
weniger feine Lokale zu verkaufen. Die »zweite Klasse« verwendete das Öl weiter, um es danach noch einmal zu veräußern, bis
es irgendwann in den Garküchen der Vororte landete.

Gute zehn Jahre später kehrte Jaeger in die Schweiz zurück,
um das Lokal seines Vaters, die Fischerzunft in Schaffhausen, zu
übernehmen. Um ihn herum tobte die Nouvelle Cuisine – ein
Konzept, das er in Asien komplett verpasst hatte. Kochen hatte
er im Beau-Rivage Palace in Lausanne gelernt. Doch *nouvelle*
konnte er nicht kochen.

Also begann er, mit seinen »Reisesouvenirs« aus China und
Japan zu experimentieren, räucherte feine, dünne Scheiben vom
Seeteufel in Tee oder würzte den Scampi-Salat mit scharfem
Wasabi. Natürlich wusste er, dass seine Küche für einen chine-
sischen oder japanischen Kollegen nur ein Spiel mit Aromen

wäre. Neue, nie gekannte Gerichte gelten in Asien kaum als Geniestreich, in den meisten feinen Restaurants geht es darum, Speisen der Meister originalgetreu nachzukochen. In Europa teilten die Gäste diese Meinung nicht: Jaegers Küche war auf ihre Art neu – und erfolgreich.

Dem kulinarischen *East meets West* ist er bis heute treu geblieben, mit Gerichten wie geschmortem Kalbssparerib, Sashimi von Wagyu-Filet, Flaacher Stangenbohnen mit Soja und Chili, Eierstich mit Sojasprossen oder Forellenfilet, knusprig gebacken mit fünf chinesischen Gewürzen, Limonenremoulade und gegrillten Zucchetti.

Auch wenn die Fusion verschiedenster Küchenkulturen bei etlichen Köchen zu Konfusion führte: Neben dem Schweizer André Jaeger war der Deutsche Albert Bouley (1949-2013) einer der raren Meister des Genres. In seinem Waldhorn in Ravensburg mischten sich japanische, chinesische, französische und deutsche Einflüsse. Aufgetischt wurden Gerichte wie »Wachtel-Pot-au-Feu mit Spinatwickel in Man-San-Miso-Chutney« oder »Rotbarbenfilet mit Spargel-Kalbskopf-Ragout und Soja-Ei« im altdeutschen Interieur mit dunklen Holzvertäfelungen, Zinnschmuck und Kachelofen.

Wahrscheinlich hatte Albert Bouley selbst in seiner Jugend nicht geglaubt, dass er einmal Auguste Escoffier und Madame Butterfly auf dem Teller zusammenführen würde. Die ersten Stationen seiner Karriere waren jedenfalls klassisch: Grand Hotel in Mürren, Eden au Lac Montreux, Etrier Hotel in Crans-sur-Sierre, National Montreux und Excelsior Montreux, allesamt in der Schweiz.

Ab 1975 übernahm Bouley dann das elterliche Hotel-Restaurant. Schon in den Achtzigerjahren hieß es über ihn, er würde die Küche des Jahres 2000 praktizieren. Der Restaurantführer

Gault Millau gab ihm Höchstnoten, ernannte ihn einmal zur »Kreativitäts-Maschine«. Das war als Kompliment gemeint und höchstwahrscheinlich darauf bezogen, dass Bouley die Tester jedes Jahr aufs Neue zu überraschen wusste. Doch eine Maschine war er gewiss nicht: Für das *East-meets-West*-Genre brauchen Köche sichere Geschmacksnerven und höchste Sensibilität. Die Zutaten waren, für entsprechendes Geld und mit einigen Schwierigkeiten, bereits verfügbar. Doch wer euroasiatisch kocht, der muss sich hier und da auch auf die asiatischen Techniken einlassen, muss sie erlernen, muss die dortigen Aromen stilsicher ins Geschmacksbild integrieren.

Die Küche von Jaeger und Bouley begründete in den Neunzigerjahren einen kurzen Trend. Beide wurden allerorten imitiert, bis auch in mittelmäßigen Lokalen Saucen mit Zitronengras aufgepeppt wurden.

Keiner von beiden verfügte über finanzielle Deckung durch zahlungskräftige Sponsoren oder Hotelketten, etliche Imitatoren ihrer Stile wurden als »Entdecker« und »große Kreative« gefeiert.

Las man in den USA in den Neunzigern über die *New American Cuisine*, dann war das Fusionsküche. Als klassisches Einwanderungsland machten sich die amerikanischen Köche Techniken und Zutaten der halben Welt zu eigen, von Frankreich über Japan bis nach Mexiko. Alles wurde fusioniert, ein amerikanischer Untertrend hieß sogar *Chino-Latino*: Die Kochkunst Chinas traf auf Gerichte aus Südamerika.

Französisch-asiatisch, französisch-indisch, thai-spanisch, in den Kochtöpfen konnte alles verschmolzen werden. Fusion Food gedieh dort, wo eine Vielzahl von Einwanderern und ethnischen Minderheiten ihre Gewürze und Kochtechniken einbrachten. Bald entstand die Cuisine der Metropolen, die zwar über kein eigenes kulinarisches Erbe verfügten (selbst eine typisch Pariser

Küche gibt es nicht), aber jede Zutat jederzeit verfügbar haben. Darüber hinaus wurde Fusion Food wie ein Markenprodukt verkauft: Küchenchefs wie der Elsässer Jean-Georges Vongerichten, ein Schüler von Louis Outhier, der sich ebenfalls dem Trend angeschlossen hatte, brachten es in immer wieder neuen Lokalen und Varianten an den Gast: Vongerichtens »Vong«-Restaurants in New York, London, Hongkong exportieren die Ideen, seine Zweit- und Drittlokale passen sich an unterschiedliche Kundentypen und Geldbörsen an.

Dabei war gelungenes Fusion Food immer durchaus schwierig zu realisieren: Ein Thai-Koch brauchte, allein um seine Küche perfekt zu meistern, acht Jahre Ausbildung. Für die Vermählung der traditionellen Thai-Gerichte mit französischer Küche sind lange Versuchsreihen bis zum Rezept und zur letztlichen Auswahl der Zutaten notwendig.

Nicht jeder Koch konnte diese Gerichte realisieren, viele wollten auf den modischen *fusion touch* dennoch nicht verzichten: So wurde der japanische Rettich Wasabi zur Modezutat, kaum ein Thunfischcarpaccio kam ohne Koriander oder Zitronengras aus, selbst Kokosmilch wurde in Miesmuschelsuppe gerührt.

Einige Köche stellten schon die Frage, ob dies der Trend zu einer »universellen Haute Cuisine« sei, die in jedem Land der Welt gefällt, oder ob der Rückgriff auf Einflüsse von außerhalb nur ein Ersatz für die mangelnde eigene Fantasie am Herd sei. Da war die Mode des »Fusion Food allerorten« schon fast wieder vorbei, auch wenn die Pioniere ihrem Stil treu blieben.

Vielleicht scheiterte die Fusionsküche gerade an zu viel Fusion, vielleicht auch daran, dass sich sinnvolle Stilmixe nicht jedem Koch auf Anhieb erschlossen.

Große Küche, große Probleme

In Frankreich war inzwischen längst nicht mehr jeder gute Koch dank seiner Küche erfolgreich.

Jacques Maximin (*1948) erlebte in den Achtzigerjahren einen kometenhaften Aufstieg, kochte das Traditionshotel Negresco in Nizza in die Riege der begehrtesten Schlemmeradressen der Grande Nation. Gourmets aus aller Welt standen Schlange für seine gefüllten Zucchiniblüten oder den Seewolf in Gemüsekruste, berühmte Kritiker bezeichneten ihn nicht nur regelmäßig als Genie, sondern auch – in Anspielung auf seine Körpergröße – als Napoleon der Herde. So hätte es weitergehen können, wäre Jacques Maximin nicht dem Lockruf der Selbstständigkeit erlegen: Mit seinem spektakulären Restaurant-Theater (nebst Küche hinter einem pompösen Theatervorhang) in der Altstadt von Nizza erlitt er Schiffbruch. »Nicht jeder große Koch ist eben auch Unternehmer, und einer wie Maximin ist dann am besten, wenn er nicht rechnen muss«, murmelte die Branche. Die katastrophale Pleite, die jedem anderen Cuisinier Schulden bis ans Lebensende eingetragen hätte, handhabe er jedoch brillant. Das Theater wurde an die Brasseriekette Flo verkauft, Maximin fand im vermögenden Getränkegroßisten Versini einen Sponsor, der ihm prompt ein neues Lokal spendierte: Le Diamant Rose, im Hinterland der Côte d'Azur, dekoriert mit Originalen von Chagall und Picasso und ausgestattet mit einer 200 Quadratmeter großen Luxusküche mit Panoramablick auf die Küste. Aber das erhoffte Comeback blieb aus. Nach einem Streit mit seinem Gönner stand Maximin wieder auf der Straße, versuchte sich mal als Berater, dann wieder als Koch. 2008 schloss er sein letztes Lokal. Eingerichtet hatte er es im Wohnzimmer seines Privathauses.

Bernard Loiseau (1951-2003), laut Umfragen einstmals Frankreichs beliebtester und bekanntester Koch, steckte sich sein Jagdgewehr in den Mund und drückte ab. In der traditionsbewussten Branche hatte er es nicht immer leicht gehabt: »Wenn du Koch wirst, dann werde ich Erzbischof«, soll ihm sein Lehrmeister Jean Troisgros einmal zugerufen haben. Das Lokal La Côte d'Or in Saulieu baute Loiseau um und aus. Alexandre Dumaine, einer der Küchenstars der Fünfziger, hatte hier einst Maßstäbe gesetzt. Legendäre Orte neu zu beleben, ist immer schwierig. Alte Gäste bleiben aus, weil nichts mehr so ist wie früher, neue Gäste werden vom möglicherweise angestaubten Ruf abgeschreckt.

Doch Loiseau war erfolgreich mit Gerichten wie Schnecken im Brennnesseljus, Froschschenkel mit Knoblauch oder Zander in Schalottenfondue mit Rotweinsauce. Butter und Fett waren zeitweise aus der Küche fast verbannt, Loiseau versuchte mit dem natürlichen Jus der Zutaten zu kochen. *Sauces à l'eau*, »Wassersaucen«, hatte er dies zu Anfang seiner Karriere genannt, was ihm einigen Branchenspott eintrug: »Sieh nur Bernard, all diese fantastischen Saucen fließen unter dir hinweg«, meinte Paul Bocuse, als die beiden eine Brücke über den Fluss Saône überquerten.

Über die Jahre wurde Loiseau zum Unternehmer: Sein Gesicht prangte auf Fertigsuppen, seine Gruppe, zu der auch drei kleine Pariser Lokale gehörten, wurde sogar an der Börse notiert. Doch die Koch-Aktie stagnierte, das an der Börse gesammelte Geld wurde zügig für Renovierungen und Verschönerungen ausgegeben.

Dem Selbstmord ging eine Abwertung um zwei Punkte im *Gault Millau* und ein negativer Bericht in der Tageszeitung *Le Figaro* voraus. Auch im *Guide Michelin* sei seine Position bedroht, hieß es da. *Michelin* dementierte dies stets. »Wir waren

0 6 NOV. 2002

PAE060, le 31/10/02

Visite de M. *Mme* _LOISEAU_   le _04.11.01_

Etablissement: _COTE D'OR_

DEPT: 21

02-11 5032   (PROV)

Localité: _SAULIEU_

Rattachement: LE: ....

Numéro: _F 21043 4203_

Reçu par M. _Brown_   ITE NORMALE

Compte Rendu

· Pour rendre visite (1° fois depuis 3 ans)

· A parlé beaucoup sur sa philosophie, sa présence permanente dans son resto etc...

· J'ai parlé de nos soucis, irrégularité, manque d'âme; de caractère, recente

· dans sa cuisine et le courrier qui est Très mitigée en termes de qualité. Visiblement "shocké" il l'a pris au sérieux.

A voir.

Il nous signale Chef de Cuisine J BONNET (ex 2nd Ladoyen même) et maintenant Chef chez "Tante Yvonne" (ÀSUIVRE)

```
00060588:D,C,T,S,R   :00060588:Q/P,A      :00071270:A,D,N,C,S
00060588:PN          :00060823:A,C,T,S    :00071270:R
00060591:A           :00061466:A,R        :00072045:Q/P
00060823:D,R         :00061529:D,T,PG     :00080123:N
00061453:0           :00061574:Q/P,S,PG   :00081511:A,***
00061466:D,T         :00061626:PG         :00090932:A,P,D
00061574:A,D,N       :00061796:A,D,N,C,T  :00091551:A,N
00061626:A,D,***,T   :00070069:A,D,C,T,S  :00091706:N,R
00061626:S,R         :00070069:R,PG       :00091840:0
00070166:D,N,C,T,R   :00070166:A,S        :00100311:Q/P
00070166:PG          :00070223:D,C,T,R,PG:00100513:D,S
00070308:D,C,T,R,PG:00070308:A,N,S       :00100581:Q/P
```

```
: LETTRE :      - 1 -
:00010544:Q/P,C,R,P
:00020584:Q/P,***
:00030542:***
:00031314:Q/P,S,***
:00031705:Q/P
:00050476:***
:00050795:Q/P
:00050796:***,PDJ,S
:00060144:Q/P,P
:00060588:***,PDJ
:00061468:Q/P
:00061529:***,S
:00061626:P
:00061796:Q/P,***,S
:00070069:Q/P
:00070223:Q/P,N
:00070601:Q/P
:00071134:Q/P
:00071270:Q/P
:00072045:S
:00080123:Q/P
:00081385:***
:00081511:P
:00091551:Q/P
:00091706:Q/P,S
:00100513:Q/P,A,T
:00100581:Q/P
:00100979:***
:00101154:Q/P
:00101696:V,S,N
:00101810:Q/P,***,S
:00101902:AGR
:00110565:***,S,Q/P
:00111080:Q/P
:00120005:A
:00120008:***
```

Visiten von Köchen wie Bernard Loiseau wurden vom Guide Michelin auf solchen „Waschzetteln" festgehalten. Das Datum wurde nachträglich korrigiert. Im Hintergrund: Die Leserpost zum Lokal.

uns Herrn Loiseaus sicher«, betonte Pressesprecher Gonzague de Jarnac damals.

Erst 2013 wurde das Protokoll der Begegnung zwischen dem damaligen *Michelin*-Direktor Derek Brown und Bernard Loiseau veröffentlicht: »Ich sprach über unsere Sorgen, Irregularitäten, Mangel an Seele; an Charakter in seiner Küche und die Leserpost, die in Sachen Qualität sehr gemischt ist. Sichtlich geschockt hat er das ernst genommen. Wir werden sehen«, notierte *Monsieur le Directeur*. Ein Küchenleben, resümiert in wenigen Sätzen in fehlerhaftem Französisch. Das Treffen fand nicht einmal fünf Monate vor Loiseaus Selbstmord statt.

Das Boot war voll

In Frankreichs Küchen blieb ein Generationswechsel aus. Die Großen der Nouvelle Cuisine wie Bocuse und Guérard tauchten Aufsteiger in ihren langen Schatten. Eigenes Profil erlangten lediglich Robuchon, Ducasse und ein Jahrzehnt lang Loiseau. Neue Talente setzten sich selten dauerhaft durch, zumal die Stars der Branche regelmäßig junge Köche bestens ausbildeten, die es prompt zum eigenen Spitzenrestaurant drängte.

Kaum etwas demonstrierte dies so gut wie ein Blick in die Restaurantführer:

Meine 50 besten Restaurants Frankreichs prangt stolz auf dem Buchtitel, die gut 272 Seiten beschreiben minutiös die besten Gerichte von Robuchon, Savoy, Senderens, Guérard, Maximin und Konsorten. Gagnaire, Troisgros, Bras – die *50 besten Restaurants* strotzten mit Superlativen. Würden Alain Ducasse und Olivier Roellinger nicht durch Abwesenheit glänzen, könnte man glauben, das Buch wäre eben auf den Markt gekommen. Es erschien jedoch 1986, sein Autor Henri Gault ist im Jahr 2000 verstorben. Aber das Werk schien auch drei bis fünf Jahre nach seinem Ableben verblüffend aktuell, selbst die Preisspalte irritierte nicht über Gebühr. Wer die Francs-Preise eins zu eins in Euro übertrug, hatte ein relativ realistisches Bild von den Kosten eines schönen Abends zu zweit.

Die neuen Stars waren die alten Stars: Köche wie Guy Savoy oder Alain Dutournier wurden quer durch die Jahrzehnte (und unabhängig von ihrem Lebensalter) als Wunderkinder gehandelt. Der Nachwuchs wurde international ebenso wie in Frankreich kaum wahrgenommen. Die Branche wurde erdrückt durch das Image der Gründerväter.

»Der Unterschied zwischen damals und heute ist, dass wir damals als junge Köche eine Botschaft vermittelt haben«, sagte mir Alain Senderens, Jahrgang 1939. »Wir haben konsequent mit den Traditionen gebrochen.«

Nach dem Ende der Nouvelle Cuisine fehlten neue, mediengerechte Schlagworte. Dringend hätten neue Tabus erfunden werden müssen, damit ein Koch endlich wieder eines davon medienwirksam brechen konnte. Schlagzeilenträchtige Trends waren nicht erkennbar. Nicht wenige Köche wollten, dass ihre Gerichte schmeckten, als hätte man Ducasse oder Robuchon geklont. Ob Ducasses wegweisendes Gemüsemenü aus dem Louis XV, Robuchons Kartoffelpüree oder jede erfolgreiche Modeerscheinung – und sei sie noch so klein –, alles wurde beliebig kopiert. Roellingers Spezialitäten wurden gar so dreist abgekupfert, dass sich der Küchenchef einige Bezeichnungen seiner Gerichte wie »Retour des Indes« urheberrechtlich schützen ließ.

»Wir wollten uns von der Generation unserer Väter lösen«, erzählte Senderens. »Heute findet eine reflektierte Auseinandersetzung mit den Meistern kaum noch statt.«

Tatsächlich scheint die Erfolgsbilanz der Nachwuchsköche durchwachsen: In der Hauptstadt Paris etwa konnte nur Pascal Barbot vom Astrance ohne Finanzierung durch Sponsoren ein Top-Lokal eröffnen. Viele von Barbots Kollegen wollen zu schnell zu viel. Was die Familien Troisgros und Haeberlin in drei Generationen mühsam erwarben, soll jetzt in zehn Jahren aus dem Boden gestampft werden. Keinem kam in den Sinn, dass der Markt für Spitzenrestaurants vielleicht schlicht und einfach durch Anzahl und Kaufkraft der potenziellen Gäste begrenzt sein könnte.

Didier Oudill etwa, Schüler von Guérard, war im winzigen Dorf Grenade-sur-l'Adour mit seinem Pain Adour et Fantaisie höchst erfolgreich, erntete gute Noten in allen Guides. Sein nächstes Lokal, das Café de Paris in Biarritz, war deutlich größer und teurer. Als die Gäste rarer wurden, zog er sich von der Haute Cuisine in die Bistroküche zurück und eröffnete das Dauphin in Paris.

Nachwuchstalente wie Thierry Breton und Yves Camdeborde, beide Schüler von Christian Constant im noblen Hôtel de Crillon, verzichteten auf kostspielige Experimente in der Spitzengastronomie und eröffneten gleich Bistros.

»Der Trend hat sich gedreht«, meint Breton. »Der Aufstieg von Senderens, Guérard, Chapel und Co war die Emanzipation der Köche. Der Weg ins eigene Restaurant. Heute kochen die Spitzenköche wieder in Hotels oder brauchen Sponsoren.«

Anders ausgedrückt: Die großen Köche aus der Generation der Nouvelle Cuisine wurden noch unter ihrem eigenen Namen bekannt, von vielen jungen großen Köchen der nachfolgenden Generationen kennt man nur die Namen ihrer Arbeitgeber. Beispiel Franck Cerutti: Die Nummer zwei von Alain Ducasse im Hôtel de Paris eröffnete Anfang der Neunzigerjahre das gute und konkurrenzlos günstige Don Camillo in der Altstadt von Nizza. Trotz guter Kritiken blieben schnelle Erfolge aus, das Alltagsleben im eigenen Lokal konnte mit dem Glanz des monegassischen Lokals nicht mithalten. Cerutti kehrte schon 1996 an den sicheren Herd des Hôtel de Paris zurück – dieses Mal als Küchenchef.

»Wir stehen heute in weltweiter Konkurrenz«, meint auch Senderens. »Ein Koch, der Rechnungen für Zutaten und Weinkeller selbst begleicht, hat es schwer, mit einem hochsubventionierten Hotelrestaurant zu konkurrieren. Und einen eigenen Presse-Service hat er auch nicht. Kein Guide und kein Gast berücksichtigt das – warum sollte er auch.«

Senderens musste es wissen, denn sein Restaurant Lucas Carton geriet ebenfalls in finanzielle Schieflage und wurde nur durch eine finanzielle Beteiligung von Vranken-Champagner gerettet. Nach dem Konkurs von Pierre Gagnaire schrammten auch namhafte Köche wie Marc Veyrat und Marc Meneau haarscharf an der Pleite vorbei.

Gleichzeitig kämpfte die große Küche der Grande Nation mit einem anderen Problem: Historisch gesehen suchten und lobten Köche stets exzellente Zutaten. Noch in den Achtzigerjahren beschäftigten Spitzenköche wie Alain Chapel Züchter und Bauern der Umgebung. Inzwischen aber war das »Gourmet-Produkt« ein Geschäft geworden, sozusagen eine *line extension* der Mittelklasse beim frei Haus liefernden Großhändler. Landauf, landab wurden Rind, Schwein und Huhn derselben Züchter aufgetischt. Fleisch und Geflügel entstammte fortan natürlich stets denselben Rassen und wurde auf absolut identische Weise ernährt. Das sorgte für eine gewisse Monotonie bei Tisch. Sicher, die »Gourmet-Produkte« der Großhändler sind qualitativ hochklassig. Erstklassig jedoch sind sie nicht, denn sie werden in möglichst identischer Qualität für Tausende von Köchen erzeugt.

Abseits der Haute Cuisine verlor Frankreich dann auch

noch sein Wahrzeichen: die Bistros. Vier Thonet-Stühle rund um einen schmalen Tisch mit karierter Decke, der Rauch von 50 Gauloises, der auf Robert Doisneaus Bildern gleichzeitig Richtung Decke aufsteigt, die kantigen Züge von Jean Gabin, wenn er am *zinc* (»Tresen«) mit einer Pranke zum *ballon*, dem Glas Rotwein, greift, die Baskenmütze ins Gesicht schiebt und den Mantelkragen hochschlägt. So oder ähnlich lautet das Klischee eines zünftigen Bistros. Meist ist die Erinnerung daran schwarz-weiß, denn alle zugehörigen Fotos und Filme (mit Ausnahme von Amélie Poulain) sind es auch. *Le Bistro*, der französischste aller Orte, trägt einen russischen Namen: Mit *bystro* sollen die russischen Truppen 1815 die Pariser zum schnelleren Servieren aufgefordert haben. Schnell, gut und dann auch noch stimmungsvoll, solche Restaurants sind zu schön, um wahr zu sein. Damit ein Bistro entstand, brauchte es a) einen echten Patron, etwas grimmig, aber mit Herz auf dem rechten Fleck, b) rustikale Küche, die stets in 2000-Kalorien-Portionen aufgetischt wurde, und c) ein Publikum, das sich aus den Originalen des Viertels rekrutierte, im Durchschnitt weder zu arm noch zu reich noch zu anspruchsvoll. Daran scheitert es heute: Die üppigen Portionen will niemand mehr, schon gar nicht unfotogen serviert, die Patrons sind mit der Steuererklärung beschäftigt und streiten sich mit ihrem Lieferanten für Vorgekochtes.

Und das Publikum isst heute im Burgergrill: Frankreich gilt nach den USA als größter Umsatzmarkt für McDonald's.

Der Aufstieg Spaniens

Jenseits der Pyrenäen war der französischen Küche zudem ein potenzieller Rivale erwachsen: die »neue spanische Küche«, die anfangs noch nicht auf die Stilrichtungen »molekular« und »Avantgarde« abonniert war.

Nun war die spanische Küche nicht nur neu, sie war im Vergleich zu Frankreich auch ausgesprochen günstig: Noch um das Jahr 2000 waren zum Beispiel ein Flug nach Girona, ein Diner im El Celler de Can Roca und eine Übernachtung in einem guten Hotel vor Ort gut 100 Euro günstiger als ein Abendessen für zwei in Paris, wobei Wein- und Alkoholkonsum die Bilanz zugunsten der Spanier noch verstärkte. Günstige und gute Konkurrenten sollten stets ernst genommen werden.

Im Baskenland blieben die Pioniere Juan Mari Arzak und Pedro Subijana jedenfalls nicht alleine.

Martín Berasategui (*1960) lernte im bescheidenen Familienrestaurant Bodegón Alejandro, es war die kleine Stube von Mutter und Tante. Dort gab es Kokotxas, Seehechtbäckchen in grüner Sauce, oder geschmorte Kalbskutteln. Arbeit war reichlich vorhanden, Geld wenig. Martíns Vater, Metzger von Beruf, starb, als sein Junge gerade 17 Jahre alt war. Berasategui stürzte sich erst recht in die Arbeit. »Sechs Tage in der Woche half ich im Restaurant. Am siebten Tag wollte ich alle kulinarischen Berufe lernen: Bäcker, Patissier, Chocolatier, Metzger. Das hat mir Disziplin beigebracht.« 1982 klopfte er auf der Suche nach einer Schnupperlehre an der anderen Seite der Grenze an die Tür des Pain, Adour et Fantaisie im französischen Südwesten. Küchenchef Didier Oudill hatte bei der Nouvelle-Cuisine-Legende Michel Guérard gearbeitet und ein paar Kilometer vom Haus seines ehemaligen Arbeitgebers entfernt ein winziges Lokal eröffnet. »Didier wurde alles für mich. Mein bester Freund, mein Lehrmeister, ein Vater-Ersatz!« Martín Berasategui holt mit beiden Händen weit über seinen Kopf aus. »Didier hat ein Herz, größer als Donostia« – der baskische Name für San Sebastián.

Mit Gerichten wie geeister Grillade von Makrele und Paprika oder gefülltem Merlan mit Barbecuesauce und Flusskrebsen war Oudill damals auch ein visionärer Koch. Die Gäste schlemmten zu Sparpreisen, Martín Berasategui lernte die Feinheiten der großen Küche.

Oudill und Berasategui gingen gemeinsam auf kulinarische Entdeckungsreise zu Michel Bras, Alain Ducasse, Jacques Maximin oder Olivier Roellinger. Jahre später sollte sich der Mann mit dem großen Herzen beim Kauf eines legendären Restaurants in Biarritz finanziell überheben, aber das war damals noch weit weg. Das Niveau der Küche der Bodegón Alejandro stieg, Feinschmecker begannen den Fischern die Plätze streitig zu machen. »Im Mai 1993 haben wir dann unser heutiges Restaurant in Lasarte eröffnet«, sagt Berasategui stolz lächelnd. »Drei Jahre hatten wir daran gebaut. Und alles war von vornherein groß geplant. Im Bodegón war die Küche klein, hier haben wir fast 350 Quadratmeter.« Acht Jahre nach der Eröffnung war es mit Höchstnoten in allen Guides dekoriert.

Noch heute bewirtet er Gäste mit baskischen Klassikern wie Seehechtbäckchen oder Seehecht in Muschelsauce und Kalbskutteln neben eigenen Kreationen wie ein Millefeuille von Aal und Foie gras mit Zwiebeln und Apfel. Fettes Fleisch mit fettem Fisch. Das liest sich nicht unbedingt appetitlich. Bei Berasategui gelingt das Gericht durch die genaue Dosierung des sauren Apfels und der Zwiebel. Etliche Köche haben das nachgeahmt, keiner kann das Millefeuille so gut wie er. Martín Berasategui notiert jedes Gericht mit einer Jahreszahl auf der Karte.

»Der schönste Tag in meinem Berufsleben war, als ich mit 25 meiner Mutter sagen konnte, dass sie ab heute nicht mehr arbeiten muss.« Damals hatte sich ein baskisches Sprichwort bewahrheitet: Wer arbeitet, der wird auch essen.

Genau diese Worte stehen inzwischen auf Baskisch auf einer Metallstele neben dem Eingang.

. . . .

Ein Rezept von Martín Berasategui

Ei vom Bauernhof mit Roter Bete, flüssigem Kräutersalat, baskischem Carpaccio und geräuchertem Käse

Baskisches Carpaccio

Scheiben von Roter Bete
Kugel von geräuchertem Idiazabal-Käse
Ei
flüssiger Kräutersalat
3 Zweige Rucola und zwei Radieschen

Baskische Küchensahne

200 g Crème fraîche
450 g Bouillon vom Pot au Feu, reduziert auf ein Drittel
Bouillon vom Pot au feu: Knoblauch, Kohl, weiße Rübchen, Karotte, Lauch, Kichererbsen, Schweineschwanz und -backe, Wasser und Salz

Kräuterpüree

100 g glattblättrige Petersilie
    (Blätter)
100 g Kerbelblätter
50 g Frühlingszwiebel,

Außerdem:

Sonnenblumenöl
Bicarbonat

Baskische Wurst

Rote Bete kochen, halbieren, in Würfel von 0,5 bis
1 cm Kantenlänge schneiden. Idiazabal in Würfel von
0,5 cm Kantenlänge schneiden. Eiweiß von Eigelb trennen und mit etwas Sonnenblumenöl in ein Glas geben,
bis es ins Gericht gegeben wird.

Für den Salat: Vier Esslöffel baskische Küchensahne
und einen Esslöffel Kräuterpüree mischen. Langsam
mit Crème fraîche und Bouillon reduzieren, bis eine
gleichmäßige Flüssigkeit entsteht.

Für die Bouillon: Alle Zutaten bei geringer Hitze sechs
Stunden mit etwas Wasser köcheln lassen.

Für das Kräuterpüree: Kräuter zupfen und unter flie-
ßendem kaltem Wasser säubern. In einem Schmortopf
etwas Wasser erhitzen. Wenn das Wasser kocht, Salz
und Bicarbonat hinzugeben. Kräuter hinzugeben. Ab-
schöpfen und erneut aufkochen. Das Gemüse herausnehmen. Mit zehn Esslöffeln Kochwasser in den
Thermomix geben und drei Minuten bei maximaler
Geschwindigkeit mixen. Herausnehmen und für ein
gleichmäßiges Püree nochmals sieben.

Fett und Nerven des gekochten Schweinefleischs he-
rausschneiden. Erkalten lassen, leicht pressen, damit
Wasser austritt. In 7 cm lange Streifen schneiden.

Trüffelpüree

450 g Trüffelsplitter
30 g Olivenöl
450 g Mineralwasser

Weitere Zutaten

400 g des Basispürees
500g Trüffeljus
400 g weißes Trüffelöl
150 g Butter

Auf kleiner Flamme in einer tiefen Teflonpfanne
Trüffelsplitter und Olivenöl erhitzen. Mit dem Wasser
regelmäßig anfeuchten und 20 Minuten garen. Drei
Minuten bei maximaler Geschwindigkeit in den
Thermomix geben, bis man ein gleichmäßiges Püree
erhält.

Butter erhitzen, Basis hinzufügen und 20 Sekunden
bei starker Hitze garen. Außerhalb der Herdplatte mit
Trüffeljus anfeuchten, Öl hinzufügen, in den Turmix
geben und gut durchmischen. Sofort servieren.

Präsentation

Ins Zentrum etwas leicht angewärmte Rote Bete geben.
Ei mit etwas Sonnenblumenöl darauflegen. Pfeffern
und salzen. Sechs Kügelchen Idiazabal darum herum-
legen. Einen Esslöffel flüssigen Salat auf das Ei geben.

Mit baskischer Wurst, etwas Rucola und Radieschen
garnieren.

....

Gegen den Strom

Santi Santamaria (1957-2011) hieß der Koch, der als Erster drei
Sterne des *Michelin* und die damit verbundene internationale
Anerkennung nach Katalanien holte. Sein Restaurant El Raco
de Can Fabes in Sant Celoni nördlich von Barcelona wirkte, als
sei es rund um gute Zutaten errichtet worden. Rechts standen
drei gläserne Kühlschränke: Im ersten warteten zarte Lämmer,
saftige Rinderkoteletts, Geflügel und Foie gras, im zweiten
knackige Gemüse, im dritten das Obst.

Die Küche, die er im Laufe der Zeit auf 120 Quadratmeter
erweitert hatte, war ein Stück seiner Familiengeschichte: »Mein
Vater wurde hier geboren, ebenso wie mein Großvater und ich.
Wir waren eine Bauernfamilie. Mein Vater erkrankte schwer,
meine Mutter arbeitete als Näherin in einer Fabrik. Mit 15
musste ich dazuverdienen. Wir hatten nicht viel. Wirtschaftlich war es sehr schwer.« Wenn die Mutter in der Fabrik war,
kochte der Vater. »Und seine Freunde liebten auch das Kochen.
Ich dachte immer, alle Männer kochten.« Als Santi Santamaria
23 war, eröffnete er mit seiner Frau eine kleine Kneipe: »Es war
die Zeit nach der Franco-Ära. Neu gewonnene Freiheit! Ich
wollte mein Hobby zum Beruf machen, Freunde empfangen,
einen Ort kreieren, wo verkannte Poeten Dichterlesungen ab-
halten, um danach illegale Substanzen zu rauchen.« Wie jedes
Lokal, das allein für Freunde bestimmt war, endete Santamarias
Abenteuer nach einem Jahr in einer Beinahe-Katastrophe. »Wir
waren ein Alltagsrestaurant, servierten für 150 Peseten, nach

heutiger Währung etwa zwei Euro. Wenn unsere Gäste feierten, gingen sie anderswohin, um dort viel Geld zu lassen. Natürlich wollten wir auch ein Restaurant zum Feiern werden.« Auch das ging anfangs mangels solider Kochkenntnisse daneben. »Zum Glück arbeitete nicht weit von hier ein französischer Koch namens Philippe Serre. Der war mal bei Nouvelle-Cuisine-Erfinder Michel Guérard gewesen und brachte mir die Grundlagen bei.« Abgesehen von diesem Schnellkurs war Santimaria Autodidakt. »Ich hatte den Vorteil, dass ich schon als Kind den guten Geschmack unserer katalanischen Zutaten auf der Zunge hatte. Heute möchte ich feine Gerichte mit rustikaler Spitze und dem althergebrachten Geschmack ein modernes Image verpassen.«

Santamaria glaubte an den unverfälschten Geschmack guter Zutaten: winzige Angulas, Glasaale, kleine Tintenfische von der Küste des Mittelmeeres, Bresse-Geflügel von Miéral, frischester Fisch vom Hafen in Blanes.

Die Glasaale servierte er mit Knoblauch, Petersilie und chinesischen Fadennudeln. Erbsen gab es auf Erbsblüten und Erbspüree. Riesiger Kaisergranat wurde mit Gnocchi angerichtet, Kabeljau auf seinen Innereien drapiert. »Wer Kochen verstehen will, muss die unterschiedlichen Garmethoden meistern«, erklärte Santamaria. »Wir haben Elektrizität, Gas und Feuer zur Verfügung. Einen Dampfofen, einen Mischofen, dazu Grillspieß, Plancha und Grill. Der Geschmack einer Pfanne ist etwas anderes als der Geschmack eines Holzfeuers. Wenn man das verstanden hat, bringen Technik und Methodologie nicht weiter. Es geht um die Menschen. Meine Köche haben Ermessensspielraum. Ein Rezept ist schließlich dazu geschaffen, geändert zu werden, ist ein Dialog mit dem Produkt und der Passion.«

Mit seiner Philosophie »Zurück zu den Wurzeln« hatte

es der Bauernsohn aus Sant Celoni weit gebracht. Er betrieb Zweitlokale in Madrid und Hospitalet, in den Emiraten und in Singapur.

Trotz des wirtschaftlichen Erfolgs sorgte er sich in den letzten fünf Jahren seines Lebens mehr und mehr um die Kochkunst im Allgemeinen: »Die Gegend nördlich von Sant Celoni gehört zu den Hauptstädten der Chemieindustrie: Geschmacksverstärker, künstliche Aromen und jetzt auch noch ›Nahrungsmittelparfüms‹. Man hat sie mir angeboten, ich will sie nicht. Andere Köche können anders entscheiden. Aber ich hätte gern, dass die Leute wissen, was sie essen«, sagte er. Und: »Jeder, der ein Glas Marmelade auf dem Markt anbietet, muss klar die Inhaltsstoffe auszeichnen. Wir Köche sollten sie auf die Speisekarte setzen. Das wäre ehrlich.«

Doch Ehrlichkeit währt in der Küche leider nicht immer am längsten. Die Missstände prangerte Santamaria in seinem Buch *La cocina al desnudo* (*Die nackte Küche*, 2008) an. Über seine Berufskollegen, die teilweise mit der Chemieindustrie zusammenarbeiteten, urteilte er, sie würden den Gästen Menüs verkaufen, die sie selbst nie anrührten.

Damit hatte er nicht nur die Molekularköche gegen sich, sondern den gesamten eigenen Berufsstand. Kollegen sammelten Unterschriften gegen ihn, die Angesprochenen begannen eilig zu versichern, sie seien rechtschaffene Köche, die den Gästen nur das Beste auftischten. Santamarias Kritik wurde als geschäftsschädigend gesehen. »Santi hat das Huhn getötet, das goldene Eier legt«, meinte einer seiner Kollegen.

Die kulinarischen Verdienste und der Stolz auf den ersten Drei-Sterne-Koch Kataloniens waren verflogen. Fortan standen die spanische und ein Großteil der angelsächsischen Presse dem Koch feindlich gegenüber.

Santi Santamaria starb im Februar 2011 während der Eröffnung seines Lokals in Singapur an einem Herzinfarkt.

Sein Kollege Martín Berasategui kommentierte, Santi hätte »Herz und Körper der Küche geopfert«.

Am Tag nach seinem Ableben erschien auf der Website der Tageszeitung *El Mundo* ein besonders gehässiger Nachruf. Santamaria wäre schon vor zehn Jahren gestorben, als die Küche zur Kunst wurde, hieß es darin sinngemäß. »Kunst« schien für den Autor von »künstlich« zu kommen, denn Beiträge zur Kunst waren »Spezialitäten« aus den Schränken der Chemieindustrie.

· ·

Ein Rezept von Santi Santamaria

Im Dampf gegarte Taube mit Rotwein

Rezept für 4 Personen

4 Tauben
16 grüne Spargel
8 kleine Zwiebeln
8 Wiesenlauch (*ajo tierno*)
4 wilde Spargel
1 Zwiebel
1 Knoblauchzehe
2 g Pfefferkörner
½ Lorbeerblatt
½ l Rotwein
½ l Wasser
1 Esslöffel Butter
2 Esslöffel Olivenöl

Die Tauben reinigen und ausnehmen. Die Brust
einschneiden, ohne vom Knochen abzuheben. Die
Schenkel am Knochen lassen.

In einem Topf die Knochen und die Schenkel mit
Olivenöl, Zwiebel, Knoblauchzehe und Kräutern
anbraten. Rotwein hinzugeben und kochen lassen, bis
die Schenkel gar sind. Wasser hinzugeben, falls nötig,
auf kleiner Flamme garen. Im letzten Moment salzen,
pfeffern und mit etwas Butter binden.

In einer Pfanne die Taubenbrüste anbraten. Im Ober-
teil eines Couscoussier Spargel, geschälte Zwiebeln,
Knoblauchzehen und Wiesenlauch geben, 15 Minuten
garen. Sechs Minuten vor dem Servieren die Taube
hinzufügen. Mit den Gemüsen einen Strauß bilden,
im letzten Moment salzen.

Santi Santamaria setzte sich für authentische, naturbelassene Küche auf Basis spani-
scher Traditionsrezepte ein. Vielen seiner Kollegen missfiel dieser Ansatz.

14. Die Allianz von Köchen und Industrie

Noch in den Achtziger- und Neunzigerjahren warben Köche mit dem Verzicht auf Zusatzstoffe für ihre Restaurants. Sie vermarkteten ihre Restaurants als »besonders natürlich«. In besseren Restaurants war alles hausgemacht. Geschmacksverstärker gab es dort ebenso wenig wie Zusatzstoffe, die in industriellem Essen für Farbe, Form, Geschmack und Volumen sorgen.

Dieser Berufsethos schlug sich im Ehrenkodex der 1986 vom Franzosen Paul Bocuse und vom Belgier Pierre Romeyer gegründeten Organisation Euro-Toques nieder:

> »Artikel 6
> Euro-Toques-Chefs verteidigen gesunde Lebensmittel auf der Grundlage von Qualitätsprodukten.
>
> Artikel 7
> Euro-Toques-Chefs verteidigen natürliche Lebensmittel und traditionelle Rezepte, setzen sich für die Mannigfaltigkeit des europäischen kulinarischen Erbes ein und sichern den Fortbestand regionaler Produkte.
>
> Artikel 8
> Die in der Küche verwendeten Produkte sind frisch und werden an Ort und Stelle verarbeitet.

Artikel 9
Die verwendeten Produkte entsprechen der Jahreszeit, um
den Naturzyklus zu achten und den echten Geschmack
sicherzustellen.

Artikel 10
Euro-Toques-Chefs setzen sich für eine Vielzahl von
Aromen und Zutaten ein. Sie zeigen dem Verbraucher
gesunde Lebensmittel und tragen zu einer ausgewogenen
Ernährung bei.

Artikel 11
Der Schutz, die Information und die Schulung der Verbraucher sind Teil des Auftrags von Euro-Toques.

Artikel 12
Die Wahrheit der Speisekarte ist ausschlaggebend für die
Bewahrung des Vertrauens der Verbraucher.«

Bessere Restaurants waren »Gegenwelten« zur industriellen Ernährung. Nicht nur die »Euro-Toques-Köche« fühlten sich diesen Devisen verpflichtet. Gepflegt wurde eine Küchenvision, die
stilübergreifend über Jahrhunderte hinweg ihre Gültigkeit hatte:
Gute Küche beruht auf guten Zutaten. Gute Zutaten bewahren
ihren Eigengeschmack.

Die Vision der Euro-Toques-Mitglieder und der großen
Mehrzahl ihrer Kollegen hielt kaum länger als ein Jahrzehnt,
dann wandten sich die gefeierten Köche von ihr ab und praktizierten – das Gegenteil.

Zusatzstoffe – Spitzenkochs neuer Liebling

Wer schon immer Appetit auf E 407, E 412, E 461, E 473, Poly-
glycerinester, Maltodextrin und das Klebeenzym Transglutaminase, abgerundet mit ein paar Geschmacksverstärkern, ein
wenig Azofarbstoff und ein paar Aromen frisch aus den Laboren
der Lebensmittelindustrie hatte, war auf einmal in »Spitzenrestaurants« an der richtigen Adresse.

Zusatzstoffe in jeder Küche – diese Mode begann mit einer Gruppe von Köchen, die sich mal als Molekularköche,
mal als Avantgardeköche, mal als »techno-emotionale« Köche
verkauften. Weil all das mächtig kompliziert klingt, nennen
sie sich heute manchmal auch die *New Naturals*, die »neuen
Natürlichen«. Das Essen, das sie aufkochten, sah aus wie aus
einer anderen Welt: Nahrungsbälle, spiralförmige Speisen,
perfekte Quader, eingeschlossen in halbtransparenten Blöcken,
Melonenkaviar, Olivenöl-Spiralen, Creme vom Iberico-Schin-
ken, allesamt ersonnen in der »Werkstatt« des Spaniers Ferran
Adrià.

Adrià, geboren 1962 und damals noch den Vornamen Fernando tragend, gilt wie so viele seiner Berufskollegen der letzten
300 Jahre als Erfinder einer neuen Küche. Für die einen ist er der
Erfinder der »Molekularküche«. Für die anderen »dekonstruierte« er die Küche, was er selbst 1999 im Gespräch mit folgenden
Worten erklärte: »Ein dekonstruktives Gericht behält das Aroma
seiner Zutaten, aber vertraute Elemente wie Präsentation oder
Konsistenz werden entscheidend geändert.«

Rosas, die ehemalige Wirkungsstätte des Koches, ist ein recht
langweiliger Badeort an der Costa Brava. Zu seinem Lokal El
Bulli wiederum führte ein kilometerlanger Feldweg, in dessen
Schlaglöchern man früher Ersatzreifen versenken konnte. Mit

Holzbalken und Rauputz, gemäßigt moderner Kunst und Toiletten weit außerhalb des Speisesaals war das Lokal keinesfalls besonders spektakulär.

Der junge Fernando kochte hier seit 1983; zuerst im Dienste einer deutschen Dame namens Schilling, später als Ko-Eigentümer mit Juli Soler. Zehn Jahre später konstruierte oder dekonstruierte er Gerichte, ansehnlich wie ein Miró. Wer bei Adrià speiste, bekam 26 oder mehr Gänge vorgesetzt. Seit er 2003 das Cover des Magazins der *New York Times* zierte, galt er als begehrtester, kreativster Koch der Welt.

Mehrfach wurde er vom britischen *Restaurant Magazine* zum weltbesten Koch gewählt. Zehntausende Menschen aus aller Welt bewarben sich um einen der 3000 freien Tischplätze jährlich. Wenn am 15. Januar die Reservierungsliste eröffnet wurde, war sie angeblich drei Stunden später voll. Der Meister empfing schließlich nur sechs Monate pro Jahr in seinem Restaurant El Bulli mit Aussicht auf den Badestrand von Cala Montjoi. Die sechs anderen Monate saß er in seinem »Labor« in Barcelona und forschte oder probierte neue Gerichte aus. Alle Restaurantführer dekorierten ihn dafür mit Höchstwertungen. Auf der documenta 2007 war er Ehrengast, als erster Künstler unter den Köchen.

Doch seine Gerichte gelangen nur mit etlichen Lebensmittelzusatzstoffen, die er prompt als eigene Produktlinie namens »Texturas« vermarktete. »Adrià hat die Lebensmittelchemie salonfähig gemacht«, meinte der Spitzenkoch Eckart Witzigmann dazu im Januar 2011.

Es war, gewissermaßen, die Einlösung der Forderung Marinettis und der Bruch des letzten Tabus. Zusatzstoffe waren die Domäne der Industrie. Bessere Köche schwörten jeden Eid darauf, sie nicht zu verwenden. Geschmacksverstärker, gekörnte

Brühe und ein Produkt namens »Küchengold« existierten in Häusern der bürgerlichen Mittelklasse, nicht aber in der Haute Cuisine.

Fachjournalisten umschrieben die Additive vorsichtig mit dem Wort »Algenextrakte«. Tatsächlich werden für manche Zusatzstoffe für den Menschen ungenießbare Algensorten stunden- oder tagelang in Säure eingelegt.

Ein akademisches Feigenblatt für diese Praktiken erhielt Ferran Adrià im Jahr 2007, als ihm die Universität Barcelona den Titel eines »Doktor honoris causa« verlieh. Professor Claudi Mans kommentierte die Ehrung: »Eine Laudatio wie diese [...] ist sicherlich untypisch. Der größte Teil der Ehrendoktorwürden wird an Wissenschaftlerkollegen für wissenschaftliche Arbeiten vergeben [...] was heute offensichtlich nicht der Fall ist.«

Die Gourmetpresse wertete diesen Schritt als Zeichen, dass die Experimente des Kochs sozusagen offiziell durch den akademischen Betrieb anerkannt worden waren.

In diversen Medien wird Adrià zuweilen als »Doktor der Chemie« beschrieben. Das ist unzutreffend, denn wie die meisten Universitäten vergibt auch die Universität Barcelona Ehrendoktortitel ohne Angabe der Fakultät.

Ebenfalls im Jahr 2007 sollte Küchenchef Adrià die documenta in Kassel mit seiner Anwesenheit beehren. Allein die Ankündigung, ein Koch sei Teilnehmer dieser weltweit geachteten Kunstausstellung, generierte für das El Bulli Tausende von lobenden Presseartikeln und Blog-Einträgen. Nicht nur in Food-Magazinen, auch im Feuilleton der Tagespresse und in Kunstmagazinen wurde über Adrià berichtet. Kann ein Koch ein Künstler sein?

Die Veranstaltung wurde in der Presse groß angekündigt: »Ich glaube, dass viele Zuschauer, nachdem sie meinen Beitrag erlebt haben, nachdenken werden«, sagte Adrià dem deutschen *Manager Magazin*. Tatsächlich kam Adrià nie nach Kassel, stattdessen spendierte er jeden Tag einen Zweier-Tisch in seinem Lokal in Rosas. Der Journalist Ullrich Fichtner kommentierte die künstlerische Performance folgendermaßen:

»Nach Monaten des Raunens und Spekulierens darüber, ob und warum und wie Adrià zur documenta in Kassel eingeladen wird, nach ellenlangen, ermüdenden Feuilletons zum Thema Kochen und Kunst, wurde nun bekannt gegeben, worin Adriàs großartiger Beitrag zur großartigen Kunstschau besteht: Er wird in seinem Restaurant El Bulli kochen. Wie bitte? Das macht er doch sowieso immer? Nein, nein, sagen sie bei der documenta, es ist ganz anders, nämlich so: ›Die Form, die Ferran Adrià fand, um die kulinarische Welt der avantgardistischen Küche mit der Welt der Kunst zu verbinden, besteht darin, dass sein Restaurant El Bulli kurzerhand zum Ausstellungsort von documenta 12 wird.‹ Tja, da staunt der Laie. So einfach ist es, bei der documenta mitzumischen. Das ist Verarschung? Könnte man so sagen. Aber eleganter wär's, Ferran Adrià endlich als das zu betiteln, was er ja auch von Berufs wegen schon lange ist: ein Schaumschläger, ein genialer.«

International wurde über den Rückzug des Kochs aus der Kunstausstellung kaum berichtet. In Erinnerung blieb, dass Ferran Adrià der erste Koch unter den Künstlern gewesen ist.

Ein Rezept aus Ferran Adriàs Zusatzstoff-katalog »Texturas«

Olivenölspirale

Zutaten für vier Personen
100 g E 953
25 g Glukose
1,5 g E 473
45 g Olivenöl extra vergine
1,5 g E 475

E 953 mit Glukose und E 473 mischen und auf 160 °C erhitzen. Während das Karamell erhitzt wird, E 475 in 50 °C warmem Olivenöl auflösen. Wenn das Karamell auf 160 °C ist, das Öl hinzugeben und mit einem Spachtel mischen. Wenn das Karamell das ganze Öl aufgenommen hat, auf Backpapier ausrollen. Mit diesem Karamell kann man viele Formen machen, darunter die Olivenölspirale.
(Anmerkung: Dazu wird eine Bohrmaschine mit rundem Aufsatz verwendet.)

E 953 ist ein Polyol. Nach geltendem Recht müssen Lebensmittel mit mehr als 10 Prozent Polyolen im Handel mit dem Satz »kann bei übermäßigem Verzehr abführend wirken« gekennzeichnet werden.

Der »kochende Künstler« war zeitweise auch Erfinder, der für sich in Anspruch nimmt, eine Technik der Außengelierung, die sogenannte »Sphärifikation«, erfunden zu haben. Immerhin stammt der Name von Adrià, die entsprechende Technik jedoch ist jahrzehntealt und wurde von verschiedensten Forschern und Konzernen bis in kleinste Details patentiert. Auch die *New York Times* stellt 2003 die Genese dieser neuen Spezialität etwas anders dar: »Adrià kam mit dem Konzept der ›flüssigen Ravioli‹ und des ›flüssigen Kaviars‹ im März, nachdem er ein beliebtes asiatisches Getränk mit Tapioka-Perlen probiert hatte.« Dieses Getränk ist mittlerweile bei uns als »Bubble Tea« bekannt. In Asien wird es nicht nur mit Tapioka, sondern auch mit »popping Bobas« aus Wasser, Zucker, Fruchtsaft, Kalziumlaktat (E 327), Carrageen (E 407a), Apfelsäure (E 296), Aroma, Farbstoff und Kaliumsorbat (E 202) in beliebigen Geschmacksrichtungen hergestellt. Ein Kübel von drei Kilogramm kostet im Internetversand weniger als 23 Dollar.

In Spanien, jedoch auch in Deutschland und England fand diese neue Art zu kochen zügig Nachahmer, angezogen vom Prestige des Kochs, der auf einmal Ehrendoktor, Erfinder und Künstler zugleich war.

Zu den »Verfolgern« zählte Joan Roca (*1964) vom El Celler de Can Roca in Girona. Das Can Roca war ursprünglich ein Café von der Sorte, in dem Lkw-Fahrer morgens den kleinen Schwarzen schlürfen. Weit entfernt von der historischen Altstadt von Girona, verloren in einem Arbeiterviertel, wo Bettwäsche weithin sichtbar auf den Hausdächern trocknet. Mittags bewirteten die Rocas ihre Nachbarschaft mit Grillhuhn, geschmortem Kaninchen oder einem Reisgericht, während hinter dem Haus die drei Jungs Joan, Josep und Jordi spielten.

Josep reifte zu einem Sommelier, der gleich drei Weinkarten verwaltet, die im Holzgestell zum Gast chauffiert werden. Und Jordi wurde Patissier. Das erste Lokal der Brüder war der Anbau des elterlichen Cafés mit Blick auf das Schwimmbecken, in dem die drei als Kinder gespielt hatten. Die Gäste kamen für Gerichte wie Venusmuscheln mit Süßkartoffeln und Bergamotte-Mousseline; der Kartoffelbrei mit winzigen, aber aromatischen Stücken vom Calamar oder Reis mit Langustinos, Hahnenkämmen und Comté-Käse entstammen direkt dem katalanischen Repertoire. »Die Mischung von Fisch und Fleisch, von süß und sauer gibt es bei uns seit jeher«, erfuhr ich bei meinem ersten Besuch. »Früher trafen sich am Donnerstag im Hinterland die Fischer mit den Jägern: Dann gab es zum Beispiel Reis mit Seeigeln und etwas Wurst oder Wachtelbrust.« Bruder Josep, der Sommelier, brachte dazu neben spanischen Weinen auch gern deutsche Gewächse an den Tisch, etwa vom Weingut Dr. Bürklin-Wolf, Ökonomierat Rebholz, Grans-Fassian, Fritz Haag oder Heymann-Löwenstein.

Inzwischen gibt es ein neueres, »moderneres« Lokal. Joan Roca rühmt einen Apparat namens Rotavapor. Ein solcher Rotationsverdampfer wurde schon 1957 vom Schweizer Unternehmen Büchi an Labore verkauft, in denen er meist zur Verdampfung von Lösungsmitteln wie Aceton, Benzol oder Chloroform genutzt wurde. Die für die Küche abgespeckte Version namens Rotaval (die nicht von Büchi stammt) gewinnt konzentrierte Aromen aus »feuchten« Zutaten. Und Jordi Roca, der Patissier, sitzt im *Chef's Council*, dem »Rat der Köche« des weltgrößten Aromenfabrikanten Givaudan.

Adriàs Schüler und Imitatoren, die weiterhin ohne Ehrendoktortitel kochen mussten, wurden durch die Behauptung, dass all die neuen Gerichte einem »neuen Zweig der Wissenschaft«, der »Molekulargastronomie«, entstammten, ebenfalls akademisch legitimiert. Ersonnen hatte diesen neuen Zweig der französische Chemiker Hervé This Ende der Achtzigerjahre –

zwei Jährchen nach dem Euro-Toques-Manifest. This betrachtet die Molekulargastronomie als Wissenschaftszweig, der sich mit den biochemischen und physikalisch-chemischen Prozessen bei der Zubereitung und beim Genuss von Speisen und Getränken befasst.

In angelsächsischen Ländern kennt man seit Langem den *Food Scientist*: »Food Science [also ›Lebensmittelwissenschaft‹] schöpft aus vielen Disziplinen wie Biologie, Chemie und Biochemie im Versuch, die Verarbeitung von Lebensmitteln besser zu verstehen und letztlich Lebensmittel-Produkte für die breite Öffentlichkeit zu verbessern … Food Scientists studieren die physikalische, mikrobiologische und chemische Zusammensetzung von Lebensmitteln.«

So beschreibt das Institute of Food Technologies in Chicago die dort gelehrte Disziplin. Das Institut wurde 1939 gegründet, also 16 Jahre bevor Hervé This das Licht der Welt erblickte.

Was aber kann der Molekulargastronom, was der Food Scientist nicht lehren oder erklären kann?

Immerhin eröffnete sich ein Feld für neue Allianzen: Die Fondation Science & Culture Alimentaire, gegründet von Hervé This, verzeichnet unter ihren Gönnern sowohl Kochschulen als auch das Syndicat national des producteurs d'additifs (SYNPA, Verband der Zusatzstofferzeuger) und »Diana Naturals«, einen Global Player der Lebensmittelindustrie, zu dessen Sortiment »True Taste« Aromatisierungslösungen gehören. Und weil man sich in diesen Genießerkreisen kennt, hat »Diana Naturals« Ende 2012 von den Kollegen von Givaudan, die »Gemüse-, Wein- und Essigextrakte« übernommen.

Fortan arbeiteten die Köche mit Wissenschaftlern, Hervé This mit Pierre Gagnaire, Heston Blumenthal mit Peter Barham, einem Polymerforscher, der auch als Experte für die Identifikation und Lokalisation von Pinguinen gilt. Die viel gepriesenen »wissenschaftlichen Erkenntnisse« fielen jedoch spärlich aus. Das schrieb auch Peter Barham 2010 in den *Chemical Reviews*: »Bisher hat sich wenig ›neue Wissenschaft‹ herausgebildet, aber viele neuartige Anwendungen bestehender Wissenschaft wurden gefunden.«

Wissenschaftliche Beratung konnte nicht verhindern, dass 2009 in Heston Blumenthals Fat Duck mehr als 500 Gäste durch Noroviren erkrankten. Nach einer offiziellen Untersuchung wurde der Fall 2012 nochmals von neun Experten untersucht. Der Koch hätte spät gehandelt, Essen wäre von erkrankten Mitarbeitern zubereitet worden, hieß es. Das Fazit, veröffentlicht in *Epidemiology and Infection*, ist nüchtern: »Die Größe und die Dauer dieses Ausbruchs überschreiten alle anderen mit Restaurants assoziierten Norovirus-Ausbrüche in der veröffentlichten Literatur.« Ein Jahr später, 2013, erkrankten über 60 Gäste im dänischen Noma. Auch die Kunden der Top-Gastronomie waren vor den Nebenwirkungen unserer Lebensmittelwelt nicht mehr sicher.

Ohnehin stammten die »Kreationen« der neuen Superköche größtenteils nicht aus deren »Labors«, sondern aus dem steuerlich geförderten Projekt Inicon (Introduction of Innovative Technologies in Modern Gastronomy for Modernisation of Cooking). Das Forschungsprojekt wurde von der Europäischen Union mit 550 855 Euro gefördert. Partner wie Alpha-Tec (Deutschland), Cosmos Aromática (Spanien) und Iberagar (Portugal) steuerten nochmals 642 812 Euro bei. Im Rahmen des Inicon-Projektes entwickelten die Forscher vom ttz (Technologie-Transfer-Zentrum) in Bremerhaven von Januar 2003 bis Dezember 2005 »eine Serie von innovativen Formeln und Rezepten (zum Beispiel Food Leathers, heiße Instantgelees, pikante Süßig-

keiten)« sowie »Entscheidungs- und Auswahlhilfen bezüglich
Zutaten, Rohmaterialien und Techniken (zum Beispiel multiple
Emulsionen)«. Inicon beschreibt unter anderem die Sphärifikation genannte Küchentechnik, bei der Nahrungsmittel dank
Alginat und Kalzium zu halbfesten »Bällchen« werden, erklärt,
wie auf Basis von Fonds (der Geschmacksrichtungen Paella,
Wild oder Schinken) des Unternehmens Cosmos Aromática
Zuckerwatte oder Gelees entstehen oder dass »Cosmofried fla-
vours« der Geschmacksrichtungen Pizza, Anchovis, Barbecue
oder Räucherlachs bei Niedrigtemperaturgarung um die 50 °C
eingesetzt werden können.

Der Griff zur Lebensmittelchemie war Alltag im Projekt
Inicon. So wurde zum Beispiel im Themenbereich »Aromen«
der Einsatz von Mononatriumglutamat (MSG), Adenosinmono-
phosphat (AMP) und Inosinmonophosphate (IMP) empfoh-
len. Die Küchenchefs sollten demnach »die Kühlwirkung des
Zuckeralkohols (analog zu Menthol, aber ohne den Minze-
geschmack) wie Erythrit, Xylit oder Sorbit« nutzen. Auch die
Produkte des Sponsors Cosmos Aromática wurden verwendet,
etwa die »Cosmofried«-Grillaromen Olivenöl, Räucherlachs,
Leberpastete, Barbecue, Grillhuhn oder Pizza.

Ob »falscher Kaviar«, sphärenförmige Häppchen, flüssige
Oliven, warmes Hummergelee – in den Archiven von Inicon
findet sich vieles, was später von den »Laborköchen« aufgetischt
wurde.

Offizielle Partner des Projektes waren neben dem El Bulli in
Rosas auch die Restaurants Grashoff in Bremen, Au Crocodile
in Straßburg sowie The Fat Duck in Bray on Thames. Besonders die beiden letzteren Lokale praktizieren eine Küche, mit
der die Inicon-Forschungsergebnisse logisch in die Speisekarte
eingebunden werden können.

Werner Mlodzianowski, Geschäftsführer des Technolo-gie-Transfer-Zentrums in Bremerhaven und Leiter des steuer-lich geförderten Projekts Inicon, bestätigt ausdrücklich, dass Küchenchefs keine Erfinder sind: »Die Techniken der sogenann-ten Molekulargastronomie sind in der Industrie seit Jahren und Jahrzehnten bekannt. Kein Koch hat hier irgendetwas erfunden«, sagt er. Und: »Köche sind zum ›Erfinden‹ nicht ausgestattet. Ein Labor ist eine Millioneninvestition […] Ich kenne Adriàs ›Labor‹. Dort werden Rezepte probiert. Von Analytik bis zur Lagerung ist es zur Forschung nicht geeignet […] Bei Inicon handelt es sich um ein mit öffentlichen Geldern gefördertes Projekt. Alle Forschungsergebnisse stehen deshalb der Öffentlichkeit zur Verfügung, nicht nur einzelnen Köchen. Anders würde es sich verhalten, hätte ein Partner oder Koch ein eigenes Patent einge-bracht. Dies ist jedoch nicht der Fall.«

Gäste bezahlen die Laborküche also zwei Mal: zuerst als Steuerzahler und dann als Kunde im Restaurant.

Im Falle des Projekts Inicon wurden Steuergelder aufge-wandt, damit sich einige Restaurants die Techniken der Lebens-mittelindustrie aneignen konnten. »Technologie-Transfer« heißt das im EU-Jargon:

Projekt Inicon (IPS-2001-42016) INICON-Partner	Aufteilung der Gelder (in Euro)
ttz Bremerhaven[1]	145 338,29
ttz Bremerhaven (Koordination)	21 075,98
Écoles Grégoire-Ferrandi[2]	48 636,09
B. Grashoff Nachf. KG[3]	39 054,58
The Fat Duck Ltd.[4]	24 266,40
Restaurante El Bulli S.L.[5]	26 097,57
La Table d'Anvers Sàrl[6]	-0,31
I&S Industriemontagen und Service GmbH[7]	0
Cosmos Aromática Internacional S.A.[8]	41 931,59
Iberagar S.A.[9]	20 603,12
Institut National de la Recherche Agronomique (INRA)[10]	67 211,03
Alpha-Tec GmbH[11]	86 666,27
Au Crocodile S.A.[12]	29 973,02
Gesamt	550 855,63

Zur Erläuterung

1. Das deutsche Forschungsinstitut ttz entwickelte eine Fülle von Rezepten für Laborköche.
2. Grégoire-Ferrandi ist eine französische Kochschule für Profis.
3. Grashoff ist ein traditionelles, deutsches Restaurant in Bremen.
4. The Fat Duck heißt das Restaurant des britischen Kochs Heston Blumenthal.
5. El Bulli war das Restaurant des spanischen Kochs Ferran Adrià.

6. La Table d'Anvers, das Restaurant der Brüder Conticini in Paris, wurde noch während des Projektes Inicon geschlossen und verkauft.

7. I&S Industriemontagen hat seinen Sitz wie das ttz in Bremerhaven und war Organisationspartner von verschiedenen europäischen Projekten.

8. Cosmos Aromática Internacional, ein spanischer Hersteller von Aromen, betreibt Eigenwerbung: »Bei Cosmos designen wir Aromen und stellen sie her.«

9. Iberagar ist ein portugiesischer Hersteller von Hydrokolloiden.

10. Das französische Institut National de la Recherche Agronomique beschäftigt den Chemiker Hervé This, der in diversen Medien eine aggressive Promotion der Molekularküche betreibt.

11. Die Alpha-Tec ist eine deutsche Gesellschaft für Maschinen- und Anlagenbau.

12. Au Crocodile hieß damals das Restaurant des französischen Kochs Émile Jung in Straßburg. Inzwischen wurde das Haus verkauft.

Über Herkunft und Verbleib der Industriegelder, immerhin 642 811,37 Euro, ist vonseiten der EU nichts zu erfahren. Wer hat welche Summe zum »Topf« beigetragen? Wer hat das Geld erhalten? In den offiziellen Unterlagen heißt es nur: »Von den Gesamtkosten trug die EU 46 Prozent, der Rest wurde von den Projektteilnehmern getragen.« Der Schlüsselsatz im abschließenden Prüfungsbericht eines unabhängigen Expertengremiums lautet: Die »Aktivitäten zur Verbreitung [der Ergebnisse des Projekts] sind eine echte Erfolgsgeschichte des Projekts«.

Der italienische Physiker Davide Cassi schloss sich diesem Urteil 2011 im Fachmagazin *EMBO Reports* an: »Von 2003 bis 2005 hat die Europäische Union ein Projekt namens INICON finanziert [...], das half, Zutaten und Techniken industrieller Lebensmitteltechnologie in Restaurantküchen zu übertragen. Das wichtigste Ergebnis dieses Projekts war die Einführung und Verbreitung von Zusatzstoffen – hauptsächlich Texturgebern – in der Welt der Haute Cuisine und gewöhnlichen Restaurants.«

Verkauft wurden Additive fortan nun als unentbehrliches Accessoire der Kochkunst.

Während Zusatzstoffe in industriellen Lebensmitteln deklariert werden müssen, lehnen Köche jedwede Deklaration ihrer »Helfer« ab. In Deutschland schreibt die Zusatzstoffzulassungsverordnung zwar eine vereinfachte Deklaration in Restaurants vor, doch auch sie wird von Spitzenköchen nicht beachtet.

Und die Gourmetpresse? Sie goutierte plötzlich die Additive. Menschen, die sich trefflich über Analogkäse in der Zwei-Euro-Pizza aufregen konnten, wanden der Transglutaminase, den Hydrokolloiden und dem Maltodextrin verbale Lobeskränze. Gehandelt wurde die Avantgardeküche als »neue« Nouvelle Cuisine. Das große Vorbild war allerdings noch von Köchen ersonnen worden und kam ohne Zuwendungen der Chemieindustrie aus.

Von den Medien ermuntert, stieg die zusatzstoffreiche Molekular- oder Avantgardeküche in raketengleicher Geschwindigkeit auf. Große Köche redeten nur noch über Konsistenz statt über Geschmack. In jedem Land der westlichen Welt wurde ein emblematischer Molekularkoch in den Olymp erhoben. Heston Blumenthal in Großbritannien, Amador in Deutschland, Wylie Dufresne in New York, Grant Achatz in Chicago, USA,

Massimo Bottura in Italien, Anatoly Komm in Moskau … Und weil Köche dank permanenter Fernsehpräsenz die neuen Helden unserer Zeit sind, drängten Molekular- und Avantgardeküchensets bald auch auf den Markt für Privatleute.

Während die Lebensmittelindustrie für die Verwendung von Emulgatoren, Farbstoffen und Geschmacksverstärkern meist Kritik einstecken muss, werden Köche für ihre Verwendung in Magazinen und TV-Dokumentationen ausdrücklich gelobt. Nicht alle Berufskollegen waren jedoch von der Welle der Lebensmittelzusatzstoffe begeistert. Aufkommende Diskussionen blieben allerdings meist auf Frankreich beschränkt, was den Franzosen als Neid und Missgunst gegenüber den erfolgreichen Spaniern ausgelegt wurde. Top-Koch Olivier Roellinger aus dem bretonischen Cancale, im Erstberuf Chemiker, ist der Meinung: »Wenn Köche ihre Aufgabe nicht mehr darin sehen, das Beste der Natur auf den Teller zu bringen, sondern stattdessen die Errungenschaften der letzten 40 Jahre Chemieindustrie auftischen, wird eine rote Linie überschritten.« Und: »Fortschritt ist das nicht. Einfachstes Beispiel ist der flüssige Stickstoff, der sonst in der Dermatologie zum Entfernen von Warzen genutzt wird: Er raucht zwar schön, verbrennt aber mit seiner Tiefsttemperatur die Zutaten.«

Der Spitzenkoch Joël Robuchon, Berater des Fertigkost-Herstellers Fleury Michon, äußerte gegenüber dem Online-Frauenmagazin *auFeminin.com* (jetzt *gofeminin.com*): »Ich bin zu 200 Prozent gegen die Molekularküche. Weil ich eng mit den Aufsichtsbehörden und der Industrie zusammenarbeite. Die ermutigt man nämlich, auf Zusatzstoffe zu verzichten. All das ist intellektuelle Masturbation. Es ist schwieriger, einfach zu kochen und dennoch Aufmerksamkeit zu generieren. Einfach kochen, das ist kompliziert.«

Emmanuel Renaut aus Megève erklärte im Juni 2011 in einem Interview zu seinem Gastspiel im österreichischen Hangar 7: »Die Molekularküche verwendet viele fragwürdige Bestandteile. Ich halte Abstand davon, diese Pulver und Mischungen zu verwenden. Auch wenn sie mitunter gut schmecken; oft verspeist, sind sie nicht gut für die Gesundheit.«

Sein Lehrmeister, der Franzose Marc Veyrat, ist ebenfalls skeptisch: »In der Küche von morgen sollten einige dieser Geliermittel ebenso wie genmodifizierte Produkte verboten werden«, sagte er dem Fachmagazin *CHR*. Auch Veyrat weiß, wovon er spricht: Er war selbst lange Jahre Avantgardekoch, bevor er sein reputiertes Restaurant in Annecy aus gesundheitlichen Gründen schloss.

Denn auch ohne Zusatzstoffe lässt sich avantgardistisch und »wissenschaftlich« kochen. Bewiesen hat dies Miguel Sanchez Romera. Der einstige Chefarzt der neurologischen Abteilung im Krankenhaus von Granollers bei Barcelona fand erst mit 43 Jahren den Weg an den eigenen Herd. Seinen Doktortitel hatte er altmodisch an einer Universität erworben, seine Erfindung war tatsächlich eine und wurde dementsprechend vom spanischen Patentamt auf seinen Namen eingetragen. »Micri« heißt sie; eine Abkürzung für Miguel + Cristina, seine Frau. Die Maniok-Wasser-Mischung fungiert als vegetarischer Saucenfond oder verhilft Nahrungsmitteln inklusive Saucen zu einer beliebigen Konsistenz, und zwar ganz ohne Beigaben aus der Chemiefabrik. Micri war das »Bindeglied« der Aromenkomponenten in der Küche seines Restaurants L'Esguard. Beim Hirschfilet wurde es zu bunten Gewürzperlen, beim Entrecóte von der Ente zu winzigen, flockigen Kristallen, beim Lachs mit Safran, Orange und Ingwer wirkte es wie eine durchsichtige Verpackung. »Nahrung ist ein Stimulus des Hirns«, so Sanchez Romera. »Als Neurologe weiß ich, wie man Stimuli schafft.«

Als Mediziner lehnte er den Griff in den Chemiekasten, zu den Geschmacksverstärkern, Texturgebern und Farbstoffen ab. Für Sanchez Romera musste Essen eben nach Essen schmecken. Schäume und Düfte auf dem Teller? »Sie haben keinerlei Einfluss auf den Geschmack selbst. Momentan reden die Köche zu viel über Konsistenz, aber zu wenig über Geschmack.« Seinen eigenen Stil hat er als Protest gegen den kreativen Mainstream kurzerhand *Construccionismo* getauft: »Konstruktion« statt Dekonstruktion. »Ein konstruktives Gericht baut auf bekannten Geschmackselementen auf und wird danach auf alle Sinne ›erweitert‹, also sehen, riechen, schmecken, tasten und hören.« Hören? »Das wichtigste ›Essorgan‹ sind zunächst die Augen. Sie nehmen ›Kontakt‹ mit der Nahrung auf, versetzen das Hirn in Freude, Erregung oder Alarm. Das Ohr hingegen hört nicht nur mit, wenn Hirschfilets verlockend in der Pfanne brutzeln, sondern übermittelt beim Kauen die Textur einer Speise. Knackig, knusprig, weich, das Ohr erkennt es in der Mundhöhle. Erinnern Sie sich nur an ungereinigten, sandigen Salat. Ein Beispiel in meiner Küche ist die Bresse-Taube mit jungen Zwiebeln, Olivenöl, Turmeric und kleinen frittierten Kartoffelstücken. Gerade die Erdäpfel sorgen im Ohr für einen angenehmen ›crunchy‹-Effekt, der durch Öl und Zwiebel in der Mundhöhle ergänzt wird. Ein großes Gericht spielt eben mit allen Sinnen.« Inspiration holt sich der Autodidakt zunächst aus seinen angestammten Fachgebieten: »[d]er Wissenschaft mit Technologie, Neurologie, Physik, Chemie und Biologie. Vonseiten der Küche fließen Tradition, die katalanische Küchenkultur, die Aromen der Grundzutaten ein. Erst dann kommen meine Ideen und mein Stil zum Tragen.«

Tradition war für Sanchez Romera Voraussetzung für Innovation: »Für mich gibt es zunächst die ›Küche der Erinnerung‹: Gerichte, die uns vertraut sind, die wir zum Beispiel als Kinder genossen haben. Dann gibt es die ›Küche der Reflektion‹, kreative Küche mit nie gekannten Kombinationen, die unserem Hirn das Signal der ›Neuheit‹ vermittelt. Wenn ich beides kombiniere, ist die Wahrscheinlichkeit groß, dass ein Gericht gefällt: Das Erinnerungs-Element wird dem Gast eine wohlige Grundstimmung geben, das Reflektions-Element seine Neugier auslösen.«

Als Autodidakt hatte sich Sanchez Romera die Perfektion mühsam erarbeitet: Alle sechs Monate spielte er auf der Karte mit einem neuen Thema: mit Gewürzen, Blumen, Miniaturgemüsen aus dem Garten oder der eigenen Erfindung Micri.

Doch die Avantgardeküche ohne Zusatzstoffe konnte sich nicht durchsetzen. Während seine Kollegen von der finanzkräftigen Aromen- und Additivindustrie unterstützt wurden, stand Sanchez Romera allein. Das L'Esguard schloss er im Jahr 2008.

· ·

Ein Rezept von Miguel Sanchez Romera

Filets von Küstensardinen mit schwarzer Olivenpaste, Pimentjus und Vanillemousseline

Für die Marinade
20 cl geräuchertes Olivenöl
35 g Zwiebeln (in Julienne geschnitten)
½ Lorbeerblatt
3 g schwarze Pfefferkörner
3 g Mitsukan-Essig

Piment mit Vanille
80 g Sirup 10 %
½ Vanillestange
100 g Pimiento de piquillo (Piment)
40 g Micri

Pfefferperlen
20 g Micri
2 g weißer Pfeffer
0,5 g Silberpuder

Andere Zutaten
4 Sardinen (Filets)
Paste von schwarzen Oliven

Zubereitung

Marinierte Sardinen
Wir nutzen eingesalzene Sardinen oder Küstensardinen.
Sie sind von Mai bis Juni am allerbesten. Durch ihren
größeren Fettgehalt gelingt das Marinieren besser.

1. Sardinen entsalzen: In kaltem Wasser einweichen.
   Die Haut muss intakt bleiben.
2. Filets abheben, weiter entsalzen, eventuell Wasser
   mehrfach auswechseln. Im Kühlschrank auf Küchenpapier lagern.
3. Die Zutaten für die Marinade mischen und die Sardinen mindestens 48 Stunden im Kühlschrank darin
   ziehen lassen.

Pimiento de piquillo mit Vanille
1. Vanille im Sirup ziehen lassen.
2. Die Pimientos de piquillo im Vanillesirup mindestens 48 Stunden kalt marinieren lassen.
3. Die Pimentschoten fein zerkleinern und mit Micri aufmontieren, bis sich eine formbare, halbfeste Masse ergibt.

Pfefferperlen
1. Alle Zutaten mischen, bis sie eine recht dicke Creme ergeben.

Anrichten
1. Die Sardinenfilets in Längsstreifen schneiden. Die Haut nicht verletzen. Auf dem Teller mit Olivenpüree Punkte bilden. Darauf die Sardinen in Wellenform platzieren.
2. Jede Seite eines Sardinenfilets mit Piment- und Pfefferpunkten dekorieren.

....

Vielleicht hatte Miguel Sanchez Romera als Koch den Fehler gemacht, weiter wie als Wissenschaftler auf die Macht der Fakten zu vertrauen. Denn heutige Esser reagieren eher auf ausgeklügelte Kommunikationsmaßnahmen.

Bei Ferran Adrià lernte ein Herr namens René Redzepi. Dessen Gerichte sollen betont natürlich wirken, fast als wären Gemüse und Früchte gerade geerntet worden. Versprochen werden beste, lokale Naturprodukte aus Dänemark. Dieses Bekenntnis zur Natürlichkeit hält Redzepi laut seinem eigenen Kochbuch *Noma* indes nicht immer davon ab, auf andere

Der studierte Neurologe Dr. Miguel Sanchez Romera ist ein moderner Koch, der auf Zutaten aus der Chemie- und Aromenindustrie systematisch verzichtet.

Hilfsmittel zurückzugreifen. Den Zuckeraustauschstoff Isomalt etwa oder Maltodextrin, der *Weight Gainer* der Bodybuilder. Neben Lebensmittelzusatzstoffen wie E 415 und E 418 wird auch *Instant Food Thickener* verkocht. Dieses neue Wundermittel der Avantgardeküche ist sonst eher in Kollektivküchen der Krankenhäuser bekannt, laut Herstellern ist es »ideal für Patienten mit Dysphagie (Schluckstörungen)«. Seltene Gotland-Trüffeln aus dem Norden aromatisiert Redzepi mit Trüffelöl, das bekanntlich gar keine Trüffeln enthält, dafür aber Bis(methylthio)methan oder 2,4-Diapenthan.

Redzepis Spezialität mit dem Namen »Snowman« sieht tatsächlich aus wie ein Schneemann mit einer Nase aus einer Möhre. Verwendet werden aber, verrät Redzepi in seinem Buch *Noma*, weder Schnee noch Eis, sondern:

»1,16 Kilogramm Karottensaft, 600 Gramm Karotten, 392 Gramm Wasser, 312 Gramm Sirup (50 Prozent Wasser, 50 Prozent Zucker), 185 Gramm Zucker, 101,5 Gramm Maltodextrin,

70 Gramm Sanddornsaft, 1,5 Gramm Zitronensäure, 4 Gramm Apfel-Balsamico-Essig, 87 Gramm Eiweiß, 51,5 Gramm Eiweißpulver, 4 Gramm Sorbet-Stabilisator, 62 Gramm Zitronensaft, 6 Blatt Gelatine, 250 Gramm Buttermilch, 250 Gramm Joghurt, 5 Gramm Apfelessig, 8 Gramm Weißweinessig, Zitronensaft, Patisserie-Zucker, 375 Gramm Schafskäse-Joghurt, 225 Gramm Kuhmilch-Joghurt, 4 kleine Karotten.«

Solche Gerichte sind zwar komplex und verursachen sicher extrem viel Arbeit in der Küche. Sie sind in den meisten Fällen jedoch, genau wie die visuell spektakulären Molekulargerichte, sehr günstig zu realisieren. Karotten nebst Saft, Joghurt und Buttermilch schlagen bestimmt kein Loch ins Einkaufsbudget.

Früher wurde der Menüpreis in besseren Lokalen durch den Preis der Zutaten bestimmt. Inzwischen behauptet ein Teil der Gastronomiekritik, derart solides Rechnen sei hoffnungslos veraltet, der Preis würde für die intellektuelle Leistung des Koches bezahlt. Angenommen, es würde sich um eine eigene intellektuelle Leistung handeln, die nicht von der EU, der Aromenindustrie oder Additivherstellern bezahlt wurde, dann wäre diese, geht man von der »Lebensdauer« der Speisekarte und der Anzahl der bewirteten Gäste aus, weit kostspieliger als die intellektuellen Leistungen von Chefärzten oder Anwälten, die sich obendrein mit jedem einzelnen Fall individuell befassen müssen.

Recht günstig sind auch die »falschen weißen Trüffel« des Spaniers Quique Dacosta. Dazu braucht er: 300 Gramm Parmesan, 500 Gramm Sojamilch, 1 Blatt Gelatine, 25 Gramm fein geriebene weiße Trüffel, 1 Kilogramm Steinpilze, Morcheln, Totentrompeten, ein »Karamellisierungs-Bad« aus 800 Gramm Mannit, 2 Gramm Goldstaub und 0,2 Gramm Bronzepuder sowie »flüssigen Stickstoff in einem hohen Behälter« und synthetisches Trüffelöl.

»Falsche weiße Trüffel« sind demnach erheblich günstiger als echte Trüffel, deren Kilopreis sich bei 4000 Euro bewegt. Eine Sparmaßnahme, die als »intellektuelle Leistung« verkauft wird. »Molekular-Erfinder« Hervé This wies übrigens schon 2005 darauf hin, dass sich Additive, Farbstoffe und Aromen aus wirtschaftlichen Gründen in Profiküchen durchsetzen müssten.

Damit Kunst-Köche weiter für Schlagzeilen sorgen, braucht es permanente Neuheiten – aus den Laboren der Aromenindustrie. Givaudan, ein Schweizer Parfüm- und Aromenmulti mit 3,3 Milliarden Euro Jahresumsatz, lädt zu diesem Zweck namhafte Drei-Sterne-Köche wie den Spanier Joan Roca im Rahmen seines Chef's Council zum Spielen mit Laboraromen ein und veranstaltet Kochwettbewerbe rund um diese Substanzen.

Inzwischen wird in manchen Lokalen sogar Butteraroma statt echter Butter eingesetzt. Und beim Butteraroma bleibt es nicht. Spezialisierte Fachhändler bieten der Gastronomie Hundertschaften an Aromaverbindungen von Unternehmen wie Soripa und Sosa als Sprays: Duft von Austern, Seeigeln, Waldpilzen, Zitronen oder gar Gin-Tonic, Tonka-Bohnen und Tabak, jederzeit ohne teure Zutaten verfügbar, einfach mit einem Druck des Zeigefingers. Mediziner warnen allerdings: »Aromen sind kein Spielzeug. In simplem Basilikumaroma stecken meist die krebserregenden Stoffe Eugenol und Methyleugenol.« Ob eine Gefährdung vorliegt, hänge von der Dosierung ab. Die aber ist Betriebsgeheimnis des Kochs. Auch das Bundesamt für Verbraucherschutz und Lebensmittelsicherheit (BVL) wundert sich über den neuen Aromenzauber: »Zwar ist eine europäische Richtlinie hinsichtlich Aromen anhängig, bislang aber gilt deutsches Recht. Das erlaubt Aromen wie Veilchen und Pilze [...] Aromen sind häufig nur für bestimmte Lebensmittel zugelassen.« Hersteller verschweigen das gern und empfehlen lieber das Einsprühen von Tellern und Nahrungsmitteln für optimale Effekte. Je nach Fabrikant kostet eine Aromendosis den Koch bis zu acht Cent.

Aromenfabrikanten stellen sich gern auf regionale Vorlieben ein: Speck wird in Deutschland gern zu »Speckschaum« oder »Speckluft« verfremdet. Der Zusatzstoff-Vertrieb Biozoon aus Bremerhaven empfiehlt im Internet: »Die Herstellung der Speck-Luft gelingt am schnellsten und einfachsten, wenn Sie das Speckpulver der Firma Raps aus dem Biozoon Air-Set verwenden. Einfach einen kleinen Dosierlöffel in Wasser auflösen, fertig ist der Speck-Fond!« Raps-Speckpulver besteht aus Speisesalz, Maltodextrin, (Rauch-)Aroma, Kartoffelstärke und E 551.

Gästen werden solche Informationen über die Zusammensetzung dieser Gerichte auch auf Anfrage eher nicht mitgeteilt. Die Köche, auf deren »Kunst« sie vertrauen, sind also keinesfalls ehrlicher als die viel geschmähte Lebensmittelindustrie. Sie werden allerdings wesentlich besser vermarktet und systematisch zu Ikonen der Kochkunst aufgebaut.

Das Zeitalter der Kommunikation: Kreationen für Millionen

Der nordische Ministerrat, dem Dänemark, Finnland, Island, Norwegen und Schweden sowie die Färöer, Grönland und Åland angehören, beschloss ein Programm namens *Ny nordisk mad*, das »nordische Esskultur und Gastronomie sowie die Tourismusbranche« fördern soll. Dafür gab es zunächst drei Millionen Euro Steuergeld. Im Jahr 2010 wurde das Programm bis 2014 verlängert, weitere zwei Millionen Euro wurden bewilligt.

Ny nordisk mad heißt abgekürzt »Noma«, genau wie das

Restaurant, in dem René Redzepi kocht. Dies ist kein Zufall: »Geistiger Vater« des Programms ist der Unternehmer Claus Meyer, der Ende der Neunzigerjahre Mitglied eines Ausschusses zur Verbesserung der Lebensmittelqualität wurde. Im November 2000 ernannte ihn der Minister für Ernährung zum Präsidenten des Rats für bessere Lebensmittelqualität. Dieser Rat wurde nach einem Regierungswechsel zwei Jahre später abgeschafft. Dann, 2004, verfasste Meyer ein Manifest der nordischen Küche, das sich wie eine Ode an pure, regionale, frische Zutaten liest.

Meyer leitet zusammen mit Professor Thorvald Petersen eine Arbeitsgruppe Molekulargastronomie und sitzt seit 2006 als Mitglied der Lenkungsgruppe im Nordischen Ministerrat, jenem Gremium, das die nordische Küche mit fünf Millionen Euro Steuergeld förderte.

Allein Schweden bewilligte 2010 rund fünf Millionen Euro Steuergeld, um das Land »zur neuen kulinarischen Nation Europas« zu machen. »Mindestens 10 000 neue Arbeitsplätze, eine Verdoppelung des Exports von Lebensmitteln« und mehr Tourismus in ländlichen Gebieten verspricht sich der schwedische Staat laut einer offiziellen Mitteilung von seinem Millionenprogramm.

Ursprünglich ist der »kulinarische Tourismus« eine Erfindung von Werbeagenturen, die einem simplen Gedanken folgt: Unabhängig von Sonnenschein oder Schnee könnten Urlaubsziele ganzjährig besucht werden. Restaurants, Märkte und Feinkostläden bieten schließlich Unterhaltung für Feinschmecker, finanzkräftige Power-Esser sollten die Monate mit eher lauem Geschäft überbrücken helfen.

Inzwischen kann man »kulinarischen Tourismus« und die damit verbundenen Moden sozusagen »schlüsselfertig« ordern: etwa bei Claus Meyer, dem Vater der neuen nordischen Küche. Sein Strategie-Papier für eine *New Caribbean Cuisine*, die

Trinidad und Tobago angeboten wurde, verrät, wie es geht: Am
Anfang steht ein Workshop, an dem natürlich auch Vertreter der
Lebensmittelindustrie und des Gesundheitsministeriums teil-
nehmen. Anschließend arbeiten führende Küchenchefs aus Trinidad und Tobago das *Manifest der karibischen Küche* aus, über
das mit »Politikern, Gastronomen, Meinungsführern« sowie der
Lebensmittelindustrie diskutiert wird. Solche Manifeste liefern
einfache Botschaften mit simplen, positiv besetzten Schlüssel-
worten wie »frisch«, »regional«, »kreativ«, »avantgardistisch«
und »traditionell«, zusammengestellt in beliebiger Kombination.
Für Events und Pressearbeit werden Sponsoren benötigt. Meyer
schlägt auf seiner Internetseite dazu unter anderem das jeweilige
Landwirtschaftsministerium, das Gesundheitsministerium, das
Wirtschaftsministerium sowie lokale Hotels und Restaurants vor.

Die Kommunikation mit den »Akteuren der relevanten
Medien«, so ist dort zu lesen, wird hervorragend gemeistert.
Meyers Konzept ist ein Erfolgsrezept: Wer auch immer heute
über die neue nordische Küche redet, erwähnt auch sein Restaurant Noma. Unter den Lobpreisungen der nordischen Küchenmode finden sich echte Perlen: Das einflussreiche *Time Magazine*
erklärt 2013, Noma hätte die gesamte Wirtschaft Dänemarks
verändert. Wie das genau geschehen sein soll, bleibt jedoch im
Unklaren. Im Restaurant selbst werden nur 20 000 Menschen
bewirtet. Und wer einen dänischen Supermarkt betritt, wird
feststellen, dass sich genau wie in Deutschland und Frankreich
nicht eine ganze Nation permanent ausschließlich von den ver-
sprochenen »frischen, lokalen Produkten« ernährt. Touristisch
geht es in Dänemark dennoch laut *Time* angeblich steil bergauf,
allein in Kopenhagen. Noma hätte, heißt es, den regionalen
Käsehändlern, Brauereien, Austernfischern und Bauern unge-
mein geholfen.

Wie kurios also, dass zum selben Zeitpunkt mehr als halb Europa mit Wirtschafts- und Schuldenkrisen kämpft, wo die Lösung aller Wirtschaftsprobleme doch so einfach ist: Spitzenlokale eröffnen und groß in die Medien bringen. *Time* vergleicht Dänemark mit Spanien, wo die Lage noch besser scheint: Die dortige Molekularküche, heißt es sinngemäß, »betrifft nicht nur Top-Restaurants, sondern baute und formte ganze Industrien quer durch Spanien und veränderte schließlich die Art und Weise, wie eine ganze Nation speist«.

Starköche sehen das offenbar ganz ähnlich: Im September 2011 trafen sich neun von ihnen, darunter Ferran Adrià und Noma-Koch René Redzepi, zum »G9-Treffen der Köche« im peruanischen Lima, wo sie die »Lima Declaration« verabschiedeten: »Durch unsere Küche, unsere Ethik, unsere Ästhetik können wir zur Kultur und zur Identität eines Volkes, einer Region, eines Landes beitragen. Wir können auch als eine wichtige Brücke zu anderen Kulturen dienen.« Und weiter: »Wir üben einen Beruf aus, der die Macht hat, die sozioökonomische Entwicklung anderer zu beeinflussen. Wir können erheblichen wirtschaftlichen Einfluss durch die Förderung des Exports unserer eigenen kulinarischen Kultur ausüben.«

Tatsächlich ist Spanien das erste Land, das die neuen kommunikativen Strategien in Sachen Küche konsequent anwandte. Starkoch Ferran Adrià brachte Spanien zudem jede Menge Presse. Auch hier gab es ein kulinarisches Manifest oder vielmehr gleich mehrere davon. Eines stammt von Adrià selbst. Unter Punkt 23 huldigt er einem Vorbild: »Insbesondere die Zusammenarbeit mit der Lebensmittelindustrie und der wissenschaftlichen Welt hat fundamentale Fortschritte gebracht.« Adrià wirbt seit 2009 als Markenbotschafter für Spanien. Das damalige Budget für die Förderung des kulinarischen Touris-

mus lag bei neun Millionen Euro. Im Jahr 2008 bewilligte der
spanische Staat zudem eine Subvention von sieben Millionen
Euro für das Basque Culinary Center in San Sebastián. Part-
ner des Zentrums ist Azti-Tecnalia, nach eigenen Angaben
»Referenzzentrum der Food-Industrie« und Betreiber einer
Zusatzstoff-Datenbank für Köche.

Gelehrt wird im Culinary Center nicht etwa Kochen, das
wäre zu banal, es geht um den Einsatz von Additiven, den »kreativen Prozess im Restaurant«, das freie Reden in der Öffentlichkeit sowie Techniken der Lebensmittelindustrie und ihr Einsatz
im Restaurant. Gelegentlich sind Kurse zum Thema Aromen
angesetzt. Gemeint sind jene Aromen, die in unseren Fertig-
gerichten stecken und gerade jetzt ihren Weg in die Restaurantküchen finden.

Das Problem: Die entsprechenden Finanzmittel und der
Medienzirkus nutzen letztendlich nicht der Branche, sondern
primär einer Ikone. In Spanien heißt sie Adrià, in Dänemark
Redzepi.

Sechs Millionen Besucher hätte der Hype um die Molekularküche im Jahr 2010 auf die Iberische Halbinsel gezogen, erklärte
der damalige spanische Generalsekretär für Binnenhandel und
Tourismus, Joan Mesquida, im Dezember 2011. Deren Ausgaben
wären um sieben Prozent gestiegen, während die Steigerung bei
den »allgemeinen Touristen« nur ein kümmerliches Prozentchen
betrug. Wie Spaniens Behörden messen, welche Urlauber zu
welchem Zweck ins Land strömen, ist nicht bekannt. Individu-
elle Befragungen dürften wohl ausscheiden. Auch der kulinarische Tourist als solcher ist nicht definiert. Will er einen Tisch
im Avantgarde-Restaurant oder nur eine Paella nebst leckerem
Weinchen?

Und sorgt die neue kulinarische Reiselust, wenn es sie

denn überhaupt geben sollte, wirklich für einen Aufschwung des Reiselandes Spanien? Schließlich ist es nach der Statistik der Welttourismusorganisation UNWTO das viertbeliebteste Urlaubsland der Welt mit 57,7 Millionen Besuchern im Jahr 2012, übertroffen nur von China, den USA und Frankreich mit 83 Millionen. Die »allgemeinen Touristen« bilden also eine solide Mehrheit. Ein wenig irritierend ist auch, dass das touristische Boomland Dänemark – anders als vom *Time Magazine* geschildert – von 8,7 Millionen Besuchern im Jahr 2010 auf 7,3 Millionen im Jahr 2011 absackte. Für 2012 legte die *UNWTO* vor Redaktionsschluss keine dänischen Zahlen vor.

Vielleicht ist es ja so, dass die Kommunikationsmaßnahmen rund um ein Spitzenrestaurant zügig Zeitschriftenbeiträge und Blogeinträge generieren. Für die weitaus größte Mehrzahl der Touristen ist besagtes Lokal jedoch irrelevant. Sie werden es nicht besuchen, sie können sich einen Besuch womöglich gar nicht leisten oder, schlimmer noch, es wirkt zu elitär, um wirklich anziehend zu sein.

Viele Menschen würden gern gut essen. Sie gehen ins Restaurant, um eine schöne Zeit zu verbringen. Vielleicht müssen sie auch im Geschäftsleben gelegentlich repräsentieren. Doch nur wenige Menschen besuchen Restaurants, um sich »Kunst« oral zuzuführen. Der elitäre Habitus der Künstlerköche wirkt letztlich abschreckend. Denn eines vergessen ihre sorgsam ausgetüftelten Kommunikationspläne: den Genuss.

Von der Restaurantkritik zur Hofberichterstattung

Zusatzstoffe, Industriearomen – das alles verstößt gegen so ziemlich alle Kriterien, die sowohl die Köche selbst als auch die einflussreichsten Kritiker den Restaurantgästen mehr als ein Jahrhundert lang versprachen. Gesunde, natürliche Lebensmittel, das Beste vom Besten, Zutaten, die ihren Eigengeschmack bewahren, ehrliche Speisekarten ... Das waren die Versprechen, die Köche ihren Gästen gaben. Doch all dies scheint in Vergessenheit geraten zu sein.

Früher wären derartige Praktiken durch die Fachpresse und Restaurantführer sanktioniert worden. Die Inspektion der Küche wurde in den Siebzigerjahren eigens ins Testprogramm der Kritiker aufgenommen. »Man wollte prüfen«, so der »abtrünnige« *Michelin*-Tester Pascal Remy, der 2004 ein Enthüllungsbuch über seinen Arbeitgeber veröffentlichte, »ob der Wirt industriell gefertigte Tiefkühlkost auftischte«. Knappe 30 Jahre später werden industrielle Techniken mit schöner Regelmäßigkeit besternt.

Die Ausbreitung der Nahrungsmittel-, Aromen- und Additivindustrie traf auf eine wirtschaftlich extrem geschwächte Restaurantkritik. Das ehemalige Flaggschiff der Restaurantkritik *Guide Michelin France* fand 2011 laut Branchenmagazin *Livres Hebdo* nur noch 107 000 Käufer. Vor zehn Jahren waren es nach Verlagsangaben mehr als drei Mal so viele.

Der schwindende Einfluss der Kritik fiel natürlich auch den französischen Köchen auf. Etliche Köche desertierten: Joël Robuchon, Philippe Gaertner, Alain Senderens und andere wollten über ihren Lokalen keine Sterne mehr glänzen sehen.

Alain Senderens sei »zu alt für das Schalottenrennen«, erklärte er in *Le Monde*. »Meine Bilanz ist positiv, Angst vor Verlust eines Sterns kenne ich nicht. Aber ich bin in den vergangenen Jahren viel gereist und habe gesehen, dass sich die Welt des Essens verändert hat – auch wenn Frankreich konservativ bleibt.« Der Mitbegründer der Nouvelle Cuisine war es »satt, vier Angestellte um einen Tisch stehen zu haben«, und wollte,

dass bei ihm »wieder die Gerichte im Mittelpunkt stehen«. Mit
diesen Worten bat er die Direktion des *Guide Michelin*, ihn
künftig unerwähnt zu lassen.

»Das ist der Fall der Berliner Mauer«, jubelte die Tageszeitung *Le Figaro*. Schließlich hatte da ein ganz Großer der
Zunft erkannt, dass der Gast von heute sich nicht mehr gängeln
lässt: nicht von hochnäsigen Sommeliers mit ihren Weinbibeln,
nicht von Krawatten- und Sakkozwang und nicht von Guides,
die ohne Anflug einer Begründung erklären, hier sei das Essen
eine Reise (und Menüpreise zwischen 200 und 300 Euro) wert.
Gastronomen, aber auch Bankiers bestätigten in Interviews,
»Senderens habe die Welt von heute verstanden«. Ted Margel-
los, ehemaliger Sponsor bekannter Köche wie Meneau, Arabian
und Robuchon, erklärte gar: »Die Sterne sind sinnentleert. Dies
weiß die ganze Welt außer Frankreichs Presse.« Tatsächlich hatte sein Partner Joël Robuchon verlangt, dass seine Lokale in
Paris und Monaco nicht bewertet werden, weil sie »nicht den
Luxuskriterien des Guide entsprechen«. Robuchon kritisierte
die Urteile über verschiedenste Restaurants, bezeichnete die neu
eingeführte Kategorie der »Hoffnungsträger« als Marketinggag
und rief der Grande Nation die größten *Michelin*-Pannen der
letzten beiden Jahre in Erinnerung: von den peinlichen Enthül-
lungen des ehemaligen Testers Pascal Remy, der erklärte, dass
einige Drei-Sterne-Lokale »heilige Kühe« seien und die Zahl der
Tests bedenklich gering ausfalle, bis zur Verleihung eines »Bip
Gourmand« (gute Küche für weniger als 25 €) an eine belgische
Baustelle.

Auch Köche außerhalb des Rampenlichts kamen zu ähn-
lichen Schlussfolgerungen: Philippe Gaertner vom Traditions-
haus Aux Armes de France in Ammerschwihr, besternt seit 1938,
konstatierte »hohe Personal- und Materialkosten, die sich nur

bei ausreichender Klientel lohnen«, und bat ebenso um Entlassung aus dem Guide wie Gérard Cagna vom Zwei-Sterne-Haus Relais Sainte-Jeanne in Cormeilles-en-Vexin.

Zwischen den Zeilen gelesen hieß das alles nichts anderes als: Sterne kosten viel Geld, bringen nicht unbedingt neue Gäste und zwingen den Koch zu einem Rüstungswettlauf in Sachen Kristallglas und Tafelsilber. Nicht umsonst veröffentlicht die Pariser Fachzeitung *L'Hôtellerie Restauration* in diversen Beiträgen neben den neuen Sternen die diesbezüglich getätigten Investitionen – im Falle der Réserve de Beaulieu an der Côte d'Azur etwa fünf Millionen Euro für Restaurant und Küche.

Dennoch waren die Entscheidungen von Senderens & Co nicht unumstritten: Kollegen warfen ihnen vor, »sie hätten jahrelang vom System profitiert, um es dann zu demolieren«. Ungewöhnlich scharf fiel auch die Reaktion von Guide-Direktor Jean-Luc Naret aus: Restaurantkritiker außerhalb des *Michelin*-Systems seien »Profis der Eifersucht«. »Joël Robuchon braucht es vielleicht, dass man über ihn redet«, erklärte er gegenüber *Libération*. Und überhaupt gehörten »die Sterne nicht den Köchen, sondern dem Führer«. Sie könnten deshalb gar nicht zurückgegeben werden. Offenbar war Jean-Luc Naret mit der Geschichte des kleinen roten Buchs wenig vertraut: Als Louis Vaudable 1978 erfuhr, dass sein Maxim's künftig nicht mehr mit drei Sternen gesegnet sein würde, bat er die Direktion des Guide, das Lokal nicht mehr zu listen. Ein Wunsch, dem der Führer bis heute jedes Jahr gern entspricht.

Die Aussteiger hätte der Guide verschmerzen können. Denn es gibt heute mehr und kostspieligere Restaurants als vor 20 Jahren. Ende der Achtzigerjahre kostete ein Menü in einem absoluten Spitzenrestaurant pro Person zwischen 50 und 80 Euro. Dabei gab es noch Ausreißer nach unten wie Menüs zu 35 Euro im spanischen Arzak in San Sebastián. Im Jahr 2013 schlägt eine solche Speisenfolge mit 200 bis 310 Euro ohne Wein auf die Geldbörse und damit auch auf das Budget jedes Restaurantführers.

Wenn nun ein Guide wie der *Michelin France* 8950 Adressen präsentiert, können diese nicht alle getestet worden sein: Nach Abzug der Umsatzsteuer und des Buchhandelsrabatts wandern etwa zehn Euro in die Taschen des Verlages, der davon natürlich nicht nur Tester und deren Hotel- und Restaurantrechnungen, sondern auch Sekretariat, Datenbank, Layout, Kartografie und natürlich Druck bezahlen muss.

Im Juli 2011 berichtete die *Financial Times*, der Guide mache jährlich 15 Millionen Verlust. Die Unternehmensberatung Accenture hätte gar errechnet, dass die jährlichen Verluste bis 2015 auf 19 Millionen Euro steigen würden, und daraufhin drei Planspiele erarbeitet. Eines ging von der sofortigen Einstellung des Guides aus; eine Maßnahme, die in der Konzernzentrale als »politisch undurchsetzbar« angesehen wurde. Der neue von Accenture konzipierte Businessplan sieht nun vor, Hotels und Restaurants für Online-Services zur Kasse zu bitten.

War es Wirten und Köchen früher verboten, mit *Michelin*-Auszeichnungen zu werben, können sie nun »Sterne zum Anschrauben« und *Michelin*-Plaketten kaufen. Für die »Wonderbox Michelin«, eine Art Geschenkgutschein, verzichtet der Wirt auf etwa 30 Prozent vom Umsatz.

Auf der neuen Website *Michelin Restaurants* kann jeder Inhaber eines Lokals außerdem seinen Platz kaufen. Für 69 Euro im Monat stellt *Michelin* Fotos, Speisekarte oder Kurzbeschreibung des Wirtes herein. Das Angebot richtet sich ausdrücklich auch an Köche, die nicht von der *Michelin*-Redaktion ausgewählt oder getestet wurden. Sogar Reservierungen vermittelt der Restaurantführer jetzt – und lässt sich dafür natürlich von den Köchen bezahlen.

Schon die *Financial Times* stellte fest, dass diese neue Marketingstrategie die Unabhängigkeit der Inspektoren gefährde, da Köche, die nicht von der Redaktion ausgewählt wurden, sich »ins System einkaufen können«.

Gerade der *Guide Michelin* hatte in seiner Eigenwerbung immer wieder seine Unabhängigkeit betont. Doch davon kann keine Rede mehr sein. Momentan jedoch wird der Koch zum wichtigsten Kunden des *Guide Michelin*. Für die Zukunft stellt Direktor Alain Cuq gar »Angebote zur Verwaltung« eines Restaurants in Aussicht, so geschehen am 13. März 2013 in der Online-Ausgabe von *L'Hôtellerie Restauration*.

Jean-Claude Vrinat (1936-2008), der verstorbene Eigner des Pariser Lokals Taillevent, hat das Unbehagen seiner Branche gegenüber solchen Angeboten auf den Punkt gebracht: »Was wird die Reaktion der Inspektoren gegenüber all denen sein, die ihr freundliches Angebot nicht angenommen haben?«, schrieb er an den damaligen Direktor Jean-Luc Naret. Dessen Lebensgefährtin Colette Poupon, eigentlich ein Fotomodell, ernannte sich wenig später zur Gastronomieberaterin, die mit ihrer Agentur Co & Cie die »Köche im kreativen Prozess« unterstützte. Ihr prominentester Kunde hieß übrigens Joël Robuchon.

Zumindest in Frankreich wurde die einstmals hochgelobte Anonymität und Unabhängigkeit der Inspektoren vernachlässigt. Einige, wie die Frankreich-Direktorin Juliane Caspar, der ehemalige Hotelier Willy Grévin oder Emmanuelle Maisonneuve, eine ehemalige Angestellte der Alain-Ducasse-Gruppe, bewerteten in den letzten Jahren frühere Arbeitgeber oder deren Freunde und Konkurrenten.

Die Machtverhältnisse haben sich umgekehrt: Pilgerten

Küchenchefs früher in das Büro des Direktors Bernard Naegellen, so wurde 2012 das neue Internetkonzept des Guides im Pariser Hotel Plaza Athénée den Spitzenköchen Alain Ducasse, Marc Haeberlin, Joël Robuchon, Anne-Sophie Pic sowie Christian Têtedoie vorab vorgestellt. Auf wenig Gegenliebe stieß besonders die Idee, Lokale von ihren Besuchern bewerten zu lassen. »Wenn es eine Schwachstelle gibt, dann ist es für Sie und für uns vorbei«, meinte Robuchon. Offensichtlich war ihm nicht bekannt, dass auch die bisherige Webseite *Viamichelin* Kommentare zuließ.

Der *Michelin* begibt sich damit auf das Terrain partizipativer Restaurantführer, bei dem die Gäste über das Lokal richten. Nur: Das Prinzip existiert bereits und wird von etlichen Unternehmen wie Tripadvisor und Google mit Erfolg angeboten. Zu Google gehört inzwischen auch der erste noch existierende Restaurantführer mit Leserbeteiligung, der 1979 gegründete und nach seinen Gründern benannte *Zagat*. Ob der französische Führer allein dank seines Markennamens im Internet tatsächlich Google übertreffen kann?

Auf dem Zeitschriftenmarkt sieht es nicht besser aus. Das legendäre amerikanische Genussmagazin *Gourmet* wurde 2009 vom Condé Nast Verlag nach 68 Jahren mangels wirtschaftlicher Perspektive eingestellt. *Gourmet* hatte andere Krisen durchlebt: Das Magazin ging 1941 an den Start und empfahl der geneigten Leserschaft nach Kriegseintritt der USA, seine Rezepte für Friedenszeiten zu sammeln. Auch in Deutschland dünnte sich das Sortiment kräftig aus: *VIF Gourmet Journal* – eingestellt. *Gault Millau Magazin* – eingestellt. *Wein Gourmet* – eingestellt. In Frankreich wurde das *Gault Millau Magazin*, das einst die »Gebote der Nouvelle Cuisine« veröffentlichte, mitsamt dem zugehörigen Guide gleich mehrfach verkauft.

Leserschwund und schwindende Anzeigenerlöse setzten die Branche auf Diät, während Blogs und Websites für teils lesenswerten Ersatz sorgten. Darunter gab es einige schwarze Schafe: Eine Pariser Agentur für »E-Reputation« besorgt für ihre Kunden die positive »Berichterstattung in zwölf einflussreichen Blogs«. Ein anderer »einflussreicher Blogger« bot 50 Köchen für 2400 Euro pro Kopf an, ihren Reservierungsfluss zu optimieren. Die Grenzen zwischen bezahlter Werbung und redaktioneller Berichterstattung sind auch in Gourmetkreisen überall fließend geworden.

Stets gute Presse hat die Rangliste der *San Pellegrino 50 Best Restaurants*. Die Marke Pellegrino gehört dem Nestlé-Konzern, einem potenten Anzeigenkunden aller Printmedien, der mit einem eigenen Produktsortiment namens »Nestlé Professional« auch in den Restaurants präsent ist und die Marke Nespresso gerade in besseren Lokalen fest verankern möchte. Offizieller Veranstalter ist das britische *Restaurant Magazine*, eine Fachpublikation, die im Schnitt 16 837 Exemplare pro Ausgabe absetzt. Vermarktet wird die San-Pellegrino-Rangliste als Abstimmung unter Kennern, Köchen und Restaurantexperten. Nicht jeder jedoch, der ein Restaurant besucht, darf für die Liste stimmen, die Stimmberechtigten werden von »Chairmen der Akademie« ausgesucht. Einige der »Chairmen«, etwa der Italiener Andrea Petrini, stehen in regelmäßigen Beziehungen zu »Listenköchen«. Petrini richtet auch das Festival »Cook it raw« mit dem Sponsor Nestlé aus. Wie viele Stimmen oder wie viel Prozent der Stimmen auf ein Lokal entfallen, geben die Veranstalter nicht bekannt. Auf notarielle Kontrolle der Resultate verzichten die *San Pellegrino 50 Best Restaurants* ebenso wie auf den Nachweis, dass ihre Stimmberechtigten in den Lokalen tatsächlich gegessen haben.

François Simon, der lange Zeit als gefürchteter Kritiker bei *Le Figaro* arbeitete und selbst als »Chairman« der französischen Delegation vorstand, hat nach eigener Aussage die Jury verlassen, weil »die Auszeichnung mehr eine Frage des Bekanntheitsgrads als der Qualität« war. Die Liste sieht er heute als »Nomenklatur des Fressens *(bouffe)*, die versucht, gerechte Meinungen zugunsten einer Clique von Freunden zu modifizieren«.

Vorgekocht und abserviert

Vom 18. bis zum 20. Jahrhundert hatten verschiedenste Köche ein »Kind« adoptiert: die Alltagskost. Von Nicolas Appert bis Auguste Escoffier meinten es alle gut mit dem Nachwuchs. Sie waren Fachleute in Sachen guten Geschmacks, Auswahl der Zutaten und ihrer Zubereitung. Warum sollten ihre Kenntnisse einer Elite vorbehalten bleiben? Vielleicht konnten sie tatsächlich den lange recht monotonen Ernährungsalltag der Massen zum Positiven verändern?

Wissenschaftler nahmen sich des »Kindes« an, ebenfalls in besten Absichten. Schließlich drohten Kriege und Hungersnöte sowie stramme Winter, die Lebensmittel zu verknappen. Das »Kind« wuchs und gedieh zu einem Riesen, der versuchte, die Nachfahren seiner Schöpfer nach Belieben springen zu lassen. Dieser Riese namens Lebensmittelindustrie möchte heute eigentlich nur zwei Dinge von den Köchen: ihr Geld und ihren guten Ruf.

Zugegeben, Mary Shelley hat diese Geschichte 1818 schon einmal besser geschrieben. Ihr *Frankenstein* war eine Fiktion, doch »Franken-Food« ist unsere Realität.

Labor-Aromen und Additive sind nur die avantgardisti-

sche Spitze des Eisbergs. Längst hat der »Riese« Lebensmittelindustrie seine dicken Finger in allen Feldern der Gastronomie.
Importeure bieten Küchenchefs Vorgekochtes wie »Bäckchen
vom Iberico-Schwein in geräuchertem Olivenöl« an, ein Gericht des spanischen Herstellers Carpier. Zubereitet werden
die Schweineteile in Sant Vicenç de Montalt nahe Barcelona,
aufgetaut und aufgewärmt hingegen zwischen Hamburg und
München. Das Vorkoch-Schwein gehört zur Königsklasse im
ständig wachsenden Convenience-Sortiment. *Convenience* ist
Englisch und heißt eigentlich »Bequemlichkeit«. Es heißt auch,
dass manche Köche gar nicht mehr selbst kochen möchten, sondern lieber auf Fertigprodukte zurückgreifen.

Ein deutscher Convenience-Anbieter preist »Terrine von Tief-
see-Garnelen und Gartengemüse in Rieslinggelee«, »Terrine vom
Reh mit Gänseleber« und besonders sein Wildgulasch. Dieses
sei »besonders mager, handgeschnitten, saftig und zart, ohne
Fett und Sehnen«. Es besteht zu 80 Prozent aus Kängurufleisch.

Im Jahr 2011 sickerte durch, dass Convenience-Food auch
in Sterne-Restaurants genutzt wird. Nach einer Kontrolle der
Lebensmittelpolizei NAS beim italienischen Küchenstar Carlo
Cracco aus Mailand berichtete die Zeitung *Il Giornale*, er würde
Tiefkühlkost als frisch zubereitete Gerichte abrechnen. Selbst
ganze Menüs kämen aus der Truhe, hieß es, dazu Tintenfisch,
Stockfisch und vieles andere mehr. Tiefkühlkost jedoch muss in
Italien mit einem Sternchen auf der Speisekarte gekennzeichnet
werden. Starkoch Cracco verzichtete auf jegliche Stellungnah-
men, Nachteile erlitt er dennoch nicht. Zwei Monate nach Ver-
öffentlichung des Vorfalls nahm er Platz 33 auf der erwähnten
Liste der *San Pellegrino 50 Best Restaurants* ein. Auch die beiden
Michelin-Sterne behielt er.

Ebenfalls beliebt: Profiköche greifen neuerdings auf vorgefertigte »Bausteine« zurück, die sie in »kulinarischem Lego« neu zusammensetzen. Aus den Laboren von Unilever Food Solutions stammen etwa die Rezepte für extravagant klingende Gerichte wie »Lasagne von Seezunge mit Sushi-Gambas, Thaispargel auf Pastinakenpüree und Krustentier-Vanilleschaum« oder »pochiertes Rinderfilet mit geschäumter Gänseleber, Pak Choi und Vanille-Risotto«. Die Fachleute am Herd sollen dadurch zum Kauf von Knorr Aromat für Grill- und Pfannengerichte, Phase Butter Flavour, einem Pflanzenfett mit Butteraroma, Knorr Professional Bouillons, Fond-Konzentraten für Hummer und Fisch oder Rama Cremefine Kochcreme angeregt werden.

Eine Portion »Schokoladenmousse mit Valrhona Schokolade, hausgemachtem Kirscheis und Vanilleschaum« nach Unilever-Rezept kostet den Wirt 1,23 Euro inklusive Arbeitskosten und Waren. Darin enthalten sind die Fertigprodukte »Carte d'Or Majala Mousse au Chocolat«, »Lukull oder Carte d'Or Dessert-Sauce mit Vanillegeschmack«, »Rama Cremefine Schlagcreme«, »Lukull Dessert-Kirschen« und »Carte d'Or Dessert Topping Schokolade«. Ganze drei Gramm der Nobelschokolade Valrhona spendiert der Wirt pro Nachtisch, damit er den edlen Namen auf die Karte setzen darf. Nun sind 1,23 Euro in der besseren Gastronomie ja noch viel Geld. Deshalb bietet Unilever Tipps zur Umsatzoptimierung: »Separates Anrichten der Mousse in hohem Glas wertet dieses auf und spart zusätzlich noch Menge. Durch Aufschäumen wird die Vanillesauce aufgewertet und ebenfalls Menge eingespart.« *Pimp my dessert* nennt die Firma diese Praxis salopp. Durch »Pimpen« kann der Wirt den Verkaufspreis erhöhen, die Unilever-Modellrechnung verspricht Mehreinnahmen von 4497 Euro pro Jahr.

Das alles, so will es die Legende, begegnet dem Gast höchstens in Großbetrieben, Mensen und Imbissen, nicht aber in den höheren Gefilden der Gastronomie. Nur: Wozu braucht der Kneipenwirt Seeigel- und Austernaroma? Auch Schokolade der Marke Valrhona kommt in Betriebskantinen nicht wirklich häufig zum Einsatz. Ebenso wenig serviert die Dönerbude plötzlich Gänseleberterrinen.

Zum Abschluss einen Kaffee? Die Nestlé-Marke Nespresso etabliert sich zunehmend in der gehobenen Gastronomie. Mal lobt *Michelin*-Direktor Jean-Luc Naret den Kapsel-Kaffee im hauseigenen Kundenmagazin, mal werden die Alu-Kapseln zum Partner der elitären Köcheorganisation »Les Grandes Tables du Monde« (mit 149 Mitgliedern in 22 Ländern). Im Jahr 2013 war der Industriekaffee sogar offizieller Partner des Kochwettbewerbs »Bocuse d'Or«.

Der Gast zahlt also gutes Geld für das Handwerk qualifizierter Köche und bekommt Industrieware aus der Fabrik. Eine Entwicklung, die 2011 auch vom renommierten Institut Paul Bocuse, einer »Schule für Management, Hotellerie, Restauration und kulinarische Künste«, erkannt und beschrieben wurde: »Die Küche wurde zum Schaufenster, zur Bühne. Obligatorisch sauber, tadellos organisiert und von akzeptabler Lautstärke, limitiert sich dieser funktionale Raum notwendigerweise auf die Spitze des Eisbergs, eine ›Küche des Zusammenbauens‹ (*cuisine d'assemblage*), die im besten Fall hinter den Kulissen vorbereitet wird oder, schlimmer, außerhalb des Hauses bei Lieferanten, deren Namen man noch nicht nennt.« Das Institut zitiert dazu Bruno Goussault, den wissenschaftlichen Direktor des Centre de Recherche et d'Etudes pour l'Alimentation (CREA). Dieser lobt die Fortschritte der Lebensmittelindustrie, die Köchen jetzt vorgefertigte »Bausteine« liefere, welche im Restaurant nur noch fotogen zusammengesetzt werden müssen. Ob dieser Sachlage fragt das Institut Paul Bocuse fast fatalistisch: »Wird es Widerstandsnester [...] gegen die Domination des Imperiums der Nahrungsmittelindustrie geben? Es ist zu früh, dies zu sagen, aber nicht zu früh, darüber nachzudenken.«

Köche und Küche unterliegen Moden. Quer durch die Jahrhunderte schlägt das Pendel der Mode in zwei Richtungen aus: Mal wird die Küche komplizierter, visueller, mal wird sie puristischer. So war es seit Jahrhunderten, Exzesse wurden nach einigen Jahrzehnten abgefangen und ausgeglichen.

Doch es gibt äußere Einflüsse, die das Pendel dauerhaft deregulieren könnten, sodass es nicht wieder in die Ausgangsstellung zurückfährt. Um im Bild zu bleiben: Die »Riesenhand« der Lebensmittelindustrie kann das Pendel ausreißen und auf Köpfen und Mägen der Gäste zerbeulen. Sie kann sich Köche als Kronzeugen für ihre Kreationen kaufen. Nicht nur auf primitive, durchschaubare Art, indem das Porträt des Koches auf eine Verpackung geklebt wird. Sondern auch leise, indem sie industrielle Techniken, Additive, Aromen und Vorgekochtes ins Restaurant einführt. Guides werden es auszeichnen, Restaurantkritiker besingen – und ihre Verleger werden darüber nicht unglücklich sein, denn die Lebensmittelindustrie ist ein potenter Anzeigenkunde.

Werden Köche in Zukunft also überhaupt noch kochen? Oder werden sie unter brandendem Applaus als künstlerische Superstars das vorgekaute »Franken-Food« anrühren?

Die Antwort liegt nicht bei den Köchen. Sie liegt beim Gast. Köche mögen sich zu Künstlern und Erfindern verklären, sie bleiben dennoch Unternehmer, und als solche gehorchen sie dem Gesetz von Angebot und Nachfrage. Würden Restaurantgäste Industriemethoden verschmähen, müssten die Köche darauf reagieren.

Der Feststellung des Institut Paul Bocuse ist nicht viel

hinzuzufügen. Schon jetzt dominiert das »Imperium der Nahrungsmittelindustrie« auch die Grande Cuisine: Zusatzstoffe, Labor-Aromen und Vorgekochtes, typische Merkmale industrieller Ernährung, findet man inzwischen nicht nur in der Kantine, sondern auch im Luxuslokal.

Auf die Widerstandsnester darf trotzdem noch gehofft werden. Denn wie heißt es doch bei Voltaire, dem Kritiker der ersten Nouvelle Cuisine: »Eines Tages wird alles gut sein, das ist unsere Hoffnung. Heute ist alles in Ordnung, das ist unsere Illusion.«

Und morgen?

»Prognosen sind schwierig, besonders wenn sie die Zukunft betreffen.« Dieses geflügelte Wort wird Mark Twain, F. Scott Fitzgerald, Niels Bohr, Winston Churchill und einer nicht näher spezifizierbaren Anzahl von Dichtern, Denkern und Intellektuellen zugeschrieben. Recht haben sie, denn die Welt ist voll von Fehlprognosen.

»Wer zum Teufel will denn Schauspieler sprechen hören?«, fragte sich Harry M. Warner, Chef von Warner Brothers, im Jahr 1927. »Die weltweite Nachfrage nach Kraftfahrzeugen wird eine Million nicht überschreiten – allein schon aus Mangel an verfügbaren Chauffeuren«, behauptete 1901 angeblich Gottlieb Daimler. Schön auch das Zitat von Ron Sommer, dem ehemaligen Vorstandsvorsitzenden der Deutschen Telekom, aus den Neunzigerjahren: »Das Internet ist eine Spielerei für Computerfreaks, wir sehen darin keine Zukunft.« Und da sind wir noch nicht einmal in Politik und Wirtschaftswissenschaft, wo permanent blühende Landschaften entstehen, die Renten stets sicher sind und die Währungen grundsätzlich stabil und inflationsresistent ausfallen. Durch derart prominente Vorbilder gewarnt, kann niemand so tun, als wäre die Zukunft der Küche vorhersagbar.

Es gibt jedoch Menschen, die beträchtliche Energie entwickeln, um unsere Zukunft an ihre Küchenideen anzupassen: Aromenfabrikanten, Hersteller von Convenience Food und Fabrikanten von Zusatzstoffen gehören ebenso dazu wie der Franzose Hervé This, der, wie gesagt, den Begriff »Molekularküche« prägte. »Synthetische Gerichte« aus »puren Komponenten« sollen sich zur *cuisine note à note,* zur »Notenküche«, vereinen. »Pure Komponenten« sind laut This Glukose, Fruktose, Amylose oder Wasser und Polyphenol. Es handelt sich also um eine »Küche«, die vollkommen ohne Fisch, Fleisch, Geflügel und Gemüse auskommt. Erste Schritte in diese Richtung unternahm der Pariser Koch Pierre Gagnaire mit einem synthetischen Menü, das 2009 in Hongkong serviert und später in der französischen Hauptstadt für 300 Euro pro Kopf reproduziert wurde. Es folgten diverse Demonstrationen und ein Syntho-Food-Cocktail für 500 frisch besternte Köche in der Espace Pierre Cardin nahe den Champs-Élysées. Interessierte Küchenmeister werden mit dem Versprechen auf zügigen Ruhm geködert: »Der Koch, der es wagt, mit der Notenküche das zu tun, was Ferran Adrià vor 20 Jahren mit der molekularen Küche getan hat, wird Jahre im Voraus ausgebucht sein und alle Journalisten der Welt in seinem Haus haben«, prophezeite This 2009 in *L'Hôtellerie Restauration.* Wirtschaftlicher Erfolg und globale Bekanntheit, was könnte es Schöneres geben? Seine Jünger versorgt This mit Syntho-Rezepten wie dem »Schwammwürfel von 1-Octen-3-ol auf essbarer Erde«, einer Idee von Clément Buvry, Küchenchef von Mane. Das Unternehmen Mane im südfranzösischen Dorf

Le Bar-sur-Loup ist der sechstgrößte Aromenhersteller der Welt, beschäftigt 3000 Menschen und erwirtschaftet mit Aromastoffen einen Umsatz von 638 Millionen Euro.

....

In einen zünftigen Schwammwürfel gehören laut Monsieur Buvry

116 g Traubenzucker
20 g Weizenmehl Typ 55
18 g Albumin
75 g Mandelpulver
7,5 g Zucker
1,5 g Salz
1-Octen-3-ol: 1 g einer Lösung, verdünnt auf 1 %
132 g Wasser

....

Das Rezept wurde als E-Mail im Juli 2013 von Hervé This verbreitet. Wie schade, dass hier noch Mandelpulver zum Einsatz kommt, was dem Konzept der Ernährung ohne Fisch, Fleisch, Geflügel, Obst und Gemüse nicht vollkommen gerecht wird. Der Aromengeber, 1-Octen-3-ol, auch Octenol genannt, ist ebenfalls in menschlichem Schweiß und Atemluft enthalten. Zudem wird es als Insektenlockstoff genutzt.

Hervé This begründet die Notwendigkeit seiner Notenküche mit einer aufkommenden Energiekrise, die eine Ernährung auf der Basis von Komponenten aus der Chemiefabrik geradezu zwingend notwendig mache. Leider vergisst diese Rechnung den Energiebedarf der chemischen Industrie. Allein in Deutschland wurden zum Beispiel im Jahr 2010 rund 2 081 801 Terajoule

Elektrizität erzeugt oder importiert. Davon verbrauchte die chemisch-pharmazeutische Industrie nicht weniger als 188 410 Terajoule. Das sind etwas mehr als neun Prozent des Energiebedarfs des gesamten Landes, ein Energieverbrauch, der durch die Herstellung des Syntho-Futters für 80 Millionen Bürger nochmals gesteigert würde. Aber stellen wir uns einmal vor, die prophezeite Energiekrise würde hier und jetzt mit solcher Wucht zuschlagen, dass der Transport von Waren und der Betrieb einer Küche unmöglich würde: Wären dann nicht bewaffnete Konflikte um die letzten Ressourcen die Folge? Quasi nebenbei würde mangels Transportmöglichkeiten die Weltwirtschaft in nie zuvor gekannter Form kollabieren. Die Menüs von Luxus- und anderen Restaurants wären dann möglicherweise die letzten unserer Sorgen.

Die Ess-Visionen des Professors klingen nach einer Kreuzung aus *Mad Max* und *Brust oder Keule* und wecken, wenn man sie sich mit allen Folgen bildhaft ausmalt, eher Angst als Appetit. Keine Energie, die Menschheit prügelt sich um die letzten Vorkommen an Öl und Gas, Staaten verfallen zu Stämmen, Stämme zu Horden [...] was dann? Dann werden irgendwann die Überlebenden aus den Ruinen kriechen und beginnen, Vieh zu züchten und Gemüse anzubauen. Irgendwann wird jemand ein wenig Holz auftreiben und ein Feuer entzünden. Und dann wird wieder gekocht.

QUELLENVERZEICHNIS

Die entsprechenden Kapitel enthalten Auszüge von Interviews des Autors aus den letzten 25 Jahren mit Ferran Adrià, Juan Mari Arzak, Martín Berasategui, Michel Bras, Thierry Breton, Alain Chapel, Alain Ducasse, Alain Dutournier, Pierre Gagnaire, Frédy Girardet, Michel Guérard, Paul Haeberlin, Dieter Kaufmann, Bernard Loiseau, Jacques Maximin, Dieter Müller, Bernard Naegellen, Bernard Pacaud, Jean-Louis Palladin, Anne-Sophie Pic, Pascal Remy, Joel Robuchon, Joan Roca, Philippe Rochat, Olivier Roellinger, Santi Santamaria, Martin Selmayr, Alain Senderens und Michel Troisgros.

Bücher und Buchbeiträge

Abad, Reynald: »Aux origines du suicide de Vatel: les difficultés de l'approvisionnement en marée au temps de Louis XIV«, in: *Revue du 17ème siècle*, PUF, 2002.

Adrià, Ferran: *Los Secretos de El Bulli, Altaya*, Barcelona 1997.

Alicia und elBullitaller (Albert & Ferran Adrià): *Das wissenschaftliche Lexikon der Gastronomie – das Grundlagenwerk der molekularen Küche,* Stuttgart 2007.

Alicia und elBullitaller: *Léxico científco gastronómico*, Barcelona 2006.

Bastard, Algernon/Newnham-Davis, Nathaniel: *The Gourmet's Guide to Europe*, Grant Richards, 1903.

Beard, James/Watts, Alexander: *Paris Cuisine*, Boston 1952.

Beaugé, Bénédict: *Aventures de la cuisine française*, Paris 1999.

Beaugé, Bénédict: *Plats du jour: Sur l'idée de la nouveauté en cuisine*, Paris 2013.

Beauvilliers, Antoine: *L'Art du cuisinier*, Paris 1814.

Blake, Anthony/Crewe, Quentin: *The Great Chefs of France*, London 1978.

Berger, Marianne: *Besser kochen – besser leben*, Maggi AG 1957.

Besser, Klaus: *Die hundert besten Restaurants in Europa*, Berlin 1976.

Bocuse, Paul: *La Cuisine du Marché*, Paris 1976.

Bocuse, Paul/Zizza-Lalu, Eve-Marie: *Le Feu sacré*, Grenoble 2005.

Brillat-Savarin, Jean Anthelme: *Physiologie des Geschmacks*, Leipzig 1991, Nachdruck von 1865.

Carême, Marie-Antonin: *L'Art de la cuisine française aux dix-neuvième siècle*, Paris 1833.

Castelot, André: *L'Histoire à table*, Paris 1972.

Chapel, Alain: *La Cuisine c'est beaucoup plus que des recettes*, Paris 1980.

Chatenier, Nicolas: *Mémoires de chefs*, Paris 2012.

Connaissance des voyages: Le Nouveau Guide Gault Millau, n°55, November 1973.

Couillard, Emile: *La Mère Poulard*, Paris 1932.

De Casteau, Lancelot: *Ouverture de Cuisine,* Band 2, Liège 1604 (Übersetzung von Léo Moulin, 1983).

De la Reynière, Grimod: *Almanach des Gourmands*, Chartres (Nachdruck von 2012).

De La Varenne, François Pierre: *Le Cuisinier françois*, Paris 1651.

Des Ombiaux, Maurice: *L'Amphitryon d'Aujourd'hui*, Librairie Dorbon-Ainé, 1936.

Dermann, Sabine/Veigl: Hans, *Alltag im Krieg*, Wien 1998.

Dohm, Hans: *Mageiros, Die Rolle des Kochs in der griechisch-römischen Komödie*, München 1964.

Drouard, Alain: *Histoire des cuisiniers en France*, Paris 2004.

Drouard, Alain: *Le Mythe gastronomique français*, Paris 2010.

Drouard, Alain: *Histoire des innovations alimentaires*, Paris 2007.

Dubois, Urbain/Dubois, Emile: *La Cuisine classique*, 15. Auflage, Paris 1890.

Ducasse, Alain: *La Riviera d'Alain Ducasse*, Paris 1992.

Dufour, Philippe: *Traitez Nouveaux & Curieux du Café, du Thé et du Chocolate*. Mit Anhang von St Disdier, Lyon 1685.

Dumas, Alexandre: *Le dico Dumas* (Titel der Neuauflage), Gallardon 2008.

Escoffier, Auguste: *A Guide to Modern Cookery*, London 1907.

Fourastié, Jean: *Les Trente Glorieuses ou la révolution invisible de 1946 à 1975*, Paris 1979.

Gault, Henri/Millau, Christian: *Guide Julliard*, Paris 1965.

Gault, Henri/Millau, Christian: *Gault et Millau se mettent à table*, Paris 1976.

Gault, Henri: *A voir et à manger*, Paris 1963.

Gault, Henri: *Mes 50 meilleurs restaurants de France*, Paris 1986.

Gillet, Philippe: *Par mets et par vins*, Paris 1985.

Guide Kléber-Colombes. Paris 1954, 1958, 1965, 1979.

Götze, Karl-Heinz: *Les Chefs*, Frankfurt a.M. 1999.

Gouffé, Jules: *Le Livre de cuisine*, Paris 1867.

Gouffé, Jules/Gouffé, Alphonse: *The Royal Cookery Book*, London 1869.

Guérard, Michel: *La Grande Cuisine minceur*, Paris 1976.

Guérard, Michel: *La Cuisine gourmande*, Paris 1978.

Guillot, André: *La Grande Cuisine bourgeoise*, Paris 1976.

Haeberlin, Paul: *Les Recettes de l'Auberge de l'Ill*, Paris 1982.

Hirschfelder, Gunther: *Europäische Esskultur*, Frankfurt a.M. 2005.

Institut Paul Bocuse: *L'Art de recevoir à la française*, Paris 2011.

Lebey, Claude: *A Table*, Paris 2012.

MacDonogh, Giles: »Otto Horcher, Caterer to the Third Reich«, in: *The Gastronomica Reader*, Berkeley and Los Angeles 2010.

Madelin, Louis: *La Révolution*, Paris 1911.

Marin, François: *Les Dons de Comus*, Paris 1758 (erweiterte Ausgabe).

Massialot, François: *Le Cuisinier roial et bourgeois*, Paris 1705.

Menon: *La Cuisinière bourgeoise*, erweiterte Auflage von 1815.

McGee, Harold: *On Food and Cooking*, New York 1984.

McGee, Harold: *The Curious Cook*, New York 1990.

Marinetti, Filippo Tommaso: *Die futuristische Küche*, Stuttgart 1983.

Mesplède, Jean-François: *Dictionnaire des cuisiniers*, Lyon 2010.

Mesplède, Jean-François: *Trois étoiles au Michelin*, Paris 1998.

Millau, Christian: *Dictionnaire amoureux de la gastronomie*, Paris 2008.

Myhrvold, Nathan/Young, Chris/Bilet, Maxime: *Modernist Cuisine*, Seattle 2011.

Nostradamus, Michel: *Excellent et moult utile opuscule à touts nécessaire*, Lyon 1555.

Pfordte, Henny: *Kochrezepte*, Hamburg 1927.

Poulain, Jean-Pierre/Neirinck, Edmond: *Histoire de la cuisine et des cuisiniers*, Paris 2004.

Rambourg, Patrick: *Histoire de la cuisine et de la gastronomie française*, Paris 2010.

Redzepi, René: *Noma – Time and Place in Nordic Cuisine*, London 2010.

Revel, Jean-François: *Un festin en paroles: histoire littéraire de la sensibilité gastronomique de l'Antiquité à nos jours*, Paris 2007.

Santamaria, Santi: *La Cocina al desnudo*, Madrid 2008.

Soyer, Alexis: *A Shilling Cookery for the People*, London 1854.

Soyer, Alexis: *The Gastronomic Regenerator*, London 1847.

Soyer, Alexis: *The Modern Housewife*, London 1851.

Symons, Michael: *A History of Cooks and Cooking*, Champaign 2004.

Tepel, Franz: *Gastlichkeit im neuen Deutschland*, Düsseldorf 1937.

Tirel, Guillaume, genannt Taillevent: *Le Viandier*, Paris 1892 (kommentierte Neuauflage).

Tissot, Victor: *Voyage aux pays des milliards*, Paris 1875.

Troisgros, Pierre: *Cuisiniers à Roanne*, Paris 1977.

Vergé, Roger: *Ma cuisine du soleil*, Paris 1978.

Willan, Anne/Cherniavsky, Mark: *The Cookbook Library*, Los Angeles und Berkeley 2012.

Witzigmann, Eckart: *La Nouvelle cuisine allemande et autrichienne*, Paris 1984.

Wright, Clifford: *A Mediterranean Feast*, New York 1999.

Zeitungen, Zeitschriften, Websites

Abend, Lisa: »The World's 50 Best Restaurants? Says who?«, in: *New York Times*, 12.4.2011.

Andreau, Sylvie/Deniel, Patrick: «L'Industrie a besoin de rêveurs comme nous«, in: *L'Usine nouvelle*, 16.10.2008.

Barham, Peter/Skibsted, Leif/Bredie, Wendler/Bom Frøst, Michael: »Molecular Gastronomy: A new emerging scientific discipline«, in: *Chemical Reviews*, 2010, 110 (4).

»Bocuse vide son sac«, in: *Le Nouveau Guide Gault Millau*, n° 141, 1981.

Cassi, Davide: »Science and Cooking: The era of molecular cuisine«, EMBO *Reports* 3, März 2011.

»Das Leben im Mittelalter«, *Der Spiegel – Geschichte*, 4, 2013.

»Der Doppelkopf«, in: *Der Spiegel*, 26, 1959.

Dunand, Fabien: Serie »Cuisiniers d'anthologie«, 2010-2011.

Fazzo, Luca: »Il cibo surgelato piace troppo ai super chef«, 6.2.2011.

Fichtner, Ullrich: »Rechnen Sie mit Fischstäbchen«, in: *Spiegel Online*, 15.6.2007.

»Food: The New Wave«, in: *Newsweek*, 11.8.1975.

Gaudry, François Régis: »Interview mit Joël Robuchon, La grande cuisine française m'emmerde«, in: *L'Express*, 11.6.2009.

Gené, Jean-Paul: »L'additif passe mal«, in: *Le Monde 2 (Wochenbeilage)*, 30.4.2009.

Gaudry, Francois-Régis/Zipprick, Jörg: »Les sept casseroles du guide Michelin«, in: *L'Express*, 22.1.2013.

Goulding, Matt: »Nomanomics: How One Restaurant Is Changing Denmark's Economy«, in: *Time Magazine*, 14.2.2013.

Hecking, Mirjam: »Kunst trifft Küche«, in: *Manager Magazin*, 14.3.2007.

Hofer, Sebastian/Kamolz, Klaus: »Schummelnde Spitzenköche, verhaberte Kritiker, Allianzen mit der Industrie«, in: *Profil*, März 2011.

»Hold the Butter! Dam the Cream«, in: *Time*, 29.3.1976.

Hummer, Katrin: »Techniker am Herd«, in: *Frankfurter Allgemeine Zeitung*, 19.3.2007.

Kearney, Tony: »Medieval recipes unearthed in Durham«, in: *The Northern Echo*, 16.4.2013.

Killgrove, Kristina: »Biohistory of the Roman Republic: the potential of isotope analysis of human skeletal remains«, in: *Post-Classical Archaeologies*, 3:41-62, 2013.

Lamy, Guillaume: »Interview avec Andrea Petrini«, in: *Lyon Capitale*, 29.4.2013.

Legasse, Périco: »Meilleur restaurant du monde, grand prix de la tourista internationale«, in: *Marianne*, 30.4.2013.

Lemoine, Nadine: »Michelin mets les bouchées doubles«, in: *L'Hôtellerie Restauration*, 13.3.2013.

»Luis Irizar, l'étincelle de la cuisine basque«, in: *Le Journal du pays basque*, 12/12.

Lubow, Arthur: »A Laboratory of Taste«, in: *The New York Times Magazine*, August 10, 2003.

Mans, Claudi: *Laudatio Dr Honoris Causa Ferran Adrià i Acosta*, 1.12.2007.

McLaughlin, Katy: »What's the next big restaurant?«, in: *Wall Street Journal*, 1.10.2011.

Mennies, Leah: »Meat-Glue Mania«, in: *Boston Magazine*, 25.10.2011.

»Michel Guérard – Légende de la nouvelle cuisine«, in: *La Cuisine à quatre mains*, 4.5.2013.

Mihalik, Lily: »A Fish Without Bones«, in: *Meatpaper*, 15.6.2011.

Ribaut, Jean-Claude: »Il faut arrêter avec les gouts brouillés …«, in: *Le Monde*, 5.9.2007.

Ribaut, Jean-Claude: »Paris, Capitale mondiale de la gastronomie?«, in: *G-mag* 17, 2013.

Simon, François: »Joël Robuchon: Je récommence à zéro«, in: *Le Figaro*, 3.5.2013.

Smith, A. J./McCarthy, N./Saldana, L./Ihekweazu, C./McPhedran, K. [u.a.]: »A large foodborne outbreak of norovirus in diners at a restaurant in England between January and February 2009«, in: *Epidemiology and Infection*, Cambridge University Press 2011.

«Spain: Accounts overdue«, in: *Time*, 11.8.1952.

»The French Confection«, in: *Time*, 19.11.1973.

This, Hervé: »Cuisiner avec des compositions aromatisantes?
Cuisiner avec des additifs? Cuisiner avec des colorants?«, in:
La Revue trimestrielle du réseau Ecrin, n° 59, März 2005.

This, Hervé: »La Cuisine note à note, une chance pour la cuisine
française«, in: *Bulletin de l'Académie Culinaire de France*, 2013, 1,
S. 24.

This, Hervé: »Après la cuisine moléculaire, la cuisine note à note?«,
in: *L'Hôtellerie Restauration*, 18.12.2009.

Tuma, Thomas: »Es juckt immer noch«, in: *Der Spiegel*, 3.1.2011.

»Vive la Nouvelle Cuisine Française«, in: *Le Nouveau Guide Gault
Millau*, n° 54, 1973.

Warren, Susan: »Why Dow Chemical finds Slime sublime«, in:
Wall Street Journal, 15.11.1999.

TV-Sendungen

»Existe-t-il une nouvelle cuisine française?«, *Apostrophes*, 26.3.1976.

Online-Kataloge

www.bosfood.de

Code d'honneur Euro-Toques International, abgerufen am 20.06.2013
unter http://euro-toquesorg/indexphp?option=com_content&-
view=article&id=93&Itemid=193

www.clausmeyer.dk

www.inicon.net (seit Mitte 2008 nicht mehr online)

www.meilleurduchef.com

www.poppingboba.com

www.selectarome.com

www.sevarome.fr

smoothfood.de/tiroler-speck-luft/, abgerufen am 28.6.2013
www.solegraells.com
www.soripa.fr
www.sosa.cat
Texturas 2007 (früher auf www.texturaselbulli.com)

Personenregister

BILDNACHWEISE